阅读推广人系列教材（第二辑）

中国图书馆学会 编
总主编 王余光 霍瑞娟

中国阅读的历史与传统

熊静 何官峰 著

CIPG 中国国际出版集团　朝华出版社 BLOSSOM PRESS

图书在版编目（CIP）数据

中国阅读的历史与传统 / 熊静，何官峰著 . -- 北京：朝华出版社, 2017.6
阅读推广人系列教材 . 第 2 辑 / 王余光，霍瑞娟主编
ISBN 978-7-5054-3876-7

Ⅰ . ①中… Ⅱ . ①熊… ②何… Ⅲ . ①读书活动—中国—教材 Ⅳ . ① G252.17

中国版本图书馆 CIP 数据核字 (2016) 第 273646 号

中国阅读的历史与传统

著　　者	熊　静　何官峰
选题策划	张汉东
责任编辑	吕　哲
责任印制	张文东　陆竞赢
出版发行	朝华出版社
社　　址	北京市西城区百万庄大街 24 号　　邮政编码　100037
出版合作	（010）68995593
订购电话	（010）68996050　68996618
传　　真	（010）88415258（发行部）
联系版权	j-yn@163.com
网　　址	http://zhcb.cipg.org.cn
印　　刷	三河市百盛印装有限公司
经　　销	全国新华书店
开　　本	710mm×1000mm　1/16　　　字　　数　210 千字
印　　张	13.75
版　　次	2017 年 6 月第 1 版　2017 年 6 月第 1 次印刷
装　　别	平
书　　号	ISBN 978-7-5054-3876-7
定　　价	39.80 元

版权所有　翻印必究·印装有误　负责调换

阅读推广人系列教材（第二辑）编委会

主　编　王余光　霍瑞娟
编　委　（按姓氏音序排列）
　　　　邓咏秋　何官峰　黄　鹏　金德政
　　　　李东来　李世娟　李西宁　邱冠华
　　　　王丽丽　王　玮　王新才　王　媛
　　　　吴　晞　肖容梅　熊　静　徐　雁
　　　　许　欢　张　岩　张　章　仲　岩

总 序

全民阅读、阅读推广,是立足中国文化、提高中华民族素质与竞争力的重要举措,近年来受到政府与社会的广泛关注。党的十八大报告在关于"扎实推进社会主义文化强国建设"的论述中明确表示,要"开展全民阅读活动"。2014年和2015年,李克强总理先后在《政府工作报告》中提及"倡导全民阅读""建设书香社会"。

开展全民阅读活动是一项社会文化系统工程,需要集合全社会的力量推行。图书馆承担着传承社会文明、传播知识信息的重要职责,尤其在推动全民阅读、提高人民群众思想道德素质和科学文化素质,推动社会进步中发挥着重要作用。其实,图书馆界开展阅读推广工作由来已久,甚至可以说,提供阅读场所和读本的图书馆,自诞生之时就以阅读推广为自身的天然使命。2005年,作为我国图书馆界及相关业界最有影响力的社会组织,中国图书馆学会成立了科普与阅读指导委员会,这标志着中国图书馆学会在推动全民阅读上有了专门的组织机构。2009年,科普与阅读指导委员会更名为阅读推广委员会,下设15个专业委员会。近年来,中国图书馆学会依托图书馆行业自身优势,联合社会力量,积极倡导全民阅读,指导和推动全国图书馆界开展阅读推广活动,加强阅读文化和阅读服务的研究,集聚了一批从事全民阅读与阅读推广研究和教育培训等方面的专家,形成了开展阅读推广活动的长效机制。

图书馆馆员是图书馆阅读推广活动的策划者、组织者和实施者,其相关能力直接影响着图书馆阅读推广活动的成果与实效。图书馆阅读推广活动的开展,离不开高素质的"阅读推广人"。为了更加规范有效地开展阅读推广活动,进而从根本上促进我国全民阅读事业的发展,中国图书馆学会于2014年年底在江苏常熟举办的全民阅读推广峰会上，正式启动了"阅读推广人"培育行动，计划通过未来几年的努力，培育一大批专业"阅读推广人"。通过培育行动，将有更多职业"阅读推广人"在图书馆、学校以及更广阔的空间里发挥更大的作用，为推进全民阅读工作和书香社会建设做出更大的贡献。

为了配合"阅读推广人"培育行动的开展，中国图书馆学会组织编写了"阅读推广人"培育行动系列教材。希望这套教材的出版能对"阅读推广人"的培育和图书馆界及相关业界阅读推广工作的开展有所助益。由于编者水平有限及出版时间仓促，书中错误之处在所难免，敬请同行及读者指正。

中国图书馆学会理事长、国家图书馆馆长：韩永进

目 录

第一讲 概 述 / 1
第一节 时代与学术背景 / 2
第二节 研究对象与内容 / 5
第三节 研究纲要 / 13
第四节 阅读史研究的意义 / 15
第五节 中国阅读文化的特征 / 17

第二讲 中外阅读史研究进展 / 21
第一节 国外阅读史与阅读文化研究的进展 / 22
第二节 国内阅读史与阅读文化研究的进展 / 29
第三节 研究趋势探索 / 38

第三讲 中国古代阅读史的研究资料 / 41
第一节 阅读史研究资料概述 / 41
第二节 阅读史研究资料的整理出版 / 47
第三节 阅读史史料的文献来源 / 50

第四讲 中国古代阅读的历史 / 59
第一节 写本时代的阅读 / 59
第二节 雕版印书时代的阅读 / 70
第三节 机器印书时代的阅读转型 / 83

第五讲　中国古代阅读的传统和精神 / 93

　　第一节　中国传统的阅读价值观 / 94
　　第二节　中国传统的阅读精神 / 102

第六讲　古代家庭教育中的阅读传统 / 127

　　第一节　中国古代家庭教育概述 / 128
　　第二节　古代家庭教育中的读书思想 / 133
　　第三节　古代家庭教育中的读书方法 / 145

第七讲　古代阅读理论与方法 / 153

　　第一节　中国古代阅读理论 / 154
　　第二节　中国古代阅读方法 / 184

第八讲　阅读史研究与阅读推广工作 / 195

　　第一节　阅读史研究与书香社会建设 / 196
　　第二节　"国家阅读节"设立之争 / 203

后记 / 211

第一讲 概述

2011年,国家提出建设"文化强国"的长期战略。没有"阅读强国",建设文化强国是不大可能的,可以说,"阅读强国"是文化强国的根基。2012年,中共中央历史性地将"开展全民阅读活动"写入《中国共产党第十八次全国代表大会报告》;2014年,十二届全国人大二次会议首次将"倡导全民阅读"写入《政府工作报告》,这都说明党中央和国务院高度重视开展全民阅读活动。除了政府积极倡导和引领,各机构与个人也在热情参与和推动,这些努力和进步有助于中国成为阅读大国。但是,中国如何从"阅读大国"转型成为"阅读强国"呢?我们认为,除了需要继续加强已有的努力之外,更需要深入推进阅读史和阅读文化的研究。阅读史和阅读文化研究是中国阅读研究和阅读文化发展繁荣的强有力支撑,将有效促进中国阅读文化体系结构的完善。中国古代的阅读历史与传统,为中国阅读文化的发展奠定了深厚的基础,使我们有取之不尽的思想源泉。在面对当今西方阅读研究成果遥遥领先、中国阅读研究相对滞后的不均衡的现状时,我们难道不应该好好地反思和总结过去吗?中国古代丰富、深厚的阅读传统和经验,是我们今天阅读推广工作的宝贵财富,是我们建设文化强国、建设书香社会的思想基础。在各类型阅读活动广泛开展的今天,系统发掘和梳理中国阅读的历史与传统,展现中国古代的阅读传统的独特内涵和特征,全面汇集和展示中国阅读的珍贵资源与智慧,不仅是必需的,也是急迫的,是所有阅读推广人肩负的时代重任。

第一节 时代与学术背景

中国有几千年的读书史,几千年来,书籍的制作方式几经革新,但人们藏书与读书的方式并没有发生根本变化。近十几年,随着电视、网络与手机的普及,人们的藏书与读书生活发生了根本变化。数据库、电子书的出现,颠覆了人们的藏书理念;而网络阅读、手机阅读也改变着传统的阅读习惯。这是读书人一场真正的革命,确实令人迷惑、促人反思。对中国阅读史的研究,或许正是基于现实的一种历史反思。

中国是一个史学发达的国度。传统史学如正史、编年史高度发展,而专门史、专题史则发育不良。近百年间,受西方学术思想的影响,专门史得到很快的发展,大多齐备。20世纪后期,图书文化史的研究受到学界的重视;图书文化史中的三大支柱——出版史、藏书史、阅读史,研究成果逐步增多。在21世纪初,中国出版史与藏书史,均有通史出版,但阅读史的研究相对薄弱。20世纪80年代,在欧美的一些大学中,已开设有阅读史的课程,并开展了相关研究;而有几千年阅读历史的中国,对比还没有加以系统的叙述与总结,这不能不说是一个缺憾[1]。

20世纪七八十年代,史学界出现了以新文化史的兴起为标志的"文化转向"[2]。自20世纪70年代开始,西方史学届诸多学者用功于社会文化史、历史人类学等领域的研究。1987年,一些学者在美国加州大学伯克利分校,召开了一次法国史学术研讨会,1989年,那次会议的部分论文被结集出版,并命名为 *The New-Cultural History*[3](《新文化史》)。从此,"新文化史"得以成为一种新的学术思潮和文化史研究范式的专有名词。据学者分析,新文化史在广义上属于文化研究的范畴,它既是一种在历史线索和框架下展开的文化研究,又是一种具有文化视野和取向的、独立的历史研究。另一方面,它从外部其他学科的发展中得到了非常有益的借鉴,整个现当代西方史学发展的一个重要特点就是走向跨学科、多学科的研究[4]。在这一新的学术思潮转向中,阅读史研究成为阅读研究和文化研究

---

[1] 王余光.中国阅读史的构建——《中国阅读通史》序[J].常熟理工学院学报,2016(3):106—109
[2] 周兵.新文化史:历史学的"文化转向"[M].上海:复旦大学出版社,2012:1
[3] Lynn Hunt,ed.The New-Cultural History[M].Berkeley,Calif.:University of California Press,1989
[4] 周兵.新文化史:历史学的"文化转向"[M].上海:复旦大学出版社,2012:3

的新视角之一，阅读史的书写成为一种新的文化史书写方式。在新文化史研究的阵营中，著名欧洲文化史专家罗伯特·达恩顿（Robert Darnton）是重要代表人物之一，其主要成果引领了现代西方书籍史和阅读史研究的新趋势。西方史学界兴起对书籍史和阅读史研究的热潮，主要代表成果如达恩顿著的 The Kiss of Lamourette: Reflections in Cultural History[1]（《拉莫莱特之吻——有关文化史的思考》）和 The Case for Books: Past, Present, and Future（《阅读的未来》）[2]，阿尔维托·曼古埃尔（Alberto Manguel）著的《阅读史》[3]（图1-1），史蒂文·罗杰·费希尔（Steven Roger Fischer）著的《阅读的历史》[4]等。

图1-1 《阅读史》，阿尔维托·曼古埃尔著，商务印书馆出版

西方史学界发生着新文化史研究的"文化转向"；几乎与之同步，图书文化史研究在中国学术界也越来越受到重视，并成为一个极具研究价值的学术领域和备受关注的学术热点。在这个研究领域，先后出现了一大批重要的学术成果，藏书史类如任继愈主编的《中国藏书楼》[5]，傅璇琮和谢灼华主编的《中国藏书通史》[6]，徐雁和王燕均主编的《中国历史藏书论著读本》[7]，范凤书著的《中国私家藏书史》[8]等；出版史类如宋原放和李白坚著的《中国出版史》[9]，肖东发主

---

[1] Robert Darnton.The Kiss of Lamourette:Reflections in Cultural History［M］.New York:W. W.Norton,1990
[2] Robert Darnton.The Case for Books: Past, Present, and Future［M］.New York:NY Public Affairs,2009
[3] ［加］阿尔维托·曼古埃尔.阅读史［M］.吴昌杰，译.上海：商务印书馆，2002
[4] ［新］史蒂文·罗杰·费希尔.阅读的历史［M］.李瑞林等，译.北京：商务印书馆，2009
[5] 任继愈.中国藏书楼［M］.沈阳：辽宁人民出版社，2001
[6] 傅璇琮，谢灼华.中国藏书通史［M］.宁波：宁波出版社，2001
[7] 徐雁，王燕均.中国历史藏书论著读本［M］.成都：四川大学出版社，1990
[8] 范凤书.中国私家藏书史［M］.郑州：大象出版社，2001
[9] 宋原放，李白坚.中国出版史［M］.北京：中国书籍出版社，1991

编的《中国编辑出版史》①，2008年由中国书籍出版社出版的九卷本《中国出版通史》等。这些成果为讲好中国书籍的故事做出了重要贡献。但是，与此同时，有学者发现了中国阅读史研究的薄弱之处，在以藏书史、出版史和阅读史为三大支柱构成的中国图书文化史中，中国阅读史的研究成果不仅数量少，而且尚未有能够全面系统地总结和反映中国阅读通史的学术专著问世。

为了弥补中国图书文化史结构不够完整的缺陷，为了能够更充分、全面、系统地讲好中国书籍的故事，为了彰显中国阅读文化的丰厚积淀和悠久传统，一些学者开始致力于中国阅读文化的研究。"特别是20世纪90年代以来，以王余光、徐雁、曾祥芹、王龙等人为代表，对阅读文化理论体系的构建进行了具有开拓意义的尝试。"②从1990年王余光和徐雁等学者搜集资料、编撰《中国读书大辞典》③（图1-2）开始，有关中国阅读史资料整理和阅读史研究的成果不断出现。1997年，王余光等人汇集中国古代部分读书史的资料编成《读书四观》④；曾祥芹主编了《古代阅读论》⑤《历代读书诗》⑥等阅读史相关图书；王龙著的《阅读研究引论》⑦对中国阅读史研究的一些问题进行了论述；2004年，王余光倡议编撰多卷本的《中国阅读通史》，此后组织相关研究人员召开了编撰会议，从此中国阅读通史的编写历史拉开了帷幕。中国阅读史研究的兴起与走向繁荣，有着

图1-2 《中国读书大辞典》，王余光、徐雁主编，南京大学出版社出版

---

① 肖东发.中国编辑出版史［M］.沈阳：辽宁教育出版社，1996
② 汪琴.中国阅读文化的理论研究［D］.北京：北京大学，2007：12
③ 王余光，徐雁.中国读书大辞典［M］.南京：南京大学出版社，1993
④ 王余光，等.读书四观［M］.武汉：湖北辞书出版社，1997
⑤ 曾祥芹，等.古代阅读论［M］.开封：河南教育出版社，1992
⑥ 曾祥芹，刘苏义.历代读书诗［M］.北京：中国文联出版社，2001
⑦ 王龙.阅读研究引论［M］.香港：天马图书有限公司，2003

当代文化的催化背景，即中国现当代阅读研究中对于读者的重视、西方阅读学论著的译介与传播，均对中国阅读史研究有一定影响。但是，更根本的原因在于，中国阅读史研究的内在要求与自然趋势，特别是"怎样讲好中国阅读的故事"，成为当今一个重要课题。

第二节 研究对象与内容

中国是一个有悠久阅读历史的国家，阅读史料颇丰，但阅读史上的丰富遗产还没有得到人们足够的重视。因而，构建中国阅读史的研究内容，继承中国阅读史的优良传统，不仅对学术界，同时对读书界也具有一定的意义。此外，阅读文化研究有助于形成良好的社会读书风气，促进社会文化水平的提高。新世纪之交，电视文化泛滥，网络技术普及，阅读特别是传统意义上的阅读及相关问题，备受关注。因而，对人类阅读文化的研究，不仅仅是一项学术研究活动，同时也是对现实阅读状况的反思。怎样认识阅读的本质、阅读传统和阅读文化以及未来的阅读发展趋势等，成为摆在我们面前亟待解决的问题。它对我们继承优良的读书传统、形成良好的读书风气、推动书香社会的建立，亦将有所裨益。同时，因为阅读是人们接受教育、发展智力、获得知识信息的重要途径，社会文化水平的提升依赖于社会阅读的普及和发展，所以，开展阅读文化研究，也是关系整个社会的文化品质和可持续发展潜力的问题[①]。

就本书而言，主题是中国阅读的历史与传统研究。研究对象和主要内容包括：爬梳中国阅读史的研究资料；阐述中国阅读的历史变迁；传承中国阅读的传统和精神；分析古代家庭教育与阅读的关系；归纳中国古代的阅读理论与方法；展望阅读史研究在当今阅读推广中的意义。

一、中国阅读史的资料

近年来，我国学者在阅读史研究方面也做了一些初步的尝试。2000年，北

---

① 王余光.关于阅读史研究的几个问题[J].图书情报知识，2001（3）：7—11

京大学信息管理系部分师生曾就阅读史与阅读文化,举行过一次讨论会,王余光先生就中国阅读史的构建问题提出了一些初步的设想①。在此之前,王余光先生曾与徐雁主编过《中国读书大辞典》,并组织相关学者撰写过"中国名人读书生涯"丛书。在该丛书的总序中,王余光先生写道:"了解和认识先哲们的读书和治学生涯,对深入思考我们今天所面临的文化继承与扬弃、批判与吸收、民族的前途与命运,不无借鉴与启迪,"又说,"这对我们继承优良的读书传统和形成良好的读书风气,亦将有所裨益。"

回顾中国阅读史研究,虽然成果寥寥,而其实史料颇丰,概括约有数端:

1. 关于指导阅读方面的,主要包括历代推荐书目。
2. 历代学人论读书,资料极丰,散见于各学人的传记或文集中。
3. 历代学人论读书方法。1939年,张明仁编成《古今名人读书法》②,将历代有关读书方法的史料汇为一编,对研究阅读史有一定的启发作用。
4. 历代学人读书事迹与掌故。

中国阅读史的丰富资料,为研究工作的开展打下了坚实可靠的基础。但目前这方面的研究尚显薄弱。

二、阅读的多重含义

我们需要对阅读有一个全面的认识。长期以来,人们把阅读与读书等同起来。其实,阅读是阅读主体(读者)与文本(可以是一本书,也可以是整个宇宙)相互影响的过程,是阅读主体实践活动与精神活动的一种体现。首先,阅读是人类的一种认知过程。人们通过阅读来探索未知,创造自我。人们在阅读中,会受到文本的影响,这已被人类长期阅读的实践所证实;同时,人们对文本的不同解释,也影响着人们对文本的认识与理解。其次,阅读是一种普遍的文化现象。人类有受教育和获取知识的需求,而阅读是人们获取知识的重要手段,不受时间、地域限制的一种被人们普遍接受的行为方式。第三,阅读是知识的传承与文化的延续。图书流传的时间性,形成了有效的人类文化的储存功能,为人类文化的继

---

① 李常庆,等.开卷有益——阅读史与阅读文化座谈会纪要[J].图书情报工作,2001(1):20—22
② 张明仁.古今名人读书法[M].北京:商务印书馆,1992

承和创造提供了条件，而阅读则使文化的继承和创造变为可能。第四，阅读是人生的一部分。英国作家毛姆（William Somerset Maugham）在谈到英国文学时说："阅读应该是一种享受。……那些书，既不能帮助你获得学位，也不能指导你如何谋生，不去教你驾驶船舶的技巧，也不告诉你如何维修一辆出了故障的机车。然而，只要你们能真正享受这些书，它们将使你的生活更丰富，更充实圆满，使你更加快乐。"[1]

三、阅读的时代变迁

阅读风气的形成是一个时期政治、学术的综合体现，并受其深刻影响。一方面，我们说阅读是"一种普遍的文化现象"，因而，这一现象随着时代的变迁而变迁；另一方面，阅读又是历史传统的延续与继承，因而，一些凝结着人类智慧的经典名著却不受时代变迁的影响，而一直作为人们阅读的对象。可以这样说，一部阅读史，正是在这种变迁与永恒的矛盾中展开的。

先看阅读的时代变迁。我们以鸦片战争以来的中国史为例，因为这一时期是社会的大变动时代，阅读的转型与变迁也最为显著。清代同光之际，社会正处在大变革的前期，但思想、学术还深受乾嘉时期的影响。在这样的背景下，张之洞于光绪元年（1875）写成《书目答问》，其主导思想：一是以小学（文字学）为根基，"由小学入经学者，其经学可信"[2]，秉承乾嘉治学的方法；二是读书宜博，所举书目两千余部，要求读者"殚见洽闻"，"所举两千余部，疑于浩繁，然分类以求，亦尚易尽，较之泛滥无归者则为少矣。诸生当知其约，勿骇其多"[3]。张之洞的这些主张，也反映了当时读书界的普遍趋向。到了1898年，即事隔二十三年后，张之洞写《劝学篇》时，其读书的主张已发生变化。作为旧道德的保守者，他一面反对维新，一面却又主张"译西书""阅报""变法""变科举""广立学堂"，倡导发展"农工商学""兵学""矿学"等，强调学以致用，不再要求"博闻"。他说："处今日之世变，则当以孟子守约施博之说通之，"又说，"今欲存中学，

---

[1] [英]威廉·萨默塞特·毛姆.书与你[M]//阅读的艺术.陈安澜等，编译，上海：上海翻译出版公司，1988
[2] 张之洞.书目答问·国朝著述诸家姓名略[M].上海：上海古籍出版社，1983
[3] 张之洞.书目答问·略例[M].上海：上海古籍出版社，1983

必自守约始，守约必自破除门面始，爰举中学各门求约之法，条列于后。损之又损，义主救世，以致用当务为贵，不以殚见洽闻为贤。"①这一变化也正体现了戊戌变法前后世人读书的心态。

其次，阅读的时代变迁还体现在一些阅读的形式上，如"读"（朗读）与"看"（默读）、熟读成诵等。先辈重视高声朗诵、熟读成诵，而如今，读书人只是默读，泛泛浏览。曾国藩在给儿子的信中，把"看"与"读"与不同类型的读物相联系，颇有见解。他说：

看者，如尔去年看《史记》《汉书》《韩文》《近思录》，今年看《周易折中》之类是也。读者，如《四书》《诗》《书》《易经》《左传》诸经，《昭明文选》，李杜韩苏之诗，韩欧曾王之文，非高声朗诵则不能得其雄伟之概，非密咏恬吟则不能探其深远之韵。譬之富家居积，看书则在外贸易，获利三倍者也；读书则在家慎守，不轻花费者也。譬之兵家战争，看书则攻城略地，开拓土宇者也；读书则深沟坚垒，得地能守者也。看书与子夏之"日知所亡"相近，读书与"无忘所能"相近，二者不可偏废。②

与朗诵相关，过去学人强调熟读成诵。20世纪20年代，梁启超在给清华学生开列的《国学入门书要目及其读法》中，多处提到"熟读成诵"，并在《治国学杂话》一文中称：

我在前项书目表中有好几处写"希望熟读成诵"字样，我想诸君或者以为甚难，也许反对，说我顽旧，但我有我的意思。我并不是奖励人勉强记忆，我所希望熟读成诵的有两种类，一种类是最有价值的文学作品，一种类是有益身心的格言。③

从梁氏的语气中，可见当时的读书界就不太提倡"熟读成诵"了，故而梁氏有"也许反对，说我顽旧"的话。

近一百年来，人们从朗读到默读，从熟读到泛览，知识面宽了，视野也开拓了许多，而人们的内心也浮躁了许多。先人读书的一些见解，或许仍值得我们仔

---

① 张之洞.书目答问·守约[M].上海：上海古籍出版社，1983
② 曾国藩.谕纪泽[M]//曾国藩家书·上.北京：东方出版社，2014：45—46
③ 梁启超.国学指导二种·治国学杂话[M].上海：中华书局，1936

细地咀嚼。

第三，文本的变化也会影响阅读的变化。以中国文献典籍为例，文本形态的每一次变化，对阅读都是一次冲击：从甲骨到简策，从简策到纸本，从手抄到雕版，从雕版到机器印刷。今天，从纸本到电子本，人们的阅读习惯也将有一次大的改变。北宋时期，正是雕版印刷术的普及时期，苏轼适逢其时，理应欢欣，但他对雕版印刷物对阅读的冲击却迷惑不解。他在《李氏山房藏书记》一文中说：

自秦汉以来，作者益众，纸与字画日趋简便，而书益多，世莫不有。然学者益以苟简，何哉？余犹及见老儒先生，自言其少时欲求《史记》《汉书》而不可得，幸而得之，皆手自书，日夜诵读，惟恐不及。近岁，市人转相摹刻诸子百家之书，日传万纸。学者之于书，多且易致如此。其文词学术，当倍蓰于昔人，而后生科举之士，皆束书不观，游谈无根，此又何也？[①]

在网络普及的今天，我们有着与苏东坡同样的感受。对某些网迷来说，他们真可谓"束书不观，游谈无根"。

第四，时代变迁与读物选择的异同。在中国，一百余年间，随着科举的结束与新学堂的开办，传统经典不再是众多读者的阅读对象了，人们追随着新思潮、新知识。出版业为适应读者的需要，视阅读为一种新式消费，把图书看成是一种商品，因而读物品类迭出，花样翻新。虽然如此，一些传统的经典名著并没有因为时代的变迁而被抛弃，它们仍然被读者所阅读。我们曾对当代八十种中外综合性推荐书目进行了统计，结果是：《诗经》《史记》《庄子》《老子》《论语》《韩非子》《孟子》《楚辞》《左传》《荀子》《资治通鉴》《红楼梦》《周易》等古典名著被推荐的次数最多[②]；而众多出版社也不断推出它们的原本、注释本、译本、改编本、绘画本等等，以满足不同层次读者的需要。

四、中国阅读的传统

在中国悠久的阅读历史中，逐渐形成了深厚的读书传统，这种传统的积淀与承继，对后世读书人有着重要的影响，读书人在心理上和阅读的价值取向上都

[①] 苏轼.苏东坡全集[M].邓立勋，编校.合肥：黄山书社，1997：37
[②] 王余光.中国读者理想藏书[M].北京：光明日报出版社，1999

或多或少受其影响。虽然，目前我们对阅读传统的总结还做不到系统与深入，但很显然，这一话题对中国阅读史的研究具有重要意义。

作为中国阅读传统的重要内容，学术界对阅读的思想与方法，已有很多讨论。1996年，钱婉约在《读书四观》（图1-3）这本书的序言《读书：亘古常新的精神追求》中将其概括为三个方面：第一，强调读书为学的首要意义是修身弘道，追求崇高的道德境界；第二，读书须求广博，为学须求通达；第三，读书为学须"思""习""行"相结合。①正如《中庸》中所概括的"博学之，审问之，慎思之，明辨之，笃行之"。

图1-3 《读书四观》，王余光等译注，崇文书局出版

然而，阅读的目的与动力还有着强烈的现实需求，这种需求深刻而广泛地影响着读书人的阅读价值观。

首先，是"学而优则仕"。从孔夫子提倡读书做官，到《大学》中阐发的修身、齐家、治国、平天下；从隋代初创科举制度，到宋代流传的"书中自有黄金屋""书中车马多如簇"等，都有一个很鲜明的目的：读书以致富贵。这一传统是中国文化传统和价值观中的重要组成部分，对中国文化的健康发展有着不可低估的负面影响。

其次，是勤学苦读。在中国阅读史上，勤学苦读的感人事例层出不穷，如"悬梁刺股""凿壁偷光""囊萤映雪""韦编三绝"等。这些故事激励读书人发愤攻读、积极进取，其影响至今犹存。

再次，是对文本的尊重。过去的读书人，往往都是藏书人或抄书人。印刷术在我国虽然发明很早，但初期印本书籍的流传仍不是很普及。宋代的雕版印刷术虽然已经流行，但印出的图书品种一定不是很多，或仅限于一些经史名著。在11世纪初期，《史记》《汉书》等，一般读书人还要靠手抄。南宋周密在记载

---

① 钱婉约.读书：亘古常新的精神追求［J］//王余光，等.读书四观.武汉：湖北辞书出版社，1997

藏书家陈振孙事迹时说："近年惟直斋陈氏书最多，盖尝仕于莆，传录夹漈郑氏、方氏、林氏、吴氏旧书至五万一千一百八十余卷。"[①]陈振孙活动于13世纪中期，其藏书仍大多靠传抄，可见这两百五十余年间，雕版印刷术普及的程度仍然是十分有限的。又过了两百年，到15世纪中期的明宣宗时，官府藏书仍以抄本为主。据《明史·艺文志》总序载："是时，秘阁贮书两万余部，近百万卷，刻本十三，抄本十七。"可见，古代中国读书人抄书，是一种很普遍的现象。过去的学者认为，好书当抄，抄书有益，抄书也是一种读书与学习的方法。

书既不易得，读书人对书的敬重与珍视是可想而知的。清代藏书家孙从添在所著《藏书纪要》中的一段记叙，颇能反映读书人的一般心态。他说：

且与二三知己，与能识古本今本之书籍者，并能道其源流者，能辨原板翻板之不同者，知某书之久不刷印、某书之止有抄本者，或偕之间访于坊家，密求于冷铺，于无心中得一最难得之书籍，不惜典衣，不顾重价，必欲得而后止。其既得之也，胜于拱璧。即觅善工装订，置之案头，手烧妙香，口吃苦茶，然后开卷读之，岂非人世间一大韵事乎？

书不仅因贵重而被人们珍视，同时，书也是读书人生活中不可缺少的组成部分。无法想象，对于读书人来说，没有书的生活是一种怎样的状态。明代徐燉曾说：可无衣、可无食，不可以无书。衣食本是不可无的，徐燉之语是想表明书的重要。读书人常常嗜书如命，并从中获得乐趣。明代祁承㸁在《澹生堂藏书训略》中说："余每遇嗜书之癖发不可遏，即取《通考》翻阅一过，亦觉快然。庶几所谓过屠门而大嚼者乎。"其嗜书之情，令人感动。

在读书人尊重文本的基础上构建的私人阅读空间，是我们在读书人个案研究中最需关注的。精心营造的书房的内外环境，买书、藏书、借书、抄书、读书的过程，某些读书人对书的如痴如醉，正是中国阅读史中最具特色和感人的篇章。

五、书籍的力量和象征意义

书籍是读书人生活的重要组成部分，这是尊重文本的重要原因。但其根本原因还在于书籍的力量以及书和读书的象征性意义。唐代魏徵在《隋书·经籍志》

---

① 周密.齐东野语·卷十二［M］//纪晓岚.四库全书精编·子部第5辑.北京：中国文史出版社，1999：79

序中，对书的力量与象征性做了极为精彩的概括。他说：

夫经籍也者，机神之妙旨，圣哲之能事，所以经天地、纬阴阳、正纪纲、弘道德，显仁足以利物，藏用足以独善，学之者将殖焉，不学者将落焉。大业崇之，则成钦明之德，匹夫克念，则有王公之重。其王者之所以树风声、流显号、美教化、移风俗，何莫由乎斯道？故曰："其为人也，温柔敦厚，《诗》教也；疏通知远，《书》教也；广博易良，《乐》教也；洁净精微，《易》教也；恭俭庄敬，《礼》教也；属辞比事，《春秋》教也。"

我们从这段论述中，可以体会书的重要价值。

第一，书籍是知识的宝库，古今中外的读书人，在这方面都持有相同或相似的看法。苏轼在《李氏山房藏书记》中说，书是取之不竭、用之不弊的，人的天分不同，贤或不肖，读书都会各有所获。英国哲学家波普尔（Karl Popper）曾说，假使我们所有的机器和工具，连同我们所有的主观知识都被毁坏了，然而，只要图书馆和我们从中学习的能力依然存在，我们的世界就会重新前进的。书籍贮存知识，并为人们的创新活动提供基础。

第二，在中国科举时代，经书，特别是四书五经，再加上朱熹的注解，一直是最重要的教科书，成为读书人踏入官场的阶梯。千余年间，读书人无不深受其影响。时至今日，知识改变命运、读书实现理想的观念，仍在中国人的生活中发挥着重要的作用。

第三，书籍有助于甚或影响着国家的治理。我们现在是否能同意这一看法并不重要，至少我国古代学人是这样看的。司马迁在谈到《春秋》时说，《春秋》明辨人事经纪，判别嫌疑、是非、善恶，宣扬王道，是政治、百官之大法，人伦、礼义之大宗，有国者、为人臣者，都不可不知《春秋》[①]。司马光撰《资治通鉴》，并不是一般意义上的著书立说和史学研究，而是有极重要的政治目的。他在给皇帝的《进〈资治通鉴〉表》中称，该书"专取关国家盛衰，系民生休戚，善可为法，恶可为戒者，为编年一书"，又说，此书可"鉴前世之兴衰，考当今之得失，嘉善矜恶，取是舍非，足以懋稽古之盛德，跻无前之至治"（《资治通鉴》），成为治理国家的一面镜子，颇受当朝皇帝的赏识，对后世皇帝及大小官员也有很

---

① 参见司马迁《史记·太史公自序》。

大影响。

第四，书有益于国家的治理、信仰的确立和教化的形成。当然，它也有反作用。古今中外，禁书从未断绝，正说明了这一点。这正从另一角度说明书的力量与影响力。某些政治、宗教、色情书籍的被禁，或许反映出禁书者的恐惧心理，因为这些书具有很大的破坏力。

第五，书或读书具有象征意义，从某种程度上来看，它体现了一个人的地位、权利或特征。读书会使一个人更有教养，即使不会，它也使一个人"看起来"有教养。我们在电视上常常看到，一些被采访的人物常常坐在大书架的前面，这不正说明书是极具象征意义的吗？哪怕这些被采访者根本不读书，或根本没时间读书。当然，从阅读史的角度看，我们更希望书不是象征物，而应该是读物。[①]

第三节 研究纲要

2004年，王余光先生倡议编撰多卷本《中国阅读通史》。在安徽教育出版社的支持下，同年11月，由北京大学、南京大学、武汉大学、苏州大学、扬州大学等院校的相关研究者共同参与的《中国阅读通史》编撰会议在北京大学召开。会议就《中国阅读通史》撰写的意义、内容、分卷大纲以及编撰过程中的学术规范和研究进程等方面的内容进行了讨论，最后各位研究者在对中国阅读通史内容体系的架构问题上达成了共识，明确了撰写的主旨。在这次会议上，王余光先生提出了中国阅读史撰写和研究的纲要。这个纲要汇集了与会众多学者的智慧。纲要分八个问题，现以纲目的形式分述如下：

一、阅读史研究的基础

1. 中国阅读史资料的集结
2. 历代学人论读书、论读书方法、论读书的价值等

[①] 王余光. 关于阅读史研究的几个问题 [J]. 图书情报知识，2001（3）：7—11

二、理论研究

1. 国外阅读史研究

2. 国内阅读史研究

3. 阅读史研究内容

4. 阅读文化发展的阶段性

5. 阅读文化发展的区域性

三、文本变迁与阅读

1. 文字统一与阅读

2. 载体变迁与阅读

3. 制作方式与阅读

四、社会环境与教育对阅读的影响

1. 经济条件对阅读的影响

2. 出版对阅读的影响

3. 书籍流传、收藏与阅读的关系

4. 教育对阅读的影响

5. 推荐书目

五、社会意识与宗教对阅读的影响

1. 政治意识、国家的文化政策对阅读的影响

2. 禁书

3. 群体意识与阅读的关系

4. 宗教信仰与阅读

六、学术、知识体系与阅读

1. 从书目看历代知识体系的构成、变迁，看阅读的变化

2. 注释与翻译问题

3. 工具书与阅读

4. 推荐书目与阅读

七、中国阅读传统

1. 思想层面

2. "学而优则仕"

3. 勤学苦读

4. 对文本的尊重、对知识的崇敬、对书籍的爱护

5. 书籍的力量与象征意义

八、个人阅读史

1. 书香世家

2. 藏书楼、书房与读书处

3. 阅读习惯

4. 读书经历与思想

5. 生活、时尚与阅读

6. 书呆子、被读书所误

以上纲要是我们论述中国每个时期阅读史的主要框架。[①]

第四节　阅读史研究的意义

中国的阅读文化研究，至今成果不多，但资料颇丰，如阅读文化史方面就有历代推荐书目、历代学人论读书、历代学人论读书方法、历代学人读书事迹和掌故等等。近些年一些学者做了有关资料的爬梳工作，并对阅读文化研究的某些方面进行了初步探讨，但并未形成系统。这些丰富的资料和已有的研究，为阅读文

---

① 王余光.中国阅读史的构建——《中国阅读通史》序[J].常熟理工学院学报，2016（3）：106—109

化研究打下了坚实的基础。在欧美，图书史和阅读史已成为热门的研究主题，并注重结合学术史和文化史来研究，近年的代表作有曼古埃尔的《阅读史》、罗杰·沙迪尔（Roger Chartier）的《从图书到阅读》《书籍的秩序》《读书文化史——文本·图书·解读》等。西方学者的研究思路和方法，为我们研究阅读文化提供了有益的借鉴。从文化视角研究人类阅读行为，有着深远的意义。

第一，有利于补充和丰富相关学科的理论。阅读活动有哪些文化特征，阅读与社会文化的互动关系如何，新兴媒体的出现给传统阅读带来哪些冲击，阅读对人类的思维方式、知识结构有哪些影响，阅读活动怎样随时代的变迁而发展变化，等等。这些都是需要研究和解决的问题。阅读文化研究及其理论框架的构建，将进一步补充和丰富图书馆学、出版学、文化学、阅读学等相关学科的理论。

第二，为出版界、信息服务界提供决策参考。阅读文化研究反映了社会阅读群体的价值趋向和心态结构，反映了读者的阅读需求，反馈了市场信息，不仅为出版界提供选题、市场运作等方面的决策参考，而且有助于提高图书馆的读者服务工作水平。

第三，有助于形成良好的社会读书风气。在电视文化泛滥、网络技术普及的时代背景下，阅读，特别是传统意义上的阅读等相关问题备受关注。因而，对人类阅读文化的研究，就不仅仅是一项学术研究活动，同时也是对现实阅读状况的反思。它对我们继承优良的读书传统、形成良好的读书风气、推动书香社会的建立，亦将有所裨益。

第四，有助于促进社会文化水平的提升。阅读是人们接受教育、发展智力、获得知识信息的重要途径，社会文化水平和国家竞争力的提升，依赖于社会阅读的普及和发展。开展阅读文化研究，关系整个社会的文化品质和可持续发展的潜力问题[1]。

第五，有利于讲清楚中国阅读的历史。迄今为止，由于缺乏能够全面系统反映中国阅读历史发展的研究成果，导致今人无法将中国阅读历史发展的规律和特征讲清楚。通过相关领域专家学者的研究和努力，汇聚并形成中国阅读历史的整体研究成果，为讲清楚中国阅读的历史做出贡献。

---

[1] 王余光，汪琴.关于阅读文化研究的几个问题［J］.图书情报知识，2004（5）：3—7

第六，有助于弥补中国图书文化史研究结构的完整性。中国图书文化史研究的三个主要支柱分别是藏书文化研究、出版文化研究和阅读文化研究。目前，中国藏书文化研究和中国出版文化研究，已经取得了显著进展；然而，中国阅读文化研究相对滞后和薄弱。鉴于此，我们将专注并致力于中国阅读文化研究，为充分、全面、系统地讲好中国书籍的故事做出贡献。

第七，有助于促进阅读文化和阅读推广事业的发展。当今，举国上下高度重视全民阅读，阅读推广实践离不开对阅读文化传统的理解和认识，离不开对传统阅读精神的选择与扬弃。我们如何推进当今阅读文化和阅读推广事业的发展、如何满足社会和读者的需求，都可以从中国阅读历史与传统研究中得到理论支撑和找到有参考价值的思想资源。

第五节 中国阅读文化的特征

一、时代性

文化的演进体现为一个历史过程，不同阶段的文化因时代不同而呈现出差异性，而具体的文化活动也总是在一定的时代背景下发生的。从口耳相传到文字记录，从手抄本时代到印本时代，再到电子图书时代，阅读文化的进化体现为一个历史的过程，不同阶段的阅读文化因时代的不同而呈现出差异性。阅读文化的时代性主要表现在：(1)阅读的形式随时代不同而变化。如在西方，印刷术发明以前，书本属于富有者的财产，聚在一起聆听朗读，是常见的阅读形式。中国传统重视高声朗诵、熟读成诵，而如今的读书人只是默读，泛泛浏览。(2)时代变迁与读物选择的异同。在西方，中世纪的教育文化知识为教会阶层所垄断，人们阅读的书本限于神学或宗教书籍。随着文明的进步，人们的阅读范围不断扩大，读物选择越来越自由。中国近二十年来，随着出版业的市场化发展，读物更是层出不穷。然而，古今中外一些传统经典名著，在今天仍有着强大的生命力，一直是人们的阅读对象。

二、区域性

不同区域文化模式的差异，会直接导致阅读文化的差异。阅读活动与出版活动、藏书活动有着密切的联系，并受教育和文化环境的制约。经济发达的地区往往出版业发达、藏书机构和藏书家众多，教育和文化水平也较高，因此也是阅读发达的地区。

按通常的看法，世界文明区可分为基督教文明区、东正教文明区、中华文明区、伊斯兰教文明区、印度文明区。目前，基督教文明区内的国家经济、科技比较发达，阅读条件和环境较好，人们重视阅读活动，阅读文化较先进。就世界范围来说，经济、科技比较发达的国家和地区，国民的文化素质较高，阅读文化也较发达。就中国而言，不同地域之间的阅读文化也呈现出多样性；即使在同一地区内部，也存在着很大的区域差异性。如明清以来，经济发达的东南地区，曾长期是中国藏书文化、阅读文化发达的区域。

三、民族性

不同地域的宗教、经济、心理、语言，形成独特的民族阅读文化模式，从而使阅读文化呈现出鲜明的民族性特征。阅读文化的民族性，集中体现为各个民族不同的阅读心理和阅读习惯。

在中国悠久的阅读历史中，形成了非常有民族特色的阅读文化，积累了丰厚的读书传统，这种传统的积淀与承继，对后世读书人有重要的影响。中国阅读文化的民族性特征主要表现为：（1）强调读书为学的首要意义是修身弘道，以追求崇高的道德境界。（2）阅读的目的与动力有强烈的现实需求，这种需求深刻而广泛地影响着读书人的阅读价值观。如"学而优则仕"，读书致富贵，这是中国文化传统和价值观中的重要组成部分，对中国文化的健康发展产生了长期负面影响。（3）读书以识字为先。读书须求广博，为学须求通达。读书为学须"思""习""行"相结合。（4）勤学苦读。（5）对文本的尊重。（6）在尊重文本的基础上构建的私人阅读空间、书房环境，买书、藏书、借书、抄书、读书、书癖、书痴等，也突出体现了中国阅读文化的民族性。①

思考题

1. 请简要谈谈对阅读史研究内容的认识。
2. 如何理解阅读史研究的意义?

---

① 王余光,汪琴.关于阅读文化研究的几个问题[J].图书情报知识,2004(5):3—7

第二讲 中外阅读史研究进展

20世纪80年代前后，随着西方书籍史研究的迅速展开，以及从"接受美学"思潮中发展起来的一门新文学批评理论——以读者为中心的读者反应理论（Reader-Response Theory）[1]和书籍史研究的成功对接：读者反应理论强化了阅读接受和批评活动的主体性观念，揭示了读者反应种种差异产生的原因，接受美学与阐释学又深化了人们对文本意义的理解[2]，于是一个新兴的研究领域——阅读史应运而生。欧美的许多大学开始开设有关阅读史的课程，如美国斯坦福大学、芝加哥大学，加拿大多伦多大学、阿尔伯塔大学，意大利罗马大学，英国爱丁堡大学，法国社会科学高等研究院等。同时，一些国际性学术研究机构也开始开展阅读史研究工作，设立优秀论文和图书奖，鼓励阅读史研究的开展，其中比较有影响的是成立于1991年、在二十多个国家拥有一千多个会员的国际性组织——作者、阅读、出版史学会（Society for the History of Authorship, Reading and Publishing），还有总部设在伦敦，在美国、德国、日本、澳大利亚都设有分支机构的目录学会（The Bibliographical Society），国际阅读协会（International Reading Association）下面的"阅读史研究小组"。总的来说，西方的阅读史研究在近几十年时间里，从理论到实践上都取得了不可小觑的成绩。

---

[1] 在德国称之为"接受美学"（Reception Aesthetics），由康斯坦茨学派的沃尔夫冈·伊瑟尔（Wolfgang Iser）和汉斯·罗伯特·姚斯（Hans Robert Jauss）首先提出；在美国称之为读者反应批评理论（Reader-Response Criticism），斯坦利·费什（Stanley Fish）是其主要代表人物。
[2] 龙协涛.读者反应理论［M］.台北：扬智文化事业，1997

相较而言，中国阅读史研究方兴未艾，还有较长的路需要走①。

第一节 国外阅读史与阅读文化研究的进展

国外在该领域的研究成果颇多，现主要从以下几个方面简要概括：

一、国外阅读史研究

国外阅读史研究方面的成果，关注的对象和范围主要是在西方国家，有的是讨论阅读史研究的范畴，有的是对整个西方阅读史的宏观叙述，有的是对古罗马时期的阅读状况进行历史描述，有的是对欧美及其主要国家如美国、英国、法国、德国等国家和地区的阅读史进行历史叙述，也包括对中国、朝鲜、日本等国家阅读史的研究。同时，我们发现，国外阅读史研究中不会忽视总结阅读史上有突出价值的阅读理论，这也是西方学者书写阅读史的独特之处。

关于阅读史研究对象和方法的讨论，达恩顿在 *The Kiss of Lamou-rette: Reflections in Cultural History*②（《拉莫莱特之吻：有关文化史的思考》，图 2-1）中的《阅读史初探》③一章中，论述了阅读是有历史的，但是如何挖掘这段历史，需要下一番功夫，除了对阅读的外部历史的研究，还要弄

图 2-1 《拉莫莱特之吻：有关文化史的思考》，罗伯特·达恩顿著，华东师范大学出版社出版

---

① 王余光，许欢. 西方阅读史研究述评与中国阅读史研究的新进展［J］. 高校图书馆工作，2005（2）：1—6

② Robert Darnton. The Kiss of Lamou-rette: Reflections in Cultural History［M］. New York: W. W. Norton, 1990

③ ［英］罗伯特·达恩顿. 拉莫莱特之吻：有关文化史的思考［M］. 萧知纬，译. 上海：华东师范大学出版社，2011：129—161

清楚什么人在读书、读的是什么书、在哪里读书和什么时候读书这类问题，甚至探讨一些难度更高的问题，如为什么读书和怎么读之类的问题。此外，达恩顿还提出了关于阅读史的五种研究方法。

关于整个西方阅读史的研究，古里耶默·加瓦罗（Guglielmo Cavallo）和罗杰·沙迪尔（Roger Chartier）编著的 *A History of Reading in the West*[①]（《西方阅读史》），是对从古至今西方阅读史的整体研究成果。作者认为，从中世纪到 17 世纪的古代世界里，人们主要靠口头记录和传播信息，之后直到今天，人们主要通过图书和其他文本记载信息，人们的阅读方式主要是私人性的默读和阅览图书。作者认为，文本变迁对读者的成长和阅读形式的变化有很大影响。曼古埃尔著的《阅读史》一书中[②]，用大量篇幅分析了人类历史上的各种阅读活动和现象，阐述了读者的力量，通过叙述读者个体的阅读体验，描绘公共阅读活动及其特征，呈现了一段关于人类阅读的历史。费希尔著的《阅读的历史》[③]，重点论述了西方阅读史，追溯了阅读在中国、朝鲜、日本和印度的发展历程，描述了阅读行为、阅读者及其社会环境。作者分析认为，"选择文化阅读材料事关重大"，强调阅读经典的重要性。Martyn Lyons 著的 *A History of Reading and Writing: In the Western World*[④]，通过调查，反映了西方世界阅读和书写的历史，描述了从抄写到印刷文化的转变和阅读的革命，以及普通读者的反应和经验等内容。达恩顿著的《阅读的未来》[⑤]是一本书的"传记"，是一部与图书相伴的西方文化史。作者不仅大胆预测新环境下阅读的未来形态，而且追述了西方阅读的历史，让我们明白阅读的未来需要汲取来自过去的各种积淀和能量。

关于古罗马时期阅读状况的研究，弗雷德里克·乔治·凯尼恩（Frederic George Kenyon）的著作 *Books and Readers in Ancient Greece and Rome*[⑥]（《古希腊

[①] Guglielmo Cavallo, Roger Chartier. A History of Reading in the West [M]. Oxford: Polity Press, 1999
[②] ［加］阿尔维托·曼古埃尔. 阅读史 [M]. 吴昌杰，译. 北京：商务印书馆，2002
[③] ［新］史蒂文·罗杰·费希尔. 阅读的历史 [M]. 李瑞林等，译. 北京：商务印书馆，2009
[④] Martyn Lyons. A History of Reading and Writing: In the Western World [M]. New York: Palgrave Macmillan, 2010
[⑤] ［英］罗伯特·达恩顿. 阅读的未来 [M]. 熊祥，译. 北京：中信出版社，2011
[⑥] Frederic G. Kenyon. Books and Readers in Ancient Greece and Rome [M]. Oxford: The Clarendon Press, 1932

罗马的图书与读者》，图2-2），利用古典文献资料中关于图书和阅读的零星记述，阐述了古希腊和古罗马社会生活中阅读习惯的发生、发展和演变等阅读史情况。

关于欧美主要国家和地区阅读史的研究，Roger Chartier 著的 The Order of Books:Readers, Authors, and Libraries in Europe Between the Fourteenth and Eighteenth Centuries[1]，在考察书籍的历史时，叙述和探讨了14至18世纪欧洲的阅读史，分析了读者、作者与图书馆的文化史和思想史意义。Shafquat Towheed 和 W. R. Owens 编著的 The History of Reading, Volume 1: International Perspectives, c.1500-1990[2]，是《阅读史》的第一卷，主要内容为对19世纪的

图2-2 《古希腊罗马的图书与读者》，弗雷德里克·乔治·凯尼恩著，浙江大学出版社出版

波兰和德国、种族隔离时期的南非、内战前的美国、殖民地时期的加拿大、印度、新西兰和近代早期英国的个人读者、阅读社区或群体的研究，展现了不同国家、不同时期的阅读历史。Katie Halsey 和 W.R. Owens 编著的 The History of Reading, Volume 2: Evidence from the British Isles, c.1750-1950[3]，是《阅读史》第二卷，主要呈现过去两百多年里（1750—1950），英伦三岛的读者和阅读的情况。Rosalind Crone 和 Shafquat Towheed 编著的 The History of Reading, Volume 3: Methods, Strategies, Tactics[4]，是《阅读史》第三卷，介绍了世界各地历史学家研究阅读史的不同方法和策略，如何反应读者在不同阅读情况下的阅读表现等内容。Richard Daniel Altick 著的 The English Common Reader : A Social History

---

[1] Roger Chartier;trans.Lydia G.Cochrane.The Order of Books:Readers,Authors,and Libraries in Europe Between the Fourteenth and Eighteenth Centuries［M］.Stanford University Press.1994

[2] Shafquat Towheed and W.R.Owens,eds.The History of Reading,Volume 1:International Perspectives, c.1500-1990［M］.UK:Palgrave Macmillan, 2011

[3] Katie Halsey, W.R.Owens, eds.The History of Reading,Volume 2:Evidence from the British Isles, c.1750-1950［M］.UK:Palgrave Macmillan, 2011

[4] Rosalind Crone and Shafquat Towheed, eds.The History of Reading, Volume 3:Methods,Strategies, Tactics［M］.UK:Palgrave Macmillan,2011

of the Mass Reading Public, 1800-1900[1]，描述了19世纪英国大众阅读的历史，系统地探讨了普通英国人是如何成为一个读者的。D.R.Woolf著的 *Reading History in Early Modern England*[2]，通过考察有关印刷文化的历史书籍，对英国近代早期的图书出版发行和阅读等问题进行了研究。Jennifer Andersen 和 Elizabeth Sauer 编著的 *Books and Readers in Early Modern England : Material Studies*[3]，从大量资料中分析和发掘了近代早期英国的阅读史，探讨了一些读者的阅读习惯和经验。James Smith Allen 在其博士后论文 *In the Public Eye: A History of Reading in Modern France 1800-1940*[4] 中，从公众的视角审视了法国现代早期（1800—1940）的阅读历史。Carl F. Kaestle 等学者著的 *Literacy in the United States:Readers and Reading since 1880*[5]，对1880年以来的美国读者与阅读的历史进行了分析研究。Molly Abel Travis 的 *Reading Cultures: The Construction of Readers in the Twentieth Century*[6]，探讨读者与文本的关系，重在从读者研究的角度，分析20世纪的阅读文化。

国外关于中国阅读史的研究，美国俄亥俄州立大学的虞莉，在其博士学位论文 *A History of Reading in Late Imperial China, 1000-1800*[7] 中，从社会历史文化、女性阅读和民族文化等不同角度，考察和论述了这一时期的阅读理论、读物、阅读方法和阅读史等内容，是对1000—1800年这八百年间中国阅读历史的总括研究。

---

[1] Richard Daniel Altick. The English Common Reader: A Social History of the Mass Reading Public, 1800-1900［M］.Columbus:Ohio State University Press,1957

[2] D.R.Woolf. Reading History in Early Modern England［M］.New York:Cambridge University Press, 2000

[3] Jennifer Andersen,Elizabeth Sauer,eds.Books and Readers in Early Modern England:Material Studies［M］.Philadelphia:University of Pennsylvania Press, 2002

[4] James Smith Allen.In the Public Eye:A History of Reading in Modern France 1800-1940［M］.Princeton: Princeton University Press,1991

[5] Carl F.Kaestle,Helen Damon-Moore,Lawrence C.Stedman. Literacy in the United States:Readers and Reading since 1880［M］.New Haven,Yale University Press,1991

[6] Molly Abel Travis.Reading Cultures:The Construction of Readers in the Twentieth Century［M］.Carbondale: Southern Illinois University Press,1998

[7] Yu Li.A History of Reading in Late Imperial China,1000-1800［M］.The Ohio State University. ph.d.2003

二、国外阅读文化研究

国外在阅读理论研究方面的成果，不仅多而且影响深远，主要代表成果，如美国著名文学理论家哈罗德·布鲁姆（Harold Bloom）所著的 *The Anxiety of Influence: A Theory of Poetry*[1]（《影响的焦虑：一种诗歌理论》）, *The Western Canon:The Books and School of the Ages*[2]（《西方正典》, 图2-3），都是经典阅读理论方面的重要著作。布鲁姆教授在《西方正典》中用"Canon"来代表经典，并选择西方历史上二十六位被作者认定为大师的作品，谓之"西方正典"，进行串讲、赏析和评论。他主要从文学批评家的视角来界定什么是经典、经典的特征、经典是如何产生的，以及我们在阅读经典时应该抱有什么样的精神。他认为阅读上述大师的经典作品的真正作用是增进内在自我的成长。布鲁姆教授强调经典的"陌生性"和"影响的焦虑"，突出经典的原创性。

图2-3 《西方正典》，哈罗德·布鲁姆著，译林出版社出版

沃尔夫冈·伊瑟尔（Wolfgang Iser）著的 *The Act of Reading:A Theory of Aesthetic Response*[3]（《阅读行为》），从现象学角度全面揭示了产生反应与接受的阅读行为与理解、阐释文学文本意义的关系。伊瑟尔的接受美学理论是现代西方著名的阅读理论之一。

1984年，第十届国际阅读学术会议在香港召开。当时会议代表提交的论文主要围绕两大类问题进行讨论，其中一类就是对阅读理论问题的探讨。当时学者们认为，解决阅读训练的理论和方法问题已成为普遍要求。可见，当时西方阅读

---

[1] Harold Bloom.The Anxiety of Influence:A Theory of Poetry [M].New York:Oxford University Press,1973

[2] Harold Bloom.The Western Canon:The Books and School of the Ages [M].New York:Harcourt Brace,1994

[3] Wolfgang Iser.The Act of Reading:A Theory of Aesthetic Response [M].The Johns Hopkins University Press,1980

研究领域已经十分关注阅读理论的研究[①]。

伊瑟尔在另一本著作《审美过程研究》[②]中强调，在文本和读者中间，研究的焦点是阅读，分析阅读过程。书中提出了"审美响应"理论，成为与接受美学理论相区别的另一个著名的西方阅读理论。

《阅读的艺术》一书中汇集了十二位西方著名学者，包括叔本华（Arthur Schopenhauer）、伍尔夫（Virginia Woolf）、毛姆（William Somerset Maugham）等人谈对阅读的理解和认识以及一些读书方法的体会[③]。

William James Spurlin 在其哥伦比亚大学博士学位论文 Redefining Reading: The Reader in Contemporary Literary Theory[④]中，试图重新定义阅读，分析了读者、文本和阅读行为等阅读理论的基本问题，在对以往阅读理论进行批判的基础上，提出了自己对阅读的重新认识。

Karin Littau 的 Theories of Reading: Books, Bodies, and Bibliomania[⑤]，从文学、哲学、人文历史和书目等不同的学科背景和维度，分析读者与文本的关系和读者阅读的心理活动。

伊塔洛·卡尔维诺（Italo Calvino）著的《为什么读经典》（图2-4），是关于经典阅读的理论著作，分析并提出了十四种阅读经典图书的意义，对促进经典阅读有指导意义。

图2-4《为什么读经典》，伊塔洛·卡尔维诺著，译林出版社出版

---

① 晓雁.第十届国际阅读学术会议［J］.课程·教材·教法，1984（6）：73—74
② ［德］沃尔夫冈·伊瑟尔.审美过程研究［M］.霍桂桓，李宝彦，译.北京：中国人民大学出版社，1988
③ ［英］威廉·萨默赛特·毛姆，等.阅读的艺术［M］.陈安澜等，编译.上海：上海翻译出版公司，1988
④ William James Spurlin.Redefining Reading:The Reader in Contemporary Literary Theory［D］.Columbia University.ph.d.,1989
⑤ Karin Littau.Theories of Reading:Books,Bodies,and Bibliomania［M］.Cambridge,UK:Polity Press,2006

尼古拉斯·玛札（Nicholas Mazza）著的《诗歌疗法理论与实践》[1]，其实是一本诗歌阅读疗法的理论与实践著作，从阅读的功能论角度，对诗歌疗法的理论基础、实践运用以及研究课题做了全景式的探讨。

皮埃尔·布尔迪厄（Pierre Bourdieu）著的《艺术的法则：文学场的生成与结构》[2]，其中"一种关于阅读的行为理论"的内容，深刻地分析了阅读行为及阅读的时间等理论问题。

三、国外阅读方法研究

国外在阅读方法研究方面的成果，突出表现在指导和训练读者提高阅读能力上。诸如布鲁姆在所著的《如何读，为什么读》[3]一书中，建议读者要读一流的作品，并说明了读而得其精髓的方法，提出深度阅读和阅读经典是为了"寻找一种有难度的乐趣"的观点。莫提默·J.艾德勒（Mortimer J. Adler）和查尔斯·范多伦（Charles van Doran）著的《如何阅读一本书》[4]，强调阅读是一种主动的活动，书中将阅读分作四个层次，包括基础阅读、检视阅读、分析阅读和主题阅读，指导读者如何通过阅读增进理解力。博比·尼特（Bobbie Neate）著的《阅读：阅读技巧指南》[5]，论述了娱乐性阅读与知识性阅读等阅读问题，对青少年阅读能力训练提出了很好的办法和建议。Dee Tadlock 和 Rhonda Stone 著的 Read Right: Coaching Your Child to Excellence in Reading[6]，是阅读能力培养的佳作，让读者以全新的视角来审度阅读过程，帮助父母们引导学龄前的孩子习得出色的阅读能力。

---

[1] [美]尼古拉斯·玛札.诗歌疗法理论与实践[M].南京：东南大学出版社，2013
[2] [法]皮埃尔·布尔迪厄.艺术的法则：文学场的生成与结构[M].北京：中央编译出版社，2011
[3] [美]哈罗德·布鲁姆.如何读·为什么读[M].黄灿然，译.南京：译林出版社，2011
[4] [美]莫提默·J.艾德勒，[美]查尔斯·范多伦.如何阅读一本书[M].郝明义，朱衣，译.北京：商务印书馆，2004
[5] [英]博比·尼特.阅读·阅读技巧指南[M].贺微等，译.重庆：重庆出版社，2004
[6] Dee Tadlock,Rhonda Stone.Read Right:Coaching Your Child to Excellence in Reading[M].USA：McGraw-Hill Companies,2005

第二节　国内阅读史与阅读文化研究的进展

国内在该领域的研究成果也不少，现概括为以下几个方面：

一、国内阅读史研究

关于阅读史资料的整理与研究，从1990年开始，王余光和徐雁等学者历时四年，编纂出版了中国图书文化史上第一部以读书为主题的大型工具书《中国读书大辞典》[①]，其中整理、汇集了大量有关阅读文化研究的成果。曾祥芹等编著的《古代阅读论》[②]，选编古代有关阅读和读书的论述内容，并分期加以概述。王余光等译注的《读书四观》[③]，所选《读书训》《读书止观录》《读书纪事》《先正读书诀》，均为明清时期著名藏书家、学者辑录的中国先秦以来的读书古训和读书掌故，是古代阅读史的重要史料。曾祥芹、刘苏义编著的《历代读书诗》[④]，收集了中国古代有关读书的诗文，从读书诗中吸取历代阅读理念和思想。

图2-5 《中国阅读文化史论》，王余光等著，北京图书馆出版社出版

关于中国阅读史的概述和分期研究，曾祥芹与韩雪屏主编的《阅读学原理》[⑤]，简要叙述了国内外阅读学发展历史。洪材章等主编的《阅读学》[⑥]，简要叙述了从春秋战国到当代中国的阅读发展史，将中国阅读史划分为四个时期：古代、近代、现代和当代。曾祥芹主编的《阅读学新论》[⑦]，在"史论"部分简要叙述了中国阅读学发展史，将中国阅读学分为两个历史发展阶段：中国古代阅读学阶段

[①] 王余光，徐雁.中国读书大辞典[M].南京：南京大学出版社，1993
[②] 曾祥芹，等.古代阅读论[M].开封：河南教育出版社，1992
[③] 王余光，等.读书四观[M].武汉：湖北辞书出版社，1997
[④] 曾祥芹，刘苏义.历代读书诗[M].北京：中国文联出版社，2001
[⑤] 曾祥芹，韩雪屏.阅读学原理[M].开封：河南教育出版社，1992
[⑥] 洪材章，等.阅读学[M].广州：广东教育出版社，1992
[⑦] 曾祥芹.阅读学新论[M].北京：语文出版社，1999

和中国近现代阅读学阶段。古代阶段又分为四个时期，近现代阶段又分为三个时期，分别阐述了每个时期的代表人物及其阅读学思想和观点。

关于阅读史研究的理论探讨。王龙著的《阅读研究引论》[1]，从语言学、信息论、系统论、文化研究、社会学、政治学、历史学、卫生学、儿童读者等不同角度阐述了对阅读的理解和认识，形成了独到的阅读理论认识体系。王余光等著的《中国阅读文化史论》[2]（图2-5），汇集了作者关于阅读文化研究、阅读史研究和阅读指导研究等方面的最新成果，反映了阅读研究的热点，推进了中国阅读文化研究的发展。王余光的《关于阅读史研究的几个问题》[3]，在对阅读进行学理分析的背景下，着重讨论了阅读的时代变迁、阅读传统及阅读的象征意义，意在构建中国阅读史研究的主要内容及基本框架。王龙《阅读史研究探论》[4]，分析了阅读史研究的意义。王余光《中国阅读史研究纲要》[5]，回顾了中国阅读史研究的历程及成果，探讨了中国阅读史研究的纲目和内容体系。

关于中国阅读史的专题研究，著作类成果，如董味甘著的《阅读学》[6]，简要叙述了中国的阅读历史，分析指出其中的三点局限性。曾祥芹和刘苏义编著的《历代读书诗》[7]，从读书诗中吸取和提炼中国历代阅读理念和思想的发展史。王波著的《阅读疗法》[8]（图2-6），从阅读史研究的角度，对阅读疗法在英、法等国的发展情况进行了简述，并对阅读疗法在中国的发展历史进行了阐述。阅读疗法的历史是阅读史的重要组成部分，对于了

图2-6 《阅读疗法》，王波著，海洋出版社出版

---

[1] 王龙.阅读研究引论［M］.香港：天马图书有限公司，2003
[2] 王余光，等.中国阅读文化史论［M］.北京：北京图书馆出版社，2007
[3] 王余光.关于阅读史研究的几个问题［J］.图书情报知识，2001（3）：7—11
[4] 王龙.阅读史研究探论［J］.图书馆理论与实践，2001（1）：17—20
[5] 王余光.中国阅读史研究纲要［J］.高校图书馆工作，2007（2）：1—4
[6] 董味甘.阅读学［M］.重庆：重庆出版社，1989
[7] 曾祥芹，刘苏义.历代读书诗［M］.北京：中国文联出版社，2001
[8] 王波.阅读疗法［M］.北京：海洋出版社，2007

解完整的阅读史起到了重要的补充作用。潘光哲著的《晚清士人的西学阅读史 1833—1898》[①]，以具体的个案，"浓描细写"晚清士人寻觅、接受西学的读书历程。王亚鸽著的《魏晋时期〈庄子〉阅读史》[②]，对《庄子》在魏晋时期的阅读情况进行了多方面的研究，包括文本流传、阅读模式、读者对象以及阅读效果等。魏晋是《庄子》阅读史上的关键时期。在此期间，《庄子》不仅由汉代的一门子学变成当时最重要的玄学文本之一，而且其版本以及对《庄子》的解读都发生了重大变化。同时，这些变化及《庄子》的阅读热，又在当时的思想界、文学界、知识分子的行为模式、文艺理论以及佛教传播等方面引起了很大的反响。通过研究，作者力图再现魏晋时期《庄子》阅读的方方面面。论文类成果，如潘光哲撰文探讨了书写19世纪中国士人阅读史的一些想法[③]。张洁的《历史上的实用阅读活动》[④]，从阅读是教育的主要方式、阅读是治世的重要工具、阅读是学术研究的源泉三个方面，考察了我国历史上为达成某种现实目标而进行的实用阅读活动。张洁的《历史上的休闲阅读》[⑤]，考察了中国历史上关于休闲阅读的有关论述及阅读实践活动，列举了历史上具有代表性的人物及其思想言论，并从文艺作品和文人"雅文化"的角度分析了历史上的休闲阅读活动。许欢的《中国古代传统阅读模式研究》[⑥]，从四个方面总结了中国古代社会的阅读特征，认为中国古代的阅读史是以知识精英为主体的阅读历程。陈静在《抄本传播与魏晋南北朝时期的作者、读者和作品》[⑦]一文中指出，魏晋南北朝时期，纸的普及引领中国文化进入抄本传播的新时代。新媒介对作者、读者和作品都产生了深远的影响。对作者而言，书写材料方便易得，作品传播迅速广泛，可以当世成名，这无疑极大地激发了他们创作的积极性，直接促成魏晋以来作品数量激增的盛况。对于读者而言，抄本传播的便捷使得他们能够

[①] 潘光哲.晚清士人的西学阅读史1833—1898[M].台北："中央研究院"近代史研究所，2014
[②] 王亚鸽.魏晋时期《庄子》阅读史[M].北京：光明日报出版社，2014
[③] 潘光哲.追索晚清阅读史的一些想法——"知识仓库""思想资源"与"概念变迁"[J].新史学，2005（3）：137—170
[④] 张洁.历史上的实用阅读活动[J].情报资料工作，2005（6）：104—106
[⑤] 张洁.历史上的休闲阅读[J].图书与情报，2005（4）：67—70
[⑥] 许欢.中国古代传统阅读模式研究[M].图书与情报，2010（5）：33—36
[⑦] 陈静.抄本传播与魏晋南北朝时期的作者、读者和作品[J].出版科学，2010（2）：95—102

及时阅读同代人的作品，并能进行当世的交流与评论，形成文学批评实践，进而促成了以刘勰、钟嵘为代表的系统、成熟的文学理论的形成。对作品而言，抄本传播使社会进入阅读文化时代，诗歌开始与音乐分离，真正变成阅读文化的一部分。

二、国内阅读文化与理论研究

关于中国阅读文化与理论的研究，著作类成果，如高瑞卿主编的《阅读学概论》[1]，分析了阅读学的性质、阅读学的研究对象及其与相关学科的关系、阅读学的特点、阅读学的任务、阅读学的基础、阅读学的研究方法等内容。董味甘著的《阅读学》[2]，分析了建立阅读学学科的必要性，认为我国阅读理论研究应该跟上时代，充分认识阅读研究的紧迫性和可能性，并提出了一些推进我国阅读理论研究的建议。曾祥芹等编著的《古代阅读论》[3]，选编古代有关阅读和读书的论述内容，并分期加以概述。曾祥芹与韩雪屏主编的《阅读学原理》[4]（图 2-7），分别论述了阅读的客体、主体和本体研究，分别简要叙述了国内外阅读学发展的历史。洪材章等主编的《阅读学》[5]，简要叙述了从春秋战国到当代中国阅读理论的发展过程，介绍了 20 世纪八九十年代国内阅读理论研究的一些主要成果。王余光、徐雁主编的《中国读书大辞典》[6]，收录和介绍了古今一些有关阅读理论的著述。韩雪屏著的《中国当代阅读理论与阅读教学》[7]，阐述了中国当代阅读理论研究的概况，大致分为

图 2-7《阅读学原理》，曾祥芹、韩雪屏主编，河南教育出版社出版

---

[1] 高瑞卿.阅读学概论［M］.长春：吉林教育出版社，1987
[2] 董味甘.阅读学［M］.重庆：重庆出版社，1989
[3] 曾祥芹，等.古代阅读论［M］.开封：河南教育出版社，1992
[4] 曾祥芹，韩雪屏.阅读学原理［M］.开封：河南教育出版社，1992
[5] 洪材章，等.阅读学［M］.广州：广东教育出版社，1992
[6] 王余光，徐雁.中国读书大辞典［M］.南京：南京大学出版社，1993
[7] 韩雪屏.中国当代阅读理论与阅读教学［M］.成都：四川教育出版社，1998

三个时间段：积累期——20世纪70年代末至80年代中期；酝酿期——20世纪80年代中期至末期；新生期——20世纪90年代以来。每个时间段都有一定进展，总结了当代阅读理论研究的特点和经验，并提出了对当代阅读理论研究前瞻和趋势的思考。王继坤主编的《现代阅读学教程》[①]一书的阅读原理部分，阐述了阅读的本质、过程、规律、素养、对象以及阅读的创新等基本问题，有助于帮助学生掌握阅读基本原理并指导自己的阅读实践。王龙在所著的《阅读研究引论》[②]中，专门讨论了阅读活动的文化特质、内涵及其相互关系，提出了关于阅读文化研究的一些基本设想和认识。龙协涛著的《文学阅读学》[③]，探讨了文学阅读学的基本规律，将现代西方接受美学和中国古代文论中的鉴赏结合起来，构建了中国化的文学阅读学理论框架。曾祥芹主编的《文章阅读学》[④]，从阅读视角出发，讨论了文章阅读的客体特性、主体特质、本体系统、跨体策略等问题。王余光著的《阅读，与经典同行》[⑤]（图2-8），深入探讨了当今阅读文化的转型和经典阅读的重要现实意义。该书就经典阅读与选择、推荐书目、信息时代与阅读、阅读文化、社会阅读等问题进行了阐述，表达对经典阅读或读书的重视，汇集和凝聚了作者多年来在经典阅读方面的理论思考与成果。王龙的《阅读文化概论》[⑥]，是一本研究阅读文化的专著，从阅读的起源入手，论述了阅读活动与社会各种因素的关系；在此基础上，通过讨论社会读者群体及其阅读类型，总结了中国阅读文化传统，分析了中国社会的阅读现状，并对阅读文化建设提出了建议。皇甫晓涛、孟桂兰著的《文化书写·阅读文化学

图2-8 《阅读，与经典同行》，王余光著，海天出版社出版

---

① 王继坤. 现代阅读学教程[M]. 青岛：青岛海洋大学出版社，1999
② 王龙. 阅读研究引论[M]. 香港：天马图书有限公司，2003
③ 龙协涛. 文学阅读学[M]. 北京：北京大学出版社，2004
④ 曾祥芹. 文章阅读学[M]. 郑州：大象出版社，2009
⑤ 王余光. 阅读，与经典同行[M]. 北京：海天出版社，2013
⑥ 王龙. 阅读文化概论[M]. 长春：吉林大学出版社，2014

概论》①,从规定、影响阅读行为和思考方式的潜在阅读观念及其与阅读方法内在联系的文化书写入手,建构了阅读文化学的范畴和体系,并从文化书写、阅读心态、思考环节、教育过程以及文化、社会角色各方面,较为全面地揭示了阅读活动的效应、功能及其与文化书写创造活动隐秘、复杂的内在联系,体现了阅读文化学实践性、综合性、工具性与创造性融为一体的学术品格。

论文类成果,如韦志成的论文《中国阅读理论的祖碑——"以意逆志"辨》②,论述了孟子"以意逆志"的由来及其正确理解,阐明"意"是阅读的主体意识,"志"是阅读的根本目的,"逆"是阅读的理解途径。孟子的"以意逆志"论,为我国阅读理论的建设做出了卓越的贡献,对后世影响极为深远。姚喜明和梅晓宇的论文《我国阅读理论研究的发展》③,对新中国成立后的阅读理论(其中主要是外语阅读理论)进行了阶段性的简述和分析,在肯定所取得的成绩的同时,也找出了不足,指出阅读理论研究需要深入化、系统化。王余光和汪琴撰写的《关于阅读文化研究的几个问题》④,在对文化、阅读、读者、文本进行概念分析的基础上,阐述了阅读文化的概念、内涵和特征,说明阅读文化研究的内容和意义,探讨了从文化视角研究阅读活动的基本思路和方法。王余光等著的《中国阅读文化史论》,汇集了有关阅读文化和阅读史等方面的最新研究成果,重点探讨了阅读文化研究领域的一些基本问题和阅读史研究的主要思路和研究纲要,还分析了读者阅读习惯的变化、传统经典阅读、家庭阅读、大众阅读、读者需求和读者群体等阅读研究领域的问题⑤。汪琴的博士论文《中国阅读文化的理论研究》⑥,从文化的视角研究阅读,探讨和构建了中国阅读文化理论研究的基本框架;对阅读文化的概念进行了界定,并从三个层面分别探讨了中国阅读文化研究框架构建的基本问题。王雅珊的学位论文《日治时期台湾的图书出版流通与阅读文化:殖民地状况下的社会文化史考

---

① 皇甫晓涛,孟桂兰.文化书写·阅读文化学概论[M].北京:中国文史出版社,2014
② 韦志成.中国阅读理论的祖碑——"以意逆志"辨[J].江汉大学学报(人文科学版),1995(5):1—5
③ 姚喜明,梅晓宇.我国阅读理论研究的发展[J].山东外语教学,2003(6)
④ 王余光,汪琴.关于阅读文化研究的几个问题[J].图书情报知识,2004(5):3—7
⑤ 王余光,等.中国阅读文化史论[M].北京:北京图书馆出版社,2007
⑥ 汪琴.中国阅读文化的理论研究[D].北京:北京大学,2007

察》[1]，从社会文化史的观察角度，以图书出版流通与阅读文化的发展作为命题，考察在殖民地状况下台湾读书市场的概况，梳理台湾文学发展的背景与构成条件，进一步讨论知识传播对于台湾文化发展所造成的影响。作者讨论了读书市场的根基与阅读文化的变迁，认为阅读行为的产生与读书的意义之间的沟通过程，会因为读者的知识认知与阅读经验的个别性，而呈现以读者观点视野所想象、建构的阅读诠释和社会文化发展变迁的历程，形成日治时期台湾独特的阅读文化内涵。何官峰的论文《魏晋南北朝阅读理论探析》[2]，从挖掘中国古代阅读思想和成就的角度切入，探析了魏晋南北朝时期的阅读思想成就。刘勰《文心雕龙·知音》，系统地阐释了阅读"知音"论，是我国早期较成熟的阅读理论，与后来钟嵘的阅读"滋味"说以及颜之推等人的阅读功用论，共同奠定了阅读理论发展的良好基础。

关于国外阅读文化和阅读史的研究，曾祥芹和韩雪屏主编的《国外阅读研究》[3]，站在20世纪90年代阅读研究的前沿，介绍和审视了美国、英国、法国、德国、日本、加拿大等九个国家的阅读理论和阅读教学概况，并专门介绍了国际阅读协会的基本情况，对开拓阅读研究视野有很大价值。韩雪屏著的《中国当代阅读理论与阅读教学》[4]，对20世纪八九十年代引进和介绍外国阅读理论的研究成果进行了回顾和总结。蒋济永著的《现象学美学阅读理论》[5]，主要介绍和论述了西方的一些阅读理论，包括现象学美学、英伽登（Roman Ingarden）的现象学阅读理论、海德格尔（Martin Heidegger）的阅读思想、杜夫海纳（Mikel Dufrenne）的现象学阅读理论、普莱（George Poulet）的阅读现象学等内容。刘天伦的论文《国外阅读理论模式述评》[6]，主要介绍了国外阅读理论的模式。王余光和许欢的《西方阅读史研究述评与中国阅读史研究的新进展》[7]，回顾并借鉴20世纪中后期以来西方阅读史研究的进展，提出了中国阅读史研究的任务与内容。孙柯君的学位论

---

[1] 王雅珊.日治时期台湾的图书出版流通与阅读文化：殖民地状况下的社会文化史考察[D].台南：成功大学，2011
[2] 何官峰.魏晋南北朝阅读理论探析[J].图书馆杂志，2014（6）
[3] 曾祥芹，韩雪屏.国外阅读研究[M].开封：河南教育出版社，1992
[4] 韩雪屏.中国当代阅读理论与阅读教学[M].成都：四川教育出版社，1998
[5] 蒋济永.现象学美学阅读理论[M].桂林：广西师范大学出版社，2001
[6] 刘天伦.国外阅读理论模式述评[J].南昌大学学报（人文社会科学版），1992（1）：92—98
[7] 王余光，许欢.西方阅读史研究述评与中国阅读史研究的新进展[J].高校图书馆工作，2005（2）：1—6

文《19世纪初的英国大众读者研究》[1]，分析了18世纪末至19世纪初读者的整体情况，认为在19世纪的英国，具有现代意义的读者群体开始形成，并最终在英国形成具有现代特征的读者群体。钟观凤的学位论文《现代性视域下的西方读者理论研究》[2]，从现代性视域审视了西方读者理论的发展史，并分析了西方读者理论的影响和意义。综上，对外国阅读理论的研究，目的是为了彰显开放的学术视野和借鉴外国的研究经验，但是其侧重点均是介绍理论成果和叙述历史变迁，无法与中国的读者特征和阅读环境相契合。

关于阅读理论个案的研究。陈慧娟[3]认为金圣叹评点《水浒传》中体现出文学批评的读者立场。刘荣[4]论述了唐彪《家塾教学法》的阅读思想。马英明[5]的学位论文论述了罗兰·巴特（Roland Barthes）的阅读理论。李铭瑜[6]的学位论文论述了曾国藩的阅读教育思想。许璐[7]的学位论文论述了乔纳森·卡勒（Jonathan D. Culler）的文学阅读理论。王炅颢[8]的学位论文论述了伊瑟尔的阅读理论。朱建君[9]的学位论文论述了英伽登的阅读理论。石钟扬和郭春萍的论文《金圣叹：中国小说读者学的开创者》[10]，从读者学的角度，分析、评价金圣叹评点小说的读者阅读理论特质。李世黎[11]论述了阿尔都塞（Louis Pierre Althusser）阅读理论的演进。

三、国内阅读方法研究

国内在阅读方法的总结和提炼方面，成果不胜枚举。诸如周振甫撰写的《怎样阅读》[12]，介绍了包括精读、粗读和记笔记等阅读方法。曾祥芹主编的《阅读技

---

[1] 孙柯君.19世纪初的英国大众读者研究[D].上海：上海师范大学，2013
[2] 钟观凤.现代性视域下的西方读者理论研究[D].烟台：鲁东大学，2015
[3] 陈慧娟.文学批评的读者立场——评金圣叹评点《水浒传》[J].江淮论坛，1997（6）：90—94
[4] 刘荣.唐彪《家塾教学法》的阅读思想[J].东方教育，2013（8）
[5] 马英明.后现代阅读：意义的终结——罗兰·巴特的阅读理论研究[D].南京：南京大学，2004
[6] 李铭瑜.曾国藩的阅读教育思想[D].北京：首都师范大学，2006
[7] 许璐.乔纳森·卡勒文学阅读理论研究[D].北京：北京大学，2010
[8] 王炅颢.伊瑟尔阅读理论研究[D].延安：延安大学，2013
[9] 朱建君.英伽登阅读理论研究[D].金华：浙江师范大学，2013
[10] 石钟扬，郭春萍.金圣叹：中国小说读者学的开创者[J].南京师范大学文学院学报，2015（1）：51—58
[11] 李世黎.阿尔都塞阅读理论的演进[J].学习与实践，2015（7）：133—140
[12] 周振甫.怎样阅读[M].北京：青年出版社，1952

法系统》[1]，列举了一百零八种阅读法，分别归入二十四种阅读术，接合四条阅读链，组成了一个相互制约的阅读技法系统。曾祥芹、张复琮主编的《文体阅读法》[2]，指导读者阅读不同类型的文章和不同体裁的文学作品。王余光、徐雁主编的《中国读书大辞典》[3]中，收录了一些名人读书的方法。魏克智、丁庆华、王泽民主编的《阅读理论与实践论纲》[4]，介绍了一些读书的方式方法，帮助读者提高阅读能力。雷风行著的《中国名家读书法》[5]，介绍了名家的读书方法。曾祥芹、刘苏义编著的《历代读书诗》[6]，从读书诗中提炼出了一些读书方法。王余光、王三山主编的《中华读书之旅（二星卷）》[7]，徐雁、钱军主编的《中华读书之旅（三星卷）》[8]，收录了一些读书方法。曾祥芹、甘其勋主编的《快读指导举隅》[9]，介绍了快速阅读的原理，指导和训练读者的快速阅读能力。赵夷平主编的《现代阅读理论与方法》[10]，指导读者阅读不同类型的文章和书籍。翟文明编著的《阅读力提高手册》[11]，在科学分析阅读原理的基础上，分别从理解、速度、记忆三方面介绍了提高阅读能力的技巧和方法；同时还从阅读步骤、阅读方式、注意力和词汇量等方面介绍了如何培养良好的阅读习惯。

综上所述，国外相关研究成果，主要在研究方法和研究思路方面对我们有参考意义；国内相关研究，主要在史料积累、历史概述和理论思考等方面积累了一些经验，为我们进一步拓宽和加深中国阅读文化领域的研究奠定了良好的基础；但是，无论从研究的系统性，还是从内容的全面性来考察，均有欠缺，特别是针对中国阅读历史与传统的全面系统研究尚显不足。

---

[1] 曾祥芹.阅读技法系统［M］.开封：河南教育出版社，1992
[2] 曾祥芹，张复琮.文体阅读法［M］.开封：河南教育出版社，1992
[3] 王余光，徐雁.中国读书大辞典［M］.南京：南京大学出版社，1993
[4] 魏克智，丁庆华，王泽民.阅读理论与实践论纲［M］.长春：吉林人民出版社，1994
[5] 雷风行.中国名家读书法［M］.北京：中国铁道出版社，2000
[6] 曾祥芹，刘苏义.历代读书诗［M］.北京：中国文联出版社，2001
[7] 王余光，王三山.中华读书之旅（二星卷）［M］.郑州：海燕出版社，2002
[8] 徐雁，钱军.中华读书之旅（三星卷）［M］.郑州：海燕出版社，2002
[9] 曾祥芹，甘其勋.快读指导举隅［M］.开封：河南大学出版社，2002
[10] 赵夷平.现代阅读理论与方法［M］.长春：吉林人民出版社，2004
[11] 翟文明.阅读力提高手册［M］.哈尔滨：黑龙江科学技术出版社，2009

第三节 研究趋势探索

中国是一个有着悠久阅读历史的国家，阅读史料颇丰，但阅读史上的丰富遗产还没有引起人们足够的重视。因而，借鉴西方已有的阅读史研究经验和成果、考察中国的阅读发展史、构建中国阅读史的研究内容、继承中国阅读史的优良传统，将成为中国阅读史研究的主要任务。对中国阅读史的系统梳理和研究，不仅对中国学术界和读书界具有重要意义，也将对世界阅读史研究做出应有的贡献。

近些年，我国的学者在阅读史研究方面做出了一些积极的努力，也取得了一些成绩。但是，中国阅读史研究的前路依然漫长，还有许多问题亟待研究和探讨。2004 年，由北京大学王余光发起，武汉大学、南京大学、苏州大学等高等院校的部分阅读史研究者参与撰写多卷本《中国阅读通史》，其编撰工作正式启动。同年 11 月，撰稿者会聚北京大学信息管理系，召开了第一次《中国阅读通史》编撰研讨会。在这次研讨会上，学者们对中国阅读史的研究内容和探索方向提出了一些意见，引述如下，以做参考：

（1）中国阅读史理论研究，主要讨论中外阅读史的研究现状、中国阅读史的内容、中国阅读文化发展的阶段性与区域性等问题；

（2）社会环境与教育对阅读的影响，主要讨论经济条件、出版业、教育以及推荐书目对阅读的影响、书籍流传和收藏与阅读的关系；

（3）社会意识、宗教对阅读的影响，主要讨论政治意识、文化政策对阅读的影响，禁书、群体意识与阅读的关系，读书的象征意义及宗教信仰与阅读等问题；

（4）文本变迁与阅读，主要讨论文字、书籍载体与制作方式对阅读的影响；

（5）学术、知识体系与阅读，主要讨论从书目看历代读者知识体系的构成，注释、翻译与阅读的关系等；

（6）生活、时尚与阅读，主要讨论阅读卫生、阅读时尚与读书生活等问题；

（7）中国阅读传统，主要从思想与行为方式等方面来阐述中国悠久的阅读传统；

（8）中国阅读史资料的结集；

（9）历代学者论阅读。

其中第八、第九两个部分主要是从不同的角度对中国浩如烟海的阅读史资料和理论进行一次系统性的梳理和总结。①

最后，我们有理由相信，在 21 世纪，中国的阅读史研究将会得到进一步的发展。因为，正如达恩顿所言，在人类用无尽的努力来探索周围的世界和自身内部世界的意义的过程中，如果我们能够懂得人类是怎样阅读的，就离弄清和理解生命的意义更近了一步。

思考题

1. 请简要阐述对国外阅读史研究现状的认识。
2. 请简要谈谈对国内阅读史研究现状的认识。
3. 如何看待阅读史研究的趋势？

---

① 王余光,许欢.西方阅读史研究述评与中国阅读史研究的新进展［J］.高校图书馆工作,2005（2）:1—6

第三讲

中国古代阅读史的研究资料

研究资料是人文社会学科赖以存在的基础，历史研究更是如此。中国素有重视阅读的传统，历史上，人们或为教育子弟或为记载读书心得，留下了大量关于阅读的论述，形成了丰富的阅读思想和阅读理论，是中国阅读史研究的丰富宝藏。在本讲中，我们将按照类别逐一介绍中国古代阅读史研究的主要史料，以及前人在史料整理方面的主要成果，希望为有志于阅读史研究的读者提供线索。

第一节 阅读史研究资料概述

所谓研究资料，是指记载了研究对象各种信息的文献的集合。就如陈寅恪先生总结的那样："一时代之学术，必有其新材料与新问题。取用此材料，以研求问题，则为此时代学术之新潮流。"[1]学术研究的生命力，在于对新材料和新问题的发掘，这也是我们重视阅读史研究资料的直接原因。然而，阅读史研究在我国兴起的时间不长，尚未形成公认的研究框架和研究体系，阅读史研究资料的范围和具体内容也没有形成定论。因此，本节首先要解决的问题是：阅读史研究资料的具体内容包括哪些，可分为哪些类别？

---

[1] 陈寅恪.陈垣敦煌劫余录序［M］//金明馆丛稿二编.上海：上海古籍出版社，1980：236

一、阅读史研究资料的概念内涵

想要确定阅读史研究资料的范围,首先要明确阅读史的研究对象和研究内容。一切与阅读史研究对象和研究内容相关的史料,都属于研究资料的范畴。

阅读史研究什么?此问题在本书第一讲中已有专章论及,在此仅列举中外两种比较有代表性的看法。费希尔在其畅销书《阅读的历史》中对该书的内容做过如下界定:"讲述阅读的神奇故事,描述阅读行为、阅读者及社会环境,介绍阅读内容的诸多呈现方式。"① 王余光教授在《中国阅读史研究纲要》一文中,将中国阅读史研究分解为八个问题,分别是:资料集结;理论研究;社会环境与教育对阅读的影响;社会意识与宗教对阅读的影响;文本变迁与阅读;学术、知识体系与阅读;中国阅读传统;个人阅读史。②

概言之,阅读史研究应该包括三个方面的核心内容:阅读行为本身的发展脉络,环境因素对阅读的影响,阅读者及其阅读心理。第一个方面,阅读行为的历史,如每个时期阅读的阶段、地域特征,阅读内容,阅读思想,阅读理论与方法等。第二个方面,环境因素与阅读的关系。人们的阅读行为受到经济、政治、文化、宗教、教育、出版等多方面的影响,这些与阅读相关的学科也是我们应该关注的。第三个方面,阅读者和阅读心理方面的研究。人是阅读的主体,阅读史研究也要关注读者,如每个时期的读者构成、读者心理、阅读习惯、个人阅读史等,都是阅读史研究的重要内容。明确了阅读史的研究内容后,我们可以说,与上述三个方面相关的所有史料,都应当是阅读史研究的资料。

二、阅读史研究资料的具体内容

通过上面的分析,按照与阅读活动关系的密切程度,我们可以将阅读史研究资料分为核心资料和外围资料两类。核心资料是与阅读活动直接相关的各类史料,包括各个时代直接记载阅读活动的文字,学者总结的阅读思想、方法、理论等。外围资料是指交叉学科中与阅读活动有关的各类文献。前面已经说到,环境因素对阅读活动影响显著,而那些与阅读活动发生关联的学科,都可以被认为是阅读

---

① [新]史蒂文·罗杰·费希尔.阅读的历史·前言[M].李瑞林,译.北京:商务印书馆,2009
② 王余光.中国阅读史研究纲要[J].高校图书馆工作,2007(2):1—4

史研究的交叉学科，如书籍史、社会史、教育史等。当然，这些交叉学科对阅读的影响力是不同的。限于条件，我们不可能穷尽所有交叉学科的文献资料，但是诸如书籍史、藏书史、出版史等与阅读活动密切关联的领域，是需要研究者重点关注的。

依据主题，阅读史研究的核心资料又可分为三类：

1. 阅读思想和阅读方法。古人在阅读活动中，留下了大量阐释书籍价值、读书观念、读书目的、读书心得、读书感受的文字，我们将其统称为阅读思想。此外，古代学者一贯重视读书方法的总结和应用，在漫长的历史长河里，形成了诸如善思好问、口诵默念、抄写名篇等一系列行之有效的方法，这是中国古代阅读史的突出特征。关于阅读思想的，如《荀子·劝学篇》《吕氏春秋·劝学》《颜氏家训·勉学》及张之洞《劝学篇》等；关于阅读方法的，有宋代的《朱子读书法》《宋先贤读书法》、清代唐彪《读书作文谱》、谢鼎卿《读书说约》、张之洞《輶轩语》、杜贵墀《读书法汇》等。古代阅读思想和阅读方法，各自都有不少名篇，但是大多数时候，两者是同时出现的。古人在阐释自己的读书观时，往往也会提出具体的阅读方法，如上面提到的《颜氏家训·勉学》，前半部分阐释了读书的目的、书籍的作用，后半部分则提出了多种具体的读书方法，因此我们将两者放在一类进行介绍。

2. 阅读指导，主要是指历代推荐书目。著名者如敦煌文献中的《唐末士子读书目》，宋代程端礼《程氏家塾读书分年日程》，明代陆世仪《十年诵读书目》《十年讲贯书目》《十年涉猎书目》《思辨录》、李颙《读书次第》，清代龙启瑞《经籍举要》、张之洞《书目答问》等。

3. 读书事迹与掌故。历代学者的勤学故事、读书典故等层出不穷，主要记载在正史、方志、笔记小说、墓志等的人物传记中，资料比较分散。明代伊始，就有学者对此史料加以编辑，如祁承爜的《读书训》、吴应箕的《读书止观录》、陈继儒的《读书十六观》、屠本畯的《演读书十六观》、吴恺的《读书十六观补》等，清代陈梦雷的《古今图书集成·读书部》、周永年的《先正读书诀》等。

上述三类资料构成了阅读史研究的核心内容。阅读史研究的外围资料，指的是相关学科中与阅读活动相关的史料。本节仅选取三个与阅读史关系最为密切的领域——书籍史、出版史、藏书史进行介绍。

(一) 书籍史中的阅读史料

书籍是阅读的对象，因此书籍史与阅读史也有着天然的联系。传统意义上的书籍史，主要是指对书籍物质形态、社会经济层面以及印刷、出版、销售等流通层面的研究[1]。前者如书籍制作、形态变迁等，后者则包括印刷史、出版史、传播史等方面的相关内容。然而，这种传统的书籍史研究取向，在20世纪70年代后的西方史学界受到了强烈的挑战。以美国史学家达恩顿、法国史学家夏特里埃（Roger Chartier）为代表，西方书籍史研究转向了更为强调读者角色的阅读史研究，时至今日，"当今西方学界通常说到的阅读史或书籍史，实际上是一而二、二而一的东西"[2]。

如达恩顿在其代表作《何为书籍史？》中指出的一样，现在西方史学界指称的书籍史，"甚或可称作交流的社会史——文化史，因其目的是理解在过去的五百年里，观念如何通过印刷传播，如何影响了人类的思想和行为"[3]；重点在于研究由作者、出版商、印刷商、承运商、书商、读者共同构成的"传播循环"的时空变化，以及与周边其他体系之间的关系[4]。简言之，新文化史学派的研究者在被他们称为书籍史或阅读史的研究中，不仅仅要回答诸如"哪些人看书，看了什么书，在何时何地看书"等问题，更关注过去的人们"为什么阅读"以及他们是"如何阅读"[5]的。基于这样的研究思路，"档案史料中获得的具体书目，或是个人的图书收藏、阅读笔记、订购目录，或是图书馆的借阅登记等"[6]，这些传统意义上的书籍史史料，都能成为阅读史研究的新材料。

西方新文化史学派的书籍史（或阅读史）研究，是在继承和批判年鉴学派以

---

[1] 张仲民.从书籍史到阅读史——关于晚清书籍史、阅读史研究的若干思考[J].史林，2007（5）：151—180.

[2] 张仲民.出版与文化政治：晚清的"卫生"书籍研究[M].上海：上海书店，2009：9—10.

[3] [美]罗伯特·达恩顿.何为书籍史？[M]//陈恒，耿相新.新史学·第10辑·古代科学与现代文明.郑州：大象出版社，2013：144.

[4] [美]罗伯特·达恩顿.何为书籍史？[M]//陈恒，耿相新.新史学·第10辑·古代科学与现代文明.郑州：大象出版社，2013：147.

[5] 周兵.新文化史：历史学的"文化转向"[M].上海：复旦大学出版社，2012：230.

[6] 周兵.新文化史：历史学的"文化转向"[M].上海：复旦大学出版社，2012：230.

统计学、教育学、文化社会学等方法对书籍史进行研究的思路基础上形成的，体现了研究路数从社会经济史向心态史、文化史的转变；相对于之前以文本为中心的研究方式，更注重对书籍作者、读者角色及其与文本之间关系的考察。当然，中西方的历史背景不同，我们不可能完全照搬西方书籍史的研究思路。但是，书籍或者说文本与阅读之间的关系是无法割裂的，人在其中起到了关键的作用。当书籍史和阅读史各自的研究达到一定程度后，将两者作为一个整体，更加关注其中人的因素，这是西方书籍史研究给我们的启示。

而中国自古就是图书文化十分发达的国家，留下了诸如艺文志、经籍志、书目、提要、书志、书序、题跋、书刻、书约、读书记、校勘记、注疏、补遗、章句、疏证、书话、词话、诗话、评点、夹注、眉批、购书记、贩书记、藏书约等文献类型，简帛、石刻、版刻等文献形制，以及有关禁书、焚书、书厄的记载和表述等大量与书有关的文献，这些都是阅读史研究的宝贵材料。

（二）出版史中的阅读史料

作为书籍传播流通的重要一环，出版与阅读的关系同样密切。事实上，前人在讨论与书籍有关的话题时，往往是将书籍史、出版史和印刷史联系在一起的。比如著名书史学家钱存训先生编的《中国印刷史书目》[1]，范军先生的《出版文化史研究论著目录（2000—2004）》[2]，肖东发、袁逸先生的《20世纪中国出版史研究鸟瞰》[3]等，都同时收录了书籍史、印刷史、出版史的相关文献。

按照定义，反映图书编纂、出版、印刷、发行情况的文献资料，都属于出版史料[4]。出版是影响阅读环境的因素之一，特别是印刷术发明后，出版业成为书籍流通的主要渠道。出于营利的目的，从古代开始，出版商就是最能把握读者阅读喜好和阅读心理的群体。此外，出版政策的变化也会对文本生产、书籍流通产生关键性的影响。因此，对出版史料的研究可以帮助人们了解当时的出版环境对阅

---

[1] 钱存训.中国纸和印刷文化史［M］.桂林：广西师范大学出版社，2004：367—422
[2] 范军.出版文化史研究论著目录（2000—2004）［J］.出版科学，2005（3）：56—61
[3] 肖东发，袁逸.20世纪中国出版史研究鸟瞰［J］.北京大学学报，1999（2）：126—135
[4] 宋原放.中国出版史料·第1卷·编辑说明［M］.武汉：湖北教育出版社，济南：山东教育出版社，2004

读的影响，以及一定时期内人们的阅读偏好和阅读风尚的变迁。

1949年以来，出版史料整理方面，成果颇丰。有专门的《出版史料》[①]杂志刊行，各地也组织编写了大量区域资料汇编。此外，还有多部出版史料汇编出版。如张静庐辑注《中国近代出版史料》（《初编》，上杂出版社，1953；《二编》，群联出版社，1954）《中国现代出版史料》（甲、乙、丙、丁四编，中华书局，1954—1959）《中国出版史料补编》（中华书局，1957）；宋原放主编《中国出版史料》（分为古代、近代、现代三部分，山东教育出版社，湖北教育出版社，2006）；吴永贵编《民国时期出版史料汇编》（国家图书馆出版社，2013）；宋应离等编《中国当代出版史料》（大象出版社，1999）；《中华人民共和国出版史料》（中国书籍出版社，2009）等。

还有一种值得注意的出版史料是书店售书目录。中国古代很早就出现了商业性质的书坊，为了扩大销路，书坊经常会编一些供顾客选购、选订其刻印或者售卖图书的书名清单，流传至今的较著名者，如建阳书肆的《建阳县志·书坊书目》《古今书刻·书坊》[②]、经营近四百年的《扫叶山房书目》等，是了解当时书籍流通情况的重要材料，值得我们注意。近代以来此类书目更加丰富，刘洪权等编有《民国时期出版书目汇编》（国家图书馆出版社，2010），收录颇丰。

（三）藏书史中的阅读史料

中国古代藏书文化发达，形成了官府、私人、书院、寺观四大藏书体系，留下了丰富的藏书管理和整理的经验方法。在与书籍相关的研究领域，藏书史也是成果最丰富、发展最成熟的学科，各种藏书通史、区域藏书史、群体藏书史、个人藏书史研究论著数量众多，为阅读史研究提供了大量可资借鉴的材料和观点。

一般来说，古代的藏书家都是读者，同时也有可能是文本的生产者。藏书活动围绕着图书征集、购求、抄写、鉴别，藏书楼（室）营建，藏书皮藏、保护、管理、利用、刊布等一系列行为展开，与这个过程相关的各种记载都属于藏书史料。藏书家在其中体现的藏书思想，其实也在一定程度上反映了他的阅读观。比

[①] 1982年在上海创刊，1993年7月停刊，共出版32期。2000年后在北京复刊，不定期出版。有《〈出版史料〉（1982年12月—1993年7月）总目录》等可供参考。

[②] 詹冠群.试论书坊书目在传统目录学中的地位——建阳书坊书目初探［J］.福建师范大学学报，1992（4）：134—139

如，古代藏书家通常都会为家藏书籍编辑目录，目录前由藏书家本人撰写的序言，一般都会就藏书家的阅读观做出阐释。比如清代常熟派大藏书家张金吾在《爱日精庐藏书志》自序中提出："宋元旧椠，有关经史实学而世鲜传本者，上也；书虽习见，或宋元刊本，或旧写本，或前贤手校本，可与今本考证异同者，次也；书不经见，而出于近时传写者，又其次也。而要以有裨学术治道者为之断"①，体现了作者的阅读好尚。再如，古代藏书家都十分重视藏书楼的营建，钱谦益的绛云楼"房栊窈窕，绮疏青琐"②，毛晋汲古阁"亭前后皆种竹，竹叶凌霄，入者宛如深山"③（图3-1），展现了藏书家对阅读环境的追求，也是中国古代阅读史的特色。

图 3-1 毛晋汲古阁

第二节 阅读史研究资料的整理出版

由于中国古代关于阅读的史料十分丰富，早在民国时期，就有学者进行总结，

---

① 张金吾. 爱日精庐藏书志·自序[M]. 冯惠民，整理. 北京：中华书局，2012
② 顾苓. 河东君传[M]//何仲琴. 艳语（第3版）. 上海：广益书局，1928：1
③ 钱泳. 履园丛话·卷二十二梦幻·汲古阁[M]. 北京：中华书局，2012：579

其研究成果为今天的阅读史研究提供了很大的便利。在本节中，我们将对前人的工作进行总结。

一、阅读观念和阅读方法资料整理和出版

1935年，中国读书界曾发起过一场以鼓励读书、形成好学风气、提高文化水准为宗旨的读书运动。史学家钱穆应邀写成《近百年来诸儒论读书》(原名《近百年来之读书运动》，初成于1935年，后收为《学籥》第五篇，1958年香港自刊本)，总结了近百年来诸儒的读书论及其所开列的各种入门书目；并在此基础上进行了系统的研究评说[①]，集资料收集与理论研究于一身，是中国晚清至近代阅读理论研究的重要成果。1939年，张明仁编成《古今名人读书法》，从历代典籍中择取从先秦至民国三百多位名人的读书史料汇为一编(该书有商务印书馆2007年的重印本)[②]。1993年，王余光、徐雁二位教授主编《中国读书大辞典》，分"名人读书录""读书知识录""读书环境录""读书博闻录""读书门径录""读书品评录""读书解疑录""中国古典名著导读""中国近现代名著导读""汉译世界名著导读"十类，收录词条三千七百余条[③]。2016年，在此基础上编辑而成的《中国阅读大辞典》出版，将相关阅读史料按照《儿童阅读与书香家庭》《藏书名家与书人事迹》《读书方法与阅读理论》《文献知识与读书珍闻》《读书门径与读物推广资源》《社会组织与阅读推广案例》《数字化读物与新媒体阅读》重新编排，与目前学术界阅读学研究热点更吻合。1984年，杨磊选编《古今劝学诗选讲》[④]。1996年，徐梓编注《劝学：文明的导向·戒淫：荒淫的警钟》[⑤]，收录古代劝学名篇并加以译注。1997年，吴永贵等人的《把卷心醉：读书藏书》[⑥]，从古代典籍中辑录与读书、藏书相关的片段加以译注，其中"勉学篇""方法篇""藏书篇"包括了大量与阅读史相关的内容。同年，袁咏秋等人

[①] 钱穆.近百年来诸儒论读书[J]//学籥.北京：九州出版社，2010
[②] 张明仁.古今名人读书法[M].北京：商务印书馆，2007
[③] 王余光，徐雁.中国读书大辞典[M].南京：南京大学出版社，1993
[④] 杨磊.古今劝学诗选讲[M].贵阳：贵州人民出版社，1984
[⑤] 徐梓.劝学：文明的导向·戒淫：荒淫的警钟[M].北京：中央民族大学出版社，1996
[⑥] 吴永贵，等.把卷心醉：读书藏书[M].昆明：云南人民出版社，1997

主编的《中国历代国家藏书机构及名家藏读叙传选》[①]第三编《中华文化古籍之源流故实》、第四编《历代名家藏读叙传选》，搜罗了大量古代名家论读书的篇章。1998年，朱关法编著了《中国古代劝学名篇选注》[②]，择取不同体裁的劝学、治学名篇一百五十余篇。

2001年，曾祥芹等人选辑中国历代二百二十一位诗人的五百四十三首读书诗，以《历代读书诗》[③]之名出版。2002年，曾祥芹等人编撰《古代阅读论》，选录了先秦至晚清学人有关阅读的种种论述。两书是对中国古代阅读史料的一次全面总结[④]。2010年，吉林出版集团刊出《中外劝学名篇系列》，选取荀子、张之洞，日本的福泽谕吉之《劝学篇》[⑤]加以译注，中外比较，颇有新意。2013年，杨达明辑录了《陆游读书诗》并为之做注，由商务印书馆出版；同年出版的《黄庭坚读书诗研究》[⑥]，其附录部分收集了大量黄庭坚读书诗相关史料。

二、读书掌故资料整理和出版

1987年，马达选编《古代劝学寓言》[⑦]，收录古代读书故事近百篇。1994年，王三山所著《文人书趣》一书，涉及历代学人读书掌故颇多。1997年至1998年，长江文艺出版社陆续推出"中国名人读书生涯"丛书（1999年台北新视野图书出版有限公司再版），从近代学者、名人中遴选出曾国藩、康有为等十位名家，紧扣"读书"的主题，回顾先哲的读书和治学生涯。1997年，王余光等人将祁承爜、吴应箕、陈梦雷、周永年四家所辑历代学人读书事迹与掌故汇为一编，加以译注，以《读书四观》之名出版[⑧]。2002年，徐雁、谭华军、王余光等人先后主编的《中华读书之旅》"一星"至"三星"卷，收录古今中外大量读书事迹和读书方法。2013年，董志先等人编《劝学谚语》[⑨]，精选一千七百余条论学谚语。

---

① 袁咏秋，曾季光.中国历代国家藏书机构及名家藏读叙传选[M].北京：北京大学出版社，1997
② 朱关法.中国古代劝学名篇选注[M].上海：复旦大学出版社，1998
③ 曾祥芹，刘苏义.历代读书诗[M].北京：中国文联出版社，2001
④ 曾祥芹，张维坤，黄果泉.古代阅读论[M].郑州：大象出版社，2002
⑤ 中外劝学名篇系列[M].长春：吉林出版集团有限责任公司，2011
⑥ 王秀如.黄庭坚读书诗研究[M].台湾：花木兰文化出版社，2013
⑦ 马达.古代劝学寓言[M].成都：四川少年儿童出版社，1987
⑧ 王余光，等.读书四观[M].武汉：湖北辞书出版社，1997
⑨ 董志先，王志宇.劝学谚语[M].沈阳：白山出版社，2013

三、阅读指导资料整理和出版

古代的推荐书目，流传至今的数量不多，大多已有单行本行世，如《程氏家塾读书分年日程》《书目答问》等。特别是后者，自清末就有学者对其进行补充勘正，著名者如叶德辉的《书目答问斠补》（江苏省立苏州图书馆，1932）、范希曾的《书目答问补正》（图3-2）等，近年又有吕幼樵、张新民等人的《书目答问校补》[1]。19世纪后半期以后，在西学东渐的影响下，中国人的传统读书观受到了剧烈的冲击，许多青年人对读什么、如何读感到迷茫。为了解决这个问题，很多著名学者受邀为青年学子开列书目，这一时期是我国推荐书目史上的一个发展高峰。2000年，邓咏秋、李天英辑录《中外推荐书目一百种》，汇集中外名家推荐书目百种，其中中国部分，大都是20世纪前期的。2002年，黄秀文主编《智者阅读：中外名报名刊名家的推荐书目》[2]，选编了1920年至2000年，包括中国在内的七个国家的推荐书目。

图3-2 《书目答问补正》，张之洞撰，范希曾补正，上海古籍出版社出版

第三节　阅读史史料的文献来源

前文我们对中国阅读史研究的资料类型，以及前人在史料整理方面取得的成果进行了梳理。中国古代阅读的历史悠久，而且阅读史往往与书籍史、出版史、藏书史、教育史等交叉学科联系在一起，这就使得研究者想要穷尽阅读史的全部资料变得困难重重。在第一节中，我们已经介绍了交叉学科中阅读史资料的主要类型。在本节中，我们将重点放在阅读史的核心资料方面，从揭示文献出处的角

---

[1] 张之洞.书目答问校补［M］.吕幼樵，校补，张新民，审补.贵阳：贵州人民出版社，2004
[2] 黄秀文.智者阅读：中外名报名刊名家的推荐书目［M］.上海：华东师范大学出版社，2002

度，给读者提供进一步研究的线索。限于篇幅，我们无法对阅读史研究资料进行全面列举式的介绍，为了便于读者查找，在梳理每一类型时，我们首先提供其文献出处，即此类史料主要存在于哪些文献类型中，然后再推介部分名篇。

一、阅读思想和阅读方法类史料

前面已经提到，古人对读书思想与读书方法的论述常常是连在一起的，所以我们将这两类史料放在一起介绍。

（一）先秦典籍

先秦典籍主要包括四书五经等儒家经典，以及诸子百家著作，其中与学习、读书相关的内容十分丰富。其中的许多著作，本就是各流派师长教育弟子的言论辑录，比如《论语》就记载了大量孔子与弟子的对话。先秦诸子论学，常以简练的语言总结学习、读书中的一般规律，许多经典篇目被后人奉为圭臬。其中较为著名的篇章，如《礼记·学记》《大学》《论语·学而》《尸子·劝学》《荀子·劝学》，《吕氏春秋》之《劝学》《尊师》《诬徒》《用众》《察传》，《孟子》之《告子上》《尽心下》，《左传》之《不学国将乱》，《列子》之《薛谭学讴》《纪昌学射》《两小儿辩日》，《庄子》之《望洋兴叹》《庖丁解牛》等。

（二）文集

文集是古人诗文作品的汇编，包括楚辞、别集、总集、诗文评、词曲等五大类。其中记载有较多阅读史料的主要是别集和总集，即古代文人个人或多人诗歌散文的汇编。前者如唐宋八大家集，后者如《昭明文选》《全上古三代秦汉三国六朝文》《全唐诗》等。

古人论读书的单篇常采用三种文体：诗歌、书信和散文。在没有单行本的情况下，一般都会收入个人文集或某一时代的总集中。

诗歌，即各类劝学诗和读书诗。前者主要是站在长辈或者过来人的角度来劝导后辈珍惜时间、勤学苦读，如唐代名篇《金缕衣》、颜真卿《劝学》、王贞白《白鹿洞诗》、杜荀鹤《闲居书事》、北宋《神童诗》、王安石《赠外孙》、苏轼《宋安淳秀才失解西归》、陆游《冬夜读书示子聿》等。后者则用以表达诗人的读书心得，如陶渊明《读〈山海经〉》，宋代朱熹《读书有感》，元代翁森《四时读书乐》，明代于谦《观书》《示冕》、文嘉《明日歌》，清代法式善《读书》等。

书信，是古人远距离通信的主要手段，名人书信一般都会收入其文集，其中包括了大量论学的内容。如西汉司马迁《报任安书》，三国诸葛亮《诫子书》，唐代韩愈《答李翊书》、柳宗元《答韦中立论师道书》，宋代欧阳修《答吴充秀才书》、黄庭坚《书赠韩琼秀才》《与李几仲帖》、王安石《答曾子固书》、朱熹《答陈师德书》《答吕子约书》《与魏应仲书》《答陈同甫书》，清代顾炎武《与人书》、洪亮吉《与孙季逑书》等。

散文，指前人论学的单篇文章。著名者如西汉贾谊《新书·劝学》；东汉王充《潜夫论·赞学》，徐幹《中论·治学》；西晋虞溥《厉学篇》；东晋葛洪《抱朴子·勖学》，李充《学箴》；南朝梁刘勰《崇学》《专务》；唐代虞世南《劝学篇》，韩愈《师说》《进学解》《伯夷颂》，柳宗元《罴说》《种树郭橐驼传》《卖油翁》；宋代曾巩《墨池记》，苏轼《石钟山记》《日喻》，王安石《伤仲永》《游褒禅山记》，朱熹《徽州婺源县学藏书阁记》；明代刘基《苦斋记》；清代袁枚《黄生借书说》，彭端淑《为学一首示子侄》，阮葵生《读书强记法》，梁章钜《读书法》《作文法》，唐甄《潜书·劝学》，石成金《学乃传家之宝》，刘开《问说》，张之洞《輶轩语》《劝学篇》等。

（三）单行本

除了文集外，部分古人论读书之道的篇章，由于篇幅较大，在读书人中流传甚广，在当时就曾被单独刻印，对中国古代阅读史产生了深远的影响。

《朱子读书法》，是朱熹读书方法语录的汇编。最早由朱熹学生辅广选辑，张洪、齐熙增补。书中将朱熹读书言论归结为六条：循序渐进、熟读精思、虚心涵泳、切己体察、着紧用力、居敬持志。南宋咸淳六年（1270）黎靖德编辑出版《朱子语类》，卷七至卷十三谈论为学之道，其中卷十、卷十一分别为《读书法上》《读书法下》。此外，《朱子读书法》尚有明代程端礼辑本。

《读书分年日程》，由元代程端礼编撰。至正元年（1341），程端礼担任庆元路训导时，为督导诸生学习，根据朱子读书法六条，刊定《读书分年日程》。全书分三卷，正文前有"纲领"，录朱熹《白鹿洞书院教条》《程董二先生学则》等十八条。第一、二卷为程端礼根据朱熹教育思想制订的教学程序和教学计划，从八岁入学开始，包括各阶段读书学习的步骤、程序，推荐书目，教授方法等。第三卷收录王柏《正始之音》、朱熹《学校贡举私议》《调息箴》及程氏自撰的《集庆路江东书院讲义》等。该书成书后，在南方流传甚广，有崇德吴氏义塾、台州路学、平江甫里书院等刊本。程氏家塾自刊本刻于元统三年（1335），一般作《程氏家塾读书分年日程》。①

《宋先贤读书法》，由《四库提要》卷九十六"存目"著录，不著撰人名氏；明万历丙午年（1606），莆田训导江震鲤序而重刊之。"所采宋儒之说凡十二家，而朱子为多。其法始以熟经，续以玩味，终以身体力行。"②

《篔溪自课》，明代冯京第著。本篇为作者为自己读书治学订立的章程，内文分日课、旬计、月要、时会、岁成五部分。篇末附《读书三要》《读书作文六字诀》《作文一字诀》。

《读书法》，清代魏际瑞著。作者为明末清初人，通篇以四言韵语写成，名为《读书法》，实际上并未讲如何读书，而是教育读者读书时如何爱惜图书③。收入《檀几丛书·余集》卷上。

《读书作文谱》，清代唐彪著，凡十二卷。卷一至卷五谈如何读书，兼论修辞和欣赏；卷六至卷九谈作文和修辞；卷十评论古文，卷十一、卷十二论诗文体式。有康熙年间刻本，与《父师善诱法》合集，名《读书作文谱、父师善诱法合刻》。

《读书说约》，清代谢鼎卿著，与《虚字阐义》合刻，共三卷。

《家塾课程》，清代龙启瑞著。作者自题为"此专责成为蒙师者课十五六岁童子以下而设"④，收入《丛书集成初编》。

《读书法汇》，清代杜贵墀著。汇选历代关于读书法之文字，体例略显杂乱。收入《丛书集成初编》。

（四）家训

家训是记载古人齐家训子内容的文献。广义的家训包括一般家训、家规族约、俗训文献和乡约文献⑤。中国自古重视家庭教育，留下了丰富的家训文献，而读书

---

① 傅璇琮.宁波通史·元明卷［M］.宁波：宁波出版社，2009：128
② 纪昀.四库全书总目提要［M］.石家庄：河北人民出版社，2000：2474
③ 徐梓.劝学：文明的导向·戒淫：荒淫的警钟［M］.北京：中央民族大学出版社，1996：144—145
④ 舒新城.中国近代史教育史资料·上［M］.北京：人民出版社，1981：85
⑤ 朱明勋.中国家训史论稿［M］.成都：巴蜀书社，2008：9

学习是家教的重要内容，所以家训中也有大量与之相关的论述。在本书后边的章节中，我们还有专文讨论古代家庭教育中的读书问题，在此仅列举家训中教子读书的几个名篇。

《颜氏家训》，北朝颜之推著。全书共分二十篇，被誉为中国家训之祖。其中第一篇《序致》、第二篇《教子》、第七篇《慕贤》、第八篇《勉学》、第九篇《文章》、第十九篇《杂艺》等，从各个方面谈到了与阅读相关的问题，尤以《勉学》篇讨论的问题最为集中。该篇首先阐明了勤学的重要性，然后指出学习六经的重要性，接着阐述了读书的目的，最后提出读书要重视小学（文字之学），以及校书之难。在论述每个问题时，列举了作者本人和前人大量事例。如阐释勤学的重要，首先回忆自己的经历，说明少时不学、长大后悔的道理，再列举"古人勤学，有握锥投斧，照雪聚萤，锄则带经，牧则编简，亦为勤笃"等，读来生动可信。

《聪训斋语》，清代张英撰。张英为康熙时名臣，康、雍、乾三朝名相张廷玉之父。《聪训斋语》两卷，是其子辑录的张英平时在家训子的诫言。张英一生以"立品、读书、养身、择友"为座右铭，《聪训斋语》也主要从这四个方面展开。在谈论读书的问题时，张英认为"书卷乃养心第一妙物"，做人首先要读书；同时也强调读书要讲究方法，在书中提出了大量具体的操作方法，如"毋贪多，毋贪名，但读一篇，必求可以背诵"[1]等。

《劝言》，清代朱用纯（柏庐）著。是书与《朱子治家格言》，均为清代教育家朱用纯的家训名篇。《劝言》共分四篇：《敦孝弟》《尚勤俭》《读书》《积德》。在《读书》篇中，他阐明了读书非为求取功名，而是为了求义理、做好人，这种思想在古代极具进步价值。

《曾国藩家书》，清代曾国藩著，收录了从道光三十年（1850）至同治十年（1871）间曾国藩所写的一千多封家信。今有学者将其按主题分为九类，其中治学类选取了四十四篇[2]，可供读者参考。

（五）艺文志、经籍志序

艺文志或经籍志，是我国古代目录学的一种体例。古代纪传体史书、政书、

---

[1] 张英，张廷玉．聪训斋语・澄怀园语・前言［M］．合肥：安徽大学出版社，2013
[2] 曾国藩．曾国藩家书［M］．北京：线装书局，2008

方志等，将历代图书典籍记载下来，汇编成目录，称之为艺文志或者经籍志。史志目录记录了一定时期内书籍的出版和流通情况，是书籍史、阅读史的研究资料，特别是目录前的序，颇能体现一个时期或者一个地域内学术的兴衰和人们的阅读风尚。其中名篇如《汉书·艺文志》序、《隋书·经籍志》序等。需要注意的是，除了正史，方志、政书、通史等文献中都有类似的篇章，研究区域阅读史或者某一特定人群阅读史时可做参考。

（六）书目题跋

中国古代目录学十分发达。清代学者王鸣盛说："目录之学，学中第一紧要事，"又说，"目录明，方可读书；不明，终是乱读。"[①]可见，古人将目录学当作指示学问的门径，目录确实也担当起了"辨章学术、考镜源流"的重任。对于今天的阅读史研究来说，通过对古代目录，特别是藏书目录的分析，可以了解藏书家个人或者某一群体一定时期内的阅读观念和阅读内容。题跋是古代书目的一种重要形式，或是对藏书家本人读书体会的汇集，或是辑录了藏书上前人的题跋，是研究书籍史、阅读史的重要资料。近年来，多种书目题跋先后汇刊出版，为读者查找相关资料提供了便利，如书目文献出版社的《明代书目题跋丛刊》、中华书局的《书目题跋丛书》、上海古籍出版社的《中国历代书目题跋丛书》等。

（七）史料笔记、读书志

史料笔记是古代的一种文体。通常，用散文所写的零星琐碎的随笔、杂录，统称为"笔记"，记载的"残丛小语"式的小故事称为"笔记小说"。笔记的内容非常丰富，包括政治、历史、文化、经济、自然科学、社会生活的各个方面。故此，读书典故、论读书方法的小短文也常常被收入笔记中。如宋代欧阳修《归田录》"三上"篇、陆游《老学庵笔记》卷七"教授知错认罚"、陈鹄《西塘集耆旧续闻》"苏轼读《汉书》"；清代阮葵生《茶余客话》"日读三百字"等。再如元代盛如梓的《庶斋老学丛谈》，多辩论经史、评骘诗文之语；明代冯梦龙《古今谭概》则多收读书的逸闻趣事，均属笔记。中华书局编有《历代史料笔记丛刊》，可供查阅。

读书志，或读书笔记，是古人在读书过程中随读随记的一种文体形式。古人

---

① 王鸣盛. 十七史商榷·上 [M]. 黄曙辉，点校. 上海：上海古籍出版社，2013：68

读书，强调"眼到、口到、手到"，重视读书笔记在阅读过程中的作用，所以这种文体形式也十分发达。仅以明清两代为例，笔者目力所及就有：明代徐问、乔可聘《读书札记》，孙伯观、郝敬《读书通》；清代王仁俊、王颂清、董瑞椿、杨赓元《读〈尔雅〉日记》[1]，王肇钊、凤曾叙、徐鸿钧《读〈汉书〉日记》，陈宗谊、陈期年《读〈论语〉日记》，李光地、崔纪、罗泽南《读〈孟子〉札记》，夏炘、朱景昭《读〈诗〉札记》，李晚芳、王毂《读史管见》，查德基、朱锦绶《读〈史记〉日记》，王念孙、杨城书《读书杂志》，于邑、费祖芬《读〈仪礼〉日记》，张履祥、方宗诚《读〈易〉笔记》，顾树声、许克勤《读〈周易〉日记》，雷鋐、赵绍祖《读书偶记》等。

二、推荐书目

推荐书目，又称导读书目、举要书目（目录）、学习书目[2]。关于推荐书目的来源，前人主要有三种观点：

一种认为清道光二十七年（1847）龙启瑞编撰的《经籍举要》为我国最早的推荐书目；[3]

一种认为这一称号应当归于敦煌《杂钞》中的《唐末士子读书目》；[4]

一种认为我国推荐书目的发展脉络，依次为：申叔时"为太子推荐九门课程"，汉武帝"推荐《六经》"，《历代众经举要转读录》《唐末士子读书目》《程氏家塾读书分年日程》《十年诵读书目》《十年讲贯书目》《十年涉猎书目》《体用全学》《读书次第》《经籍举要》《读书举要》《书目答问》。[5]

以上三种观点的分歧，主要在于对推荐书目含义理解的不同。事实上，中国古代指导阅读的文献非常丰富，并不仅限于推荐书目，前述古人家训、读书论等

---

[1] 王仁俊、王颂清、董瑞椿、杨赓元等四人各有一部名为《读〈尔雅〉日记》的著作，非四人合著之意，下与此同。为省篇幅，做此处理。

[2] 王重民.中国目录学史论丛[M].北京：中华书局，1984：130

[3] 此观点见诸姚名达《中国目录学史》、黄强祺《论我国现存最早的推荐书目——〈经籍举要〉》等。

[4] 参见王重民《中国目录学史论丛·指导阅读的学习书目》、卢正言《论导读书目》、张国功《从共识到冲突：导读性书目的历史及其文化意义》等。

[5] 李正辉.推荐书目源流考[J].图书馆，2011（4）：139—140；143

篇章中，都会谈到诸如读书次序、阅读方法的问题，甚至还会具体到某一部书应该如何读。从广义上来说，这些都属于推荐书目的范畴，应当引起我们的重视。

三、读书掌故

古代读书事迹、读书掌故等史料，主要记载在两类文献上，其一是各种人物传记，其二是专门的读书史料汇编。

（一）传记史料

正史、方志等史书中的人物传记，特别是《二十四史》（图 3-3）中的《儒林传》《文苑传》等。

图 3-3 二十四史中的部分书籍

专门的人物传记，如学案、藏书家传略、历代诗人小传等某一特定人物的传记等。学案是作者对学派源流及学术事件做出分析、评判的学术著述形式[1]，较著名者包括：宋代朱熹《伊洛渊源录》，明代耿定向《陆杨学案》、刘元卿《诸儒学案》、周汝登《圣学宗传》、刘宗周《论语学案》《皇明道统录》、孙奇逢《理学宗传》，明末清初黄宗羲《明儒学案》，清代全祖望《宋元学案》、唐鉴《清学案小识》，民国徐世昌《清儒学案》等。

（二）专门的读书史料汇编

《读书灯》，明末冯京第著。此篇列举了历代文士夜读所用过的十三种照明灯具，以书前小序，知每灯下俱配有图，故名之。本书是以诗歌的形式，陈述历代

---

[1] 舒习龙.重写中国近代学术史：体例与方法 [M].河北学刊，2013（1）：6—12

文人勤学的故事。

《读书训》，明末祁承㸁著，收入《澹生堂藏书约》。该书杂取古人勤学苦读、足为后人借鉴的事例二十三则，编成《读书训》。

《读书十六观》，明末陈继儒编撰。"纂《读书十六观》，盖浮屠之修净土有《十六观经》，而观止矣。"是书收录古人读书掌故、心得十六则。此书流传后，明末屠本畯和吴恺都曾分别为之续补，前者作《演读书十六观》，收入《读书止观录》，后者作《读书十六观补》，收入《泾川丛书》。

《读书止观录》，明末吴应箕编撰，共五卷，是在陈继儒《读书十六观》和屠本畯《演读书十六观》基础上新增而成。前三卷收录不见于上述两书的先贤读书心得、掌故，第四卷收《读书十六观》，第五卷收《演读书十六观》。

《古今图书集成·读书部》，清代陈梦雷修纂。《古今图书集成》是清代康熙年间编撰完成的一部我国现存最大的类书。《古今图书集成·读书部》，分为纪事、杂录、外编三部，从正史、野史、杂录、笔记、稗乘等九十三种史料里，辑录古人勤奋读书的事迹、方法。

《先正读书诀》，清代周永年编撰。采集前人著作四十六部，辑录古人读书事迹一百九十二条。

近年来，随着国家、社会各界对阅读的重视，阅读学研究也得到了越来越多的关注，相关成果层出不穷。但作为学科的基础，阅读史资料汇编方面的工作却比较滞后，极大地影响了相关研究的开展。在这种情况下，早日完成《中国历代阅读史料汇编》成了当务之急。希望通过我们的介绍，有更多同行关注阅读史料的搜集和整理，为阅读学研究尽一份力量。

思考题

1. 请谈谈中国古代阅读史研究资料的类型。
2. 请谈谈中国古代阅读史研究资料的主要内容。
3. 请谈谈前人在阅读史资料整理方面的主要成果。

第四讲

中国古代阅读的历史

中国古代阅读史是一个非常宽广的研究领域：既需要第一手史料的发掘，也包括相关理论体系的构建；既要对阅读的社会环境进行考察，也需要关注个体的阅读体验。同时，书本的市场属性、文本变迁、载体形式、书籍形式的演变对阅读的影响等，都是中国古代阅读史研究的重要内容。阅读史的构建是一个庞大的系统工程，在本讲中，我们无法全景式地展现中国古代阅读史方方面面的内容。通过考察中西各国阅读学的发展历程可以发现，文本作为人类阅读活动的客体和对象，它的每一次革命性变迁都会对阅读产生巨大冲击，直接导致阅读转型的发生。每当文本形态发生变革时，阅读也随之转型，从阅读内容、阅读方法等方面，呼应文本形态的变化。因此，在本讲中我们将以文本形态，特别是文本载体形式的变革为依据划分时代，以此为线索，勾勒中国古代阅读史的基本面貌。

第一节 写本时代的阅读（先秦至唐代）

一、纸张的发明与纸简替代

阅读是伴随着文字产生而出现的一种人类活动。以殷商时期甲骨文（图4-1）为起点，我国的阅读活动至少有三千年以上的历史。通过对中国古代阅读史的观察可以发现，虽然阅读活动的主体是读者和读物，但文本的变迁，特别是载体形

阅读推广人系列教材（第二辑）
中国阅读的历史与传统

态上的变革，常常对阅读产生极其重要的影响。可以说，载体形态的变化，是一个时代阅读转型的诱因，并引领了阅读转型的方向和特征。

　　从殷商至西周中前期，虽然已经出现了较为成熟的文字，但由于生产条件落后，书籍一直掌握在少数社会上层人士手中。不论是教育制度，还是典籍收藏，都体现出"学在官守"的特征，近人黄绍箕曾将这一现象产生的原因归纳为"惟官有书，而民无书"，"官有其器，而民无其器"[①]。因此，自上古至西周的漫长时间里，阅读是少数人的特权。进入春秋战国以后，随着社会动荡的加剧，周王朝的统治力量不断衰退，"学在官府"的局面被打破，原本"立官分守"的典籍散入民间，形成了"天子失官，官学在四夷"（《左传·昭公十七年》）[②]的新特征。孔子就是这种新教育体系中最为杰出的代表。孔子整理六经，但六经并非孔子所创，所谓"六艺非孔氏之书，乃《周官》之旧典也"[③]。可见，春秋以来，私学兴起的一个重要原因，就是原属"官守"的典籍进入民间流通领域。虽然教育的普及程度较前代有很大的提高，但受限于物质和技术条件，书籍仍然是只在上层社会流传的"奢侈品"。从今天的考古发现来看，不论是甲骨文、金文，还是战国简帛文书，普遍存在刻写不易、成本较高的缺点；而占有阅读材料，是阅读活动的基础。于是，当一种更加轻便廉价的书写材料——纸张出现后，中国古代阅读史掀开了新的篇章。东汉至魏晋的二百多年，是中国阅读史上第一个特征明显的转型时期。

　　作为书写材料的纸张，大致出现在东汉后期。《后汉书·宦者传》最早记载

图4-1　甲骨文纪念邮票

[①] 黄绍箕.中国教育史［M］//政协瑞安市文史资料委员会，俞天舒.黄绍箕集，1998：281
[②] 杨伯峻.春秋左传注［M］.北京：中华书局，1995：1389
[③] 章学诚.校雠通义通解·卷一［M］.王重民，通解.上海：上海古籍出版社，2009：2

了蔡伦改造纸张的经过：

  蔡伦，字敬仲。……自古书契多编以竹简，其用缣帛者谓之为纸。缣贵而简重，并不便于人。伦乃造意，用树肤、麻头及敝布、鱼网以为纸。元兴元年（105）奏上之，帝善其能，自是莫不从用焉。[①]

  近年的考古发现已经证明，在蔡伦之前已经有纸张出现，但并未被广泛应用于书写[②]。如前引史料所叙，当时人们所指称的纸，实际上是"缣帛"（一种造价昂贵的丝织品）。正是因为缣帛贵重，竹简制作繁难，蔡伦才在前人造纸法的基础上，以成本低廉的树皮、麻布为原料，改进了纸张的生产工艺，被称为"蔡侯纸"。蔡侯纸发明后，凭借造价低、便于携带的优点，很快在社会上，特别是中下层士子中流传开来。然而，纸简替代并不是一个短暂的过程。作为一种新的载体形态，虽然纸张具有物美价廉的优势，但从东汉末年直至三国时期，官府的正式文书仍以简帛为主；在人们的认识中，书写材料也以"帛"为尊。如《后汉书·儒林传》记载，东汉末年董卓兵乱，移辟雍、东观等处典策文章，所得仍以"缣帛图书"为主[③]。又如《三国志·魏书》卷二裴松之注引《魏略》："胡冲《吴历》曰，'帝以素书所著《典论》及诗赋饷孙权，又以纸写一通与张昭'[④]。"可见，在时人眼中，"素"（丝织品的一种）是高级书写材料，纸则要等而下之了。

  关于纸张取代简帛的确切时间，目前学界仍然存在争议。大致说来，约在"蔡侯纸"发明一百年后，即魏晋时期，纸简更替的历史进程最终完成。晋代学者傅咸专门创作了《纸赋》，极力称赞这种新兴的书写材料："夫其为物，厥美可珍。廉方有则，体洁性真。含章蕴藻，实好斯文。取彼之弊，以为此新。揽之则舒，舍之则卷。可屈可伸，能幽能显。"[⑤]可见，经过一百多年的发展，纸张的优越性才得到了人们的普遍认可。随着纸张作为书写材料的普及，人们的阅读行为也发生了许多新的变化。

[①] 范晔，等.后汉书·卷七十八[M].北京：中华书局，1965：2513（注：本讲所引二十四史均为中华书局版，仅在第一次引用时标注版本，后引仅注卷数、页码。）
[②] 潘吉星.中国科学技术史·造纸与印刷卷[M].北京：科学出版社，1998：49—58
[③]《后汉书》卷九十七，第2548页
[④] 陈寿.三国志·魏书·卷二[M].裴松之，注.北京：中华书局，1959：89
[⑤] 欧阳询.艺文类聚·杂文部四[M].上海：上海古籍出版社，1982：1053

二、写本时代的阅读特征

（一）书籍数量的激增

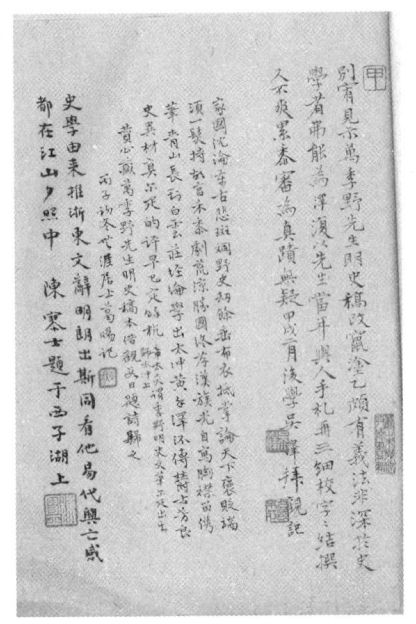

纸张的使用，对阅读最为直接的影响，是书籍数量的激增和流通速度的加快（图4-2）。在简帛时代，由于制作工艺和造价的限制，书籍只能为少数人所拥有，且种类稀少，流通不便。纸张出现后，价廉而易得，普通的士子也可占有阅读材料，社会上流通的书籍数量因此而激增。《隋书·经籍志》是继《汉书·艺文志》后，我国现存较古的一种史志目录，记载了隋朝一代藏书，其中总序谈及自汉末以来官府藏书之聚散情况，谓刘向父子校书时，"大凡三万三千九十卷"；魏晋时期受战乱所累，四部藏书减至"二万九千九百四十五卷"；南朝宋谢灵运整理《四部目录》，载书"六万四千五百八十二卷"；而至《隋书·经籍志》作时，则"合条为一万四千四百六十六部，有八万九千六百六十六卷"[①]。可见，从东汉末年至魏晋南北朝时期，虽然官府藏书迭遭兵燹，但在数量上仍保持了较快的增长。

图4-2 天一阁藏孤本《明史稿》抄本图

比藏书数量的增减更能说明书籍增长情况的，是部类的变革。刘向父子作《七略》《别录》，将经见书籍分为七类；至《隋书·经籍志》，七部分类法被淘汰，取而代之的是"经史子集"的四部分类法。分类法的变革，决定性因素是学术思想变迁和社会思潮变革，但直接表现形式往往是某一部类书籍的减少，或新兴部类的兴起。以四部中新出现的"集部"为例，《隋书·经籍志》总集叙述其源流曰：

总集者，以建安之后，辞赋转繁，众家之集，日以滋广，晋代挚虞，苦览者之劳倦，于是采摘孔翠，芟剪繁芜，自诗赋下，各为条贯，合而编之，谓为《流

---

① 魏徵，等.隋书·卷三十二[M].北京：中华书局，1973：903—909.

别》。是后文集总钞，作者继轨。属辞之士，以为覃奥，而取则焉。①

集部是四部分类法中的新兴部类，集部书的大量出现是在东汉建安以后，恰好与纸张普及的时间吻合。作为一种抒发个人情怀、记载私人著述的类别，集部书籍数量的激增，固然与东汉以来诗赋文体的兴起密切相关，同时也说明纸张用于书写后，作者群体的扩大。越来越多的读书人可以拥有书籍，进而进行创作。

除了诗赋等新兴文体的出现，原有部类的变化同样可以说明问题。《七录》是南北朝梁人阮孝绪的一部重要的目录学著作，其书虽然继承了刘向的七部分类法，但具体的类目设置发生了较大的变化，如在《七录》序中阐释史部源流，谓之：

刘氏之世，史书甚寡，附见《春秋》，诚得其例。今众家记传，倍于经典，犹从此志，实为蘩芜。且七略诗赋不从六艺诗部，盖由其书既多，所以别为一略。今依拟斯例，分出众史序记传录为内篇第二。②

由此可见魏晋之际书籍数量激增之势。除了书籍数量的增长，纸张被广泛应用于书写，也促进了书籍的流通。书肆大量出现，抄写成为图书流通的主要形式。对此，汉魏时期的史书多有记载，以下试拈几例说明：

班超，字仲升。……超与母随至洛阳。家贫，常为官佣书以供养。③

充少孤，乡里称孝。后到京师，受业太学，师事扶风班彪。……家贫无书，常游洛阳市肆，阅所卖书。④

《后汉书·卷八十四·列女传》记蔡文姬抄书之事，操因问曰："闻夫人家先多坟籍，犹能忆识之否？"文姬曰："昔亡父赐书四千许卷，流离涂炭，罔有存者，今所诵忆，才四百余篇耳。"操曰："今当使十吏就夫人写之。"文姬曰："妾闻男女之别，礼不亲授。乞给纸、笔，真草唯命。"于是缮书送之，文无遗误。⑤

阚泽字德润。……家世农夫，至泽好学，居贫无资，常为人佣书，以供纸笔，所写既毕，诵读亦遍。⑥

---

① 《隋书·卷三十五》，第 1089—1090 页
② 武汉大学图书馆学系.目录学研究资料汇辑·第二册[M].武汉：武汉大学出版社，1983：42
③ 《后汉书·卷四十七·班超传》，第 1571 页
④ 《后汉书·卷四十九·王充传》，第 1629 页
⑤ 《后汉书·卷八十四·列女传》，第 2801 页
⑥ 《三国志·吴书·卷五十三·阚泽传》，第 1249 页

前引史料，班超、王充为东汉初人，生活在蔡伦改进造纸术之前，但此时已经出现了书肆和以抄书为业者。书肆的出现，无疑为普通士子拥有学习材料打开了方便之门。通过成为"佣书"人，一些贫寒无依的青年学子，也找到了一条阅读的捷径。同时，书肆有追求利润的诉求，在物美价廉的"蔡侯纸"出现后，也更加容易接受这种新兴的书写材料。通过贩卖用纸张抄写的书籍，大量典籍、文论得以迅速流传。至三国时期，情况又发生了变化，纸张俨然已经取代简册，成为主要书写材料，抄写也成了书籍流通的主要方式。

书籍是阅读的基础，书籍数量的增长和流通速率的提升，对阅读行为有非常明显的促进作用。廉价的书写材料——纸张的发明，为图书的创作和流通提供了物质保障。自东汉末年至魏晋，图书数量的激增是这一时期阅读史上的第一个突出特征。

（二）文本传播速率加快

前面我们已经提到，纸张的使用，不仅使书籍数量激增，同时也加快了文本的传播速率。在简帛时代，由于竹简制作繁难，帛书造价高昂，知识的传播主要靠师徒之间的口传心授，文本的流传比较缓慢。纸张被用于书写后，通过传抄的形式，优秀的作品能够很快地在社会上流传，使得文本的传播速率大大加快。

以晋代文学家左思的名篇《三都赋》为例，据《晋书·卷九十二·文苑传》所载，左思构思十年而成的《三都赋》，本不为世人所重。左思"以其作不谢班张"，诣名士皇甫谧，"谧称善，为其赋序"，后又有张载、刘逵、卫权等人为之做注。左赋遂名声大噪，"于是豪贵之家竞相传写，洛阳为之纸贵"[1]。左思生活在纸张普及之后的魏晋时期，故其作品能在当时即引起轰动，达到"洛阳纸贵"的效果，这在简帛时代是不可想象的。

再如东汉末年文学家崔瑗（77—142）《与葛元甫书》："今遣奉书，钱千为贽，并送《许子》十卷。贫不及素，但以纸耳。"[2] 以纸抄的书籍赠送友人。这种风气在当时的中下层文人中应当已经比较常见，书籍也因此能够以较快的速度在知识分子间流传。

---

[1] 房玄龄，等.晋书·卷九十二·文苑传[M].北京：中华书局，1974：2376—2377
[2]《艺文类聚·卷三十一·人部十五·赠答》，第560页

第四讲　中国古代阅读的历史

　　文本传播速率加快的另一个突出表现，是书信体文学的兴起。简帛时代，能够发表并传播的多是比较正式的作品，信件等私人性的文字比较少见。汉末以来，知识分子间的书信交往明显增多。《后汉书》《三国志》等书中，关于通信的记载比比皆是。如东汉文学家马融的《与窦伯向书》："孟陵奴来，赐书，见手迹，欢喜何量，次于面也。书虽两纸，纸八行，行七字。七八五十六字，百一十二言耳。"[1]《三国志·魏书》卷七录陈琳《与臧洪书》："又言伤告绝之义，非吾所忍行也，是以捐弃纸笔，一无所答，亦冀遥忖其心。知其计定，不复渝变也。重获来命，援引古今，纷纭六纸，虽欲不言，焉得已哉。"[2]从"书虽两纸"到"纷纭六纸"，体现了纸张用作书写材料普及程度的提高。在人们日渐适应了这种新的载体形式后，文字交往因之变得更加频繁与便捷。

　　赠答诗是书信体文学的一个变体。魏晋间文人同题或应答之作的数量远超前代，仅以建安七子为例，即有曹植《赠丁仪王粲诗》、繁钦《赠梅公明诗》、邯郸淳《答赠诗》、刘桢和徐幹《赠五官中郎将四首》，以及曹丕、王粲、陈琳的同题之作《柳赋》等[3]。此类诗作出现的前提，是个人作品能够迅速地在交游圈中传播，并及时得到反馈。赠答诗的大量出现，恰好从侧面说明了魏晋时期文本流传的速度之快。

　　正如傅咸在《纸赋》中所歌颂的一样，小小一页纸，带给人们的不仅仅是书写材料的改进，更重要的是拉近了人与人之间的距离，所谓"若乃六亲乖方，离群索居，鳞鸿附便，援笔飞书，写情于万里，精思于一隅"[4]。对于阅读者来说，纸张的应用——一方面使得文本的流通速度大大加快，人们可以在相对较短的时间内读到更多书籍，特别是当代人的作品；另一方面，也使文本的传播更加自由，"援笔飞书"，即可与千里之外的友人故旧畅意抒怀。于是，抒发个人情感成为这一时期文学创作的主流；而个人作品发表与传播的简便与自由，也反过来刺激了人们的创作热情。

---

[1]《艺文类聚·卷三十一·人部十五·赠答》，第560页
[2]《三国志·魏书·臧洪传》，第233页
[3] 查屏球.纸简替代与汉魏晋初文学新变［J］.中国社会科学，2005（5）
[4] 傅咸.纸赋［M］//全上古三秦汉三国六朝文·第4册.石家庄：河北教育出版社，1997：531

65

（三）阅读人群的扩展

前文我们从阅读对象的角度分析了新的载体形式——纸张出现后，阅读史的新特征。受纸张普及带来的影响，阅读行为的另一极——阅读者也发生了变化。书籍数量的增长以及知识流通的便捷，使得阅读人群的规模得到了进一步的拓展，新的阅读方式——自学之风也随之兴盛。

前面我们曾经说到，春秋以前的教育"学在官守"，章学诚释之为"三代盛时，天下之学，无不以吏为师"[1]，故有吏则有师，只有官学才有能力提供教育资源。春秋时期，"礼崩乐坏"，"礼失而求诸野"，官守典籍散入民间，孔子整理经书，提出"有教无类"的教育理念，使受教育者的范围得到了一定程度的拓展。然而，由于当时的典籍主要以简帛书写，普通士子根本无法承担，知识的传播主要依靠师徒之间的口传心授，学生必须追随老师进行学习和阅读。《礼记·曲礼上》有云"礼闻来学，不闻往教"[2]，正是这种现象的写照。成书于西汉的《礼记》，虽然是对先秦典籍的辑录，但考虑到汉代前期只有简帛书写的书籍，便可理解为何"来学"可行，而"往教"不易了。

对此，清人皮锡瑞在《经学历史》中有精彩的阐释：

汉人无无师之学，训诂句读皆由口授；非若后世之书，音训备具，可视简而诵也。书皆竹简，得之甚难，若不从师，无从写录。非若后世之书，购买极易，可兼两而载也。负笈云集，职此之由。[3]

从这段话中可以看出，进入简帛时代之后，由于书籍变得易读易得，原有的师承关系被打破，普通士子可以通过自学的方式掌握知识。站在阅读史的角度来看，正是纸张的使用，打破了阅读的壁垒，使得原本只属于少数人特权的阅读行为变得普遍而平常。

为了进一步说明汉末自学之风的盛行，以下亦略举几例说明：

朱买臣……家贫，好读书，不治产业，常艾薪樵，卖以给食，担束薪，行且诵书。[4]

---

[1] 章学诚.文史通义[M].吕思勉，评.上海：上海古籍出版社，2008：70
[2] 郑玄注.孔颖达正义.礼记[M].上海：上海古籍出版社，1990：15
[3] 皮锡瑞.经学历史[M].周予同，注释.北京：中华书局，1959：131
[4] 班固.汉书·卷六十四上·朱买臣传[M].北京：中华书局，1962：2791

兴平（194—195）中，关中扰乱，（遇）与兄季中依将军段煨。采稆负贩，而常挟持经书，投闲习读。①

初平（190—193）中，三辅乱，禧南客荆州。不以荒扰，担负经书，每以采稆余日，则诵习之。②

东莞臧逢世，年二十余，欲读班固《汉书》，苦假借不久，乃就姊夫刘缓乞丐客刺书翰纸末，手写一本，军府服其志尚，卒以《汉书》闻。③

上引几例中的传主，都是家境贫寒的士子，他们阅读用纸张抄写的书籍，轻便而价廉，普通人也有能力购买。汉末以来，阅读人群的扩展，与此息息相关。至魏晋南北朝时期，"士大夫子弟，数岁以上，莫不被教，多者或至《礼》《传》，少者不失《诗》《论》"，以至于形成了"若能常保数百卷书，千载终不为小人也"④的普适阅读观，新兴的书写材料——纸张功不可没。

（四）私人著述大量涌现

前文在谈及纸张的使用对书籍传播产生的影响时已经提到，汉末以来，私人著述大兴。纸张的便捷性，为个体创作奠定了基础。皮锡瑞在《经学历史》中也同样注意到了这一点：

一则前汉笃守遗经，罕有撰述。章句略备，文采未彰。《汉书·艺文志》所载者，说各止一二篇……后汉则周防撰《尚书杂记》三十二篇，四十万言。景鸾作《易说》及《诗解》，又撰《礼略》，及作《月令章句》，著述五十余万言。赵晔著《吴越春秋》《诗细》《历神渊》。程会著书百余篇，皆五经通难，又作《孟子章句》。何休作《公羊解诂》，又训注《孝经》《论语》，以《春秋》驳汉事六百余条，作《公羊墨守》《左氏膏肓》《谷梁废疾》。许慎撰《五经异义》，又作《说文解字》十四篇。贾逵集《古文尚书同异》三卷，撰齐、鲁、韩诗与毛氏异同，并作《周官解故》。马融著《三传异同说》，注《孝经》《论语》《诗》《易》《三礼》《尚书》。此其盛于前汉者二也。⑤

---

① 《三国志·魏书·卷十三·董遇传》"裴松之注引《魏略》"，第420页
② 《三国志·魏书·卷十三·隗禧传》"裴松之注引《魏略》"，第422页
③ 颜之推. 颜氏家训集解·卷三·勉学第八[M]. 王利器，集解. 上海：上海古籍出版社，1980：189
④ 颜之推. 颜氏家训集解·卷三·勉学第八[M]. 王利器，集解. 上海：上海古籍出版社，1980：141—145
⑤ 皮锡瑞. 经学历史[M]. 周予同，注释. 北京：中华书局，1959：127

通过皮锡瑞的考察可见，两汉之间，后汉学者的著述量要远远多于前汉。出现这一现象的根本原因，在于两汉学风之变，以及今古文经学之争。但是，为什么只在后汉，私人著述的数量得以跃升？这当与纸张使用、文人著作条件改善不无关系。

上面举了经学的例子。实际上，汉末以来，各领域的私人著述数量都呈现出几何级数的增长。前引《隋书·经籍志》《七录》序文颇可说明问题。纸张价廉，书籍写成后，可以通过抄写副本广为传布。大量制作副本，又可保证书籍能够流传后世。这无疑会给创作者带来极大的满足感和责任感。故此曹丕才会在《典论·论文》中说："盖文章，经国之大业，不朽之盛事。年寿有时而尽，荣乐止乎其身，二者必至之常期，未若文章之无穷。是以古之作者，寄身于翰墨，见意于篇籍，不假良史之辞，不托飞驰之势，而声名自传于后。"[1]可见，至魏晋时期，私人著述，特别是文学作品的写作，已经成为文人的自觉。

私人著述的大量增长，除了为阅读提供丰富的原料，同时，也给人们的知识结构带来了新的变化。随着书籍的增多，人们的知识总量已大大增加。魏晋之后，文人用典成风。以前面提到的《三都赋》为例，书成后，陈留人卫权为之做《略解》，誉之"余观《三都》之赋，言不苟华，必经典要，品物殊类，禀之图籍；辞义瑰玮，良可贵也"[2]，并有多位著名学者为此书训诂，足见其书之广博。为因应这种需要，一种新的书籍形态应运而生。

《三国志·魏书》卷二载："初，帝好文学，以著述为务，自所勒成垂百篇。又使诸儒撰集经传，随类相从，凡千余篇，号曰《皇览》。"[3]

《三国志·杨俊传》注引《魏略》曰："魏有天下，拜象散骑侍郎，迁为常侍，封列侯，受诏撰《皇览》，使象领秘书监。象从延康元年始撰集，数岁成，藏于秘府，合四十余部，部有数十篇，通合八百余万字。"[4]

类书出现在魏晋之时并非偶然，编纂类书的主要目的是解决知识总量激增的情况下文章创作的难题。对阅读者来说，私人著述的增多扩大了人们的阅读范围，

---

[1] 曹丕.典论[M].孙冯翼，辑.北京：中华书局，1985：1—2
[2] 《晋书·卷九十二·文苑传》，第2376页
[3] 《三国志·魏书·卷二·文帝纪二》，第88页
[4] 《三国志·魏书·卷二十三·杨俊传》裴松之注引《魏略》，第664页

皮锡瑞所谓"后汉经学盛于前汉者",在于前汉学者仅能"专一经",而后汉学者诸经皆通,恰好说明了这一点。

另一方面,书籍数量的激增,也会对阅读产生困扰。首先是如何鉴别读物的问题。纸书流行后,原本师传口授的传承秩序被打破;书籍以一种更加商业化的形式流传,抄写的书籍成为人们学习的主要依据。于是,伪书也随之增多。汉魏以来,不少学者出于各种目的制造伪书,较著名者如王肃《孔子家语》、郑玄《孝经注》、张湛《列子注》、梅赜《古文尚书》等。这些伪书在今天看来自有其价值;但是对于当时的读者而言,如何判定这些书籍的版本源流,也是他们面临的一个难题。此外,为了应对知识结构的变化,类书这种便于检索的书籍形式出现,虽然便利了文人的创作,但是也不可避免地使人们的知识变得碎片化。这种趋势,在科举制度成熟后,表现得更加明显。

(五) 通俗阅读兴起

纸张虽然是一种物美价廉的书写材料,但是在其使用之初,与传统的简帛文本相比,地位要低得多。在使用纸张的初期,纸写书籍长期与私人化写作,以及世俗化、娱乐化的作品相关联。汉代以前的儒家正统思想中,乐府、小说之类的通俗作品处于十分边缘的地位,不为社会上层和高级知识分子所重视。简重而帛贵,在简帛时代,人们不可能以珍贵的简帛来书写这类娱乐性作品。因此,小说、乐府等通俗文体的发展与纸张的使用,具有天然依附的关系。纸张作为一种新的载体形态,在产生之初并未得到主流文化的认同,只能更多地运用到私人写作,以及通俗作品创作中去。小说、乐府等通俗文体,借纸张传抄之便,迅速流传。而这种通俗易懂的文本内容,很容易得到普通民众,特别是占据人口数量绝大多数的中下层民众的喜爱,反过来加深了纸张的普及程度。当新载体在技术上日益成熟、相对于旧载体展现出越来越多的优势时,新载体取代旧载体也就不可避免了。而纸简替代这一历史进程最终完成,纸张取代简帛成为主流载体形态后,人们的观念也就发生了改变,不再以纸本为陋。这也在一定程度上提升了主要以纸本形式流传的娱乐性文学的地位。

魏晋时期,小说类的文本在社会上已相当广泛地流传,如曹植《与杨德祖书》谓之:"今往仆少小所著辞赋一通相与。夫街谈巷说,必有可采,击辕之歌，有应风雅，匹夫之思，未易轻弃也。"①《三国志·魏志》卷二十一裴松之注引《魏略》也记载了一则曹植诵读小说的故事："植初得淳甚喜，延入坐，不先与谈。时天暑热，植因呼常从取水自澡讫，傅粉。遂科头拍袒，胡舞五椎锻，跳丸击剑，诵徘优小说数千言讫。"②

魏晋小说今多已不传，但存留的目录尚有邯郸淳《笑林》三卷、《艺经》，曹丕《列异传》三卷，佚名《李陵别传》《赵飞燕传》《汉武帝内传》等，亦可略窥一斑。除了小说之外，汉魏时期，相对于汉赋和散文，五言诗也属于通俗文学的范畴。今天存留的众多无名氏作品，如著名的《孔雀东南飞》《古诗十九首》等，也能够说明当时通俗文学在民间的影响力。

综上，我们考察了纸简替代时期阅读史所体现的特征。纸张作为一种新兴的书写材料，凭借其更高的书写效率和低廉的成本，最终取代了简帛，成为文本的主要载体形态。随着纸张的普及，制作书籍的成本大大降低，书籍数量成倍增长，原本一些家境贫寒的士子也可拥有相对丰富的阅读材料，阅读群体的范围得到了扩展。知识阶层的扩大，以及文本流传速率的加快，反过来又刺激了人们的创作热情，私人著述数量激增，进一步丰富了阅读的素材。从阅读的内容来看，汉末以来，由于知识总量的累积，人们的阅读面越来越广，为了满足阅读和创作的需要，类书应运而生，为人们提供了快速阅读的途径。另一方面，表达私人情感的文体形式在这一阶段飞速发展，书信体、五言诗、小说等通俗文本的流传加快，阅读开始进入一个私人化的时代。

第二节　雕版印书时代的阅读（唐代晚期至清代中期）

一、雕版印刷术的发明

纸张用作书写材料，虽然效率较简帛有了很大的提高，但纸本的抄写需要耗

---

① 赵幼文.曹植集校注[M].北京：人民文学出版社，1984：154
②《三国志·魏书·卷二十一·王粲传》裴松之注引《魏略》，第603页

费大量人工，并不利于书籍的大规模传布。此外，随着社会物质经济条件的进步，人们对精神文化生活的需求也随之提高，必然要求一种效率更高、文本传播速率更快的载体形态出现，雕版印刷术就是满足这种需求的产物（图4-3）。

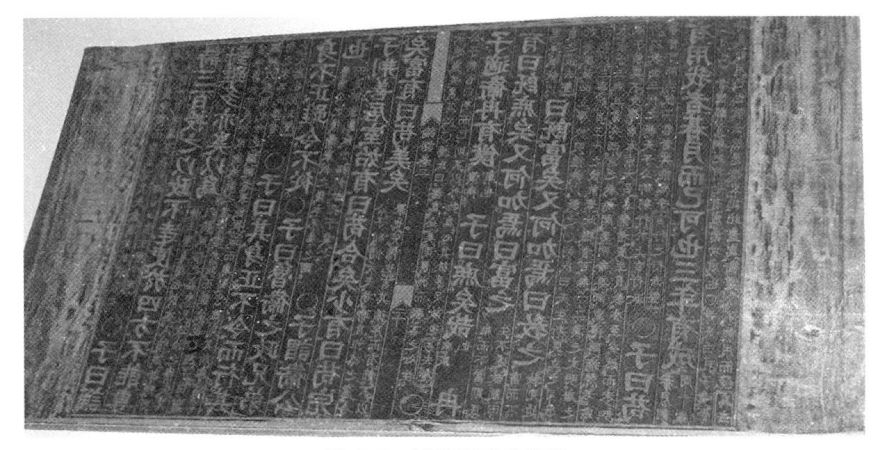

图4-3 雕版印刷的印版

关于雕版印刷术出现的时间，比较普遍的看法是8世纪的中唐时期[①]。从现存史料来看，雕版印刷术发明后，早期主要应用于历书和宗教书籍的刊印。《册府元龟》卷一六〇记载："（太和）九年（835）十二月丁丑，东川节度使冯宿奏准，敕：禁断印历日版。剑南两川及淮南道皆以板印历日鬻于市。每岁司天台未奏颁下新历，其印历已满天下，有乖敬授之道，故命禁之。"[②]唐范摅《云溪友议》卷下"羡门远"条载："纥干尚书�，苦求虎龙之丹，十五余稔。及镇江右……乃作《刘弘传》，雕印数千本，以寄中朝及四海精心烧炼之者。"[③]范摅是唐懿宗咸通年间人，《刘弘传》为道家讲烧炼之书。其他存留的唐代雕版印书史料，所反映的情况也与之类似。可见，虽然雕版印刷术在中唐时期已经出

[①] 对雕版印刷出现的时代，学界至今仍然存在争议。一说出现在唐以前，一说出现在唐代。持雕版印刷自唐代始的学者，在具体的时间点上亦未达成共识。通过前辈学者的考证，唐以前的观点基本被证伪。以现存实物和文献佐证，将雕版印刷术出现的时代定在8世纪的中唐时期，是较为稳妥的看法。参见：向达.唐代刊书考[J].中央大学国学图书馆第一年刊，1928年11月；张秀民.中国印刷术的发明及其影响[M].北京：人民文学出版社，1958；宿白.宋时期的雕版印刷[M].北京：文物出版社，1999；清水茂.印刷术的普及与宋代的学问[M].北京：中华书局，2003：88—99.

[②] 王钦若，等.册府元龟·卷一六〇·帝王部·革弊二[M].北京：中华书局，1960：1932.

[③] 范摅.云溪友议[M].上海：古典文学出版社，1957：69.

现，或由于早期技术较为粗糙，并未广泛运用于普通书籍的刊行。雕版印书的普及，要晚至五代时期，其中的标志性事件就是唐《开成石经》的雕版刻印。

唐文宗开成年间（836—840），敕命雕刻石经，将十二种儒家经典镂石，置于长安国子监之前，史称《开成石经》。后唐长兴三年（932）二月，宰相冯道等人上书奏请雕版刊刻石经，"因言汉时崇儒，有三字石经，唐朝亦于国学刊刻。今朝廷日不暇给，无能别有刊立，尝见吴蜀之人，鬻印板文字，色类绝多，终不及经典，如经典较定雕摹流行，深益于文教矣"[①]。此奏得到皇帝批准后，从长兴三年开始制版，到后周广顺三年（953）才全部完成，历经后唐、后晋、后汉、后周四个朝代，耗时二十一年。《开成石经》的刊刻是中国古代官府刻书之肇始，说明早期主要在民间流行的雕版印刷术此时已经被官方接受，开始在全国范围内普及。五代时期的刻书业虽然已经十分发达，但由于存续时间较短，雕版印书对文化、教育等方面产生的影响还未完全体现出来。至北宋时期，雕版刻书业越发兴盛，中国古代阅读史上的第二个转型时期也由此开启。

北宋建国后，承袭了五代时期雕版印书的传统，形成了官刻、坊刻、私刻互为补充的图书出版体系。以营利为目的的出版活动十分活跃，刊印本因此得到普及，书籍数量快速增长，普通民众也可以拥有书籍，社会教育资源呈现出从精英向普通民众扩散的趋势。书籍的装帧形态也发生变化，册子装逐渐取代延续近千年的卷轴装，提高了阅读和检索的效率。科举制度的发展，以及坊刻的兴起，催生了科举考试专用书的大量刊行，同时也引发了"读书苟简"的批评。建阳书商大规模刊印通俗文学作品，体现了通俗阅读在民众中受欢迎的程度。面对书籍数量的增长和读书人规模的扩大，人们开始有意识地总结各种读书方法，阅读理论也得到了较快的发展。下面我们就从这些方面展开，逐一说明雕版印书时代的阅读特征。

二、雕版印书时代的阅读特征

（一）书籍的大量刊行

雕版印书盛行后，对阅读的首要影响，是阅读材料的进一步丰富。纸本时代，

---

① 王钦若，等.册府元龟·卷六〇八·学校部·刊校［M］.北京：中华书局，1960：7304—7305

书籍主要靠抄写流传，副本数量较少，能够被大量复制的主要是儒家经典。进入雕版印书时代，一次刻版，理论上可以无限次地印刷，复本数量大增，书籍成本随之大大降低。于是，一方面，传统经典被继续大规模刊行（由于刊刻者各异，同一种书籍还出现了不同的版本），另一方面，原本很难大范围流传的个人文集，刻印数量也大为增长。

对于书籍数量的增长，宋初人们已有察觉。宋太宗、宋真宗时期著名经学家邢昺就曾在一次接待皇帝视察国子监时，不无感叹地说道：

国初不及四千（注：国子监藏书），今十余万，经、传、正义皆具。臣少从师业儒时，经具有疏者百无一二，盖力不能传写。今板本大备，士庶家皆有之，斯乃儒者逢辰之幸也。[1]

邢昺生于公元932年，上引史料所述之事，发生在宋真宗景德二年（1005）。短短数十年间，借雕版印书之便，书籍数量便有了质的飞跃，成为"士庶家皆有"之物，这对读书人，特别是贫寒士子来说，确实称得上生逢盛世了。

关于宋代雕版印刷术给读书人带来的好处，元人吴澄在《赠鬻书人杨良辅序》中认识得更为深刻：

宋三百年间，锓板成市，板本布满乎天下，而中秘所储，莫不家藏而人有。不惟是也，凡世所未尝有与所不必有，亦且日新月益，书弥多而弥易，学者生于今之时，何其幸也！无汉以前耳受之艰，无唐以前手抄之勤，读书者事半而功倍，宜矣。[2]

可见，刊本的出现，免除了读书人抄书之苦，原本难寻难觅的珍本，成为"家藏人有"之物，解决了获取途径的问题。读书人可以将更多的精力放在阅读本身，使人们的阅读面得到进一步拓展。

除了数量上的增长，宋代以后，刊印书籍的种类也变得更为丰富。纸本时代，除了少数经典能引发"洛阳纸贵"的效应，大多数文人作品都默默无闻，流传范围十分有限。雕版盛行后，"经史子集"四部，及宗教类书籍的刊行都十分活跃。宋初继承了五代以来国子监刻书的传统，由国子监负责经史群书的雕版刊印。

---

[1] 脱脱, 等. 宋史·卷四三一·儒林传［M］. 北京：中华书局，1977：12789
[2] 吴澄. 吴文正公文集·卷十九［M］// 元人文集珍本丛刊第3册（影印明成化二十年刊本）. 台北：新文丰出版社，1985：353

《宋史·职官五》载:"淳化五年(994),判国子监李至言,'国子监旧有印书钱物所,名为近俗,乞改为国子监书库官'。始置书库监官,以京朝官充,掌印经史群书,以备朝廷宣索赐予之用,及出鬻而收其直以上于官。"①两宋以来,监本构成了官府刻书的主体,各种经史书籍的印量十分可观②。由于监本还承担了规范经典文本的作用,对后世的经典释读也产生了重要影响。

经史书籍以外,宋代还刊刻了大量唐宋文人文集。仅以《宋史·艺文志》为例,其中著录的宋人别集就有千余部之多。许多著名学者的文集,在其生前就已被刊刻多次,如《直斋书录解题》卷十七著录《东坡别集》,谓之"盖杭本当坡公无恙时已行于世"③。书坊牟利,许多刊行的版本,并未得到作者的同意,盗印之风盛行,难怪苏轼会在《答陈传道》的信中愤怒地表示:"某方病市人逐于利,好刊某拙文,欲毁其板,矧欲更令人刊耶?……今所示者,不惟有脱误,其间亦有他人文也。"④刊印时文应当是两宋坊刻借以营利的重要手段,以至于有书坊不惜违背官府禁令,大肆刊刻禁书。至和二年(1055),欧阳修《论雕印文字札子》中就曾对这种现象提出严厉的批评:

臣伏见朝廷累有指挥禁止雕印文字,非不严切,而近日雕板尤多,盖为不曾条约书铺贩卖之人。臣窃见京城近有雕印文集二十卷,名为《宋文》者,多是当今议论时政之言。其首篇是富弼往年让官表,其间陈北房事宜甚多,详其语言,不可流布。而雕印之人不知事体,窃恐流布渐广,传入房中,大于朝廷不便。及更有其余文字,非后学所须,或不足为人师法者,并在编集,有误学徒。臣今欲乞明降指挥下开封府,访求板本禁毁,及止绝书铺。今后如有不经官司详定、妄行雕印文集,并不得货卖。许书铺及诸色人陈告,支与赏钱贰百贯文,以犯事人家财充,其雕板及货卖之人,并行严断,所贵可以止绝者。今取进止。⑤

即使官府明令禁止,仍有书坊不惜违禁刻书,周紫芝就记载了北宋元祐党禁期间,书坊刊刻禁书之事:"政和七八年间,余在京师。是时,闻鬻书者忽印张

---

① 脱脱,等.宋史·卷一六五·职官五[M].北京:中华书局,1977:3916
② 王国维.五代两宋监本考[M]//海宁王静安先生遗书·三十三
③ 陈振孙.直斋书录解题[M].上海:上海古籍出版社,1987:502
④ 苏轼.苏轼文集[M].顾之川,校点.长沙:岳麓书社,2000:545
⑤ 欧阳修.欧阳修集编年笺注·第6册[M].成都:巴蜀书社,2007:328—329

芸叟集，售者至于填塞衢巷。事喧，复禁如初。盖其遗风余韵，在人耳目，不可掩盖如此也。"①坊刻逐利，官刻书籍较前代也大有不同。宿白先生在《北宋汴梁雕版印刷考略》中辑录了北宋时期官刻图书的相关史料，从中可以看到，这一时期官刻图书的种类不仅包括儒家经典、历史著作，更有卷数众多的类书、小说和总集。此外，医书与佛道典籍，也属官府刻书范围之内②。

综上，由于宋代的刻书业十分发达，商业的力量驱使人们大量刻印图书，刊刻的范围也不再局限于传统经史典籍，而是更加多样化，许多纸本时代不易见到的书籍逐渐变成了易得之物，极大地丰富了人们阅读的内容。

（二）阅读的普及和泛化

雕版印书盛行之后，除了书籍数量增长，对阅读人群的规模和阅读方式也产生了重要的影响。纸本书的普及，为贫寒士子求知向学提供了一条路径。雕版书的出现，则赋予了更多人受教育的权利。

前引《宋史·邢昺传》《赠鬻书人杨良辅序》等材料已经说明，雕版广泛应用后，书籍已经成为普通家庭必备之物。即使并不以举业、学问为目的，普通人也要读书明理，这已基本成为社会共识。在这种社会风尚影响下，宋代的教育体系十分发达，从中央至地方官学，从童蒙教育至书院讲学，呈现全面发展的趋势。对此，朱子门人廖谦曾这样描述：

今之言学者满天下，家诵《中庸》《大学》《语》《孟》之书，人习《中庸》《大学》《语》《孟》之说。③

拥有书籍是阅读的基础。宋代雕版印书普及后，版刻书籍量大质精，且品类多样，扫清了人们获得阅读材料的障碍，在社会上形成了人人读书的良好风气。另一方面，由于宋朝立国之后，力行右文政策，大规模开科取士④，读书除了可以识字明理，对不少以举业为生的士子而言，也成为求取富贵的手段。北宋末年著名学者汪洙在启蒙读物《神童诗》中强调的"万般皆下品，惟有读书高"，反映了这一时期人们对读书的功利主义看法。可以说，雕版印书的普及，一方面，前

---

① 周紫芝.太仓稊米集·卷六七·书浮休生画墁集后［M］//四库全书
② 宿白.北宋汴梁雕版印刷考略［M］//唐宋时期的雕版印刷.北京：文物出版社，1999：12—71
③ 黎靖德.朱子语类·卷一百十六·训门人四［M］//理学丛书.北京：中华书局，1986：2793
④ 张希清.论宋代科举取士之多与冗官问题［J］.北京大学学报，1987（5）：107—118；125

所未有地拓宽了受教育者的范围；另一方面，中国传统阅读中的实用主义倾向也肇始于此。

在享受雕版印刷带来的好处的同时，不少学者也对印本普及后，人们在阅读习惯上的改变表示了担忧。苏轼在《李氏山房藏书记》中批评了近人"读书苟简"之弊：

自秦汉以来，作者益众，纸与字画，日趋于简便，而书益多，世莫不有，然学者益以苟简，何哉？余犹及见老儒先生，自言其少时，欲求《史记》《汉书》而不可得，幸而得之，皆手自书，日夜诵读，惟恐不及。近岁市人，转相摹刻诸子百家之书，日传万纸。学者之于书，多且易致如此，其文词学术，当倍蓰于昔人；而后生科举之士，皆束书不观，游谈无根，此又何也？①

持同样观点的学者并不在少数，南宋理学大师朱熹也认为，印本书的盛行，导致了人们阅读能力的下降：

今缘文字印本多，人不着心读。汉时诸儒以经相授者，只是暗诵，所以记得牢，故其所引书句，多有错字。如《孟子》所引《诗》《书》亦多错，以其无本，但记得耳。②

针对印本书和纸本书在阅读方法上的差异，朱熹进一步分析：

今人所以读书苟简者，缘书皆有印本多了。如古人皆用竹简，除非大段有力底人方做得。若一介之士，如何置。所以后汉吴恢欲杀青以写《汉书》，其子吴祐谏曰："此书若成，则载之车两。昔马援以薏苡兴谤，王阳以衣囊戒斗徼名，正此谓也。"如黄霸在狱中从夏侯胜受书，凡再踰冬而后传。盖古人无本，除非首尾熟背得方得。至于讲诵者，也是都背得，然后从师受学。如东坡作《李氏山房藏书记》，那时书犹自难得。晁以道尝欲得《公》《谷》传，遍求无之，后得一本，方传写得。今人连写也自厌烦了，所以读书苟简。③

可见，在两宋时期，虽然印本书已经普及，较之纸本书表现出印制方便、传播快捷的优势，但在许多文人的观念里，仍留有重写本、轻视印本的倾向。这部分学者辩论的焦点，主要集中在印本对人们阅读习惯的改变上。简帛时代，书籍

---

① 苏轼.苏东坡全集［M］.邓立勋，编校.合肥：黄山书社，1997：37
② 黎靖德.朱子语类·卷十·学四·读书法上［M］//理学丛书.北京：中华书局，1986：170
③ 黎靖德.朱子语类·卷十·学四·读书法上［M］//理学丛书.北京：中华书局，1986：171

属于稀有珍贵的物品，普通士子根本无力负担，因此多采用师徒授受、通篇记诵的阅读和学习模式。纸本普及后，读者可以通过抄写的形式拥有书籍，虽然获取方式较简帛文书为易，但必须手录一遍，故有助于对书籍内容的精深掌握。到了印本时代，书籍成了"家藏人有"之物，由于复本制作简便，人们不必耗费心力便可拥有书籍，阅读也因此呈现出泛化、表面化的倾向。用今天的话说，与简帛时代和写本书时代相比，印本书时代的阅读要更加表层化一些。

（三）阅读的实用主义倾向

前面我们引述了许多学者的观点，说明印本书时代人们阅读习惯的改变。应该说，两宋时期，因印本书的普及，确实出现了读书"苟简"的现象，除了前引史料，许多同时代的学者都在文章中表达过类似的观点。但是，除了将"读书苟简"的责任归咎于印本书增多、士子不愿努力读书之外，我们还应注意到，由于雕版印刷技术的进步，书籍数量激增，知识存量成倍增长，宋代的读书人所能读到的书籍数量远超前代，需要他们掌握的知识也更多。对于一个有志于学的士子来说，精读和泛读之间的矛盾本就是不可避免的。

我们不妨先来看看时人对于一个合格读书人的要求。王安石在《答曾子固书》中提出：

读经而已，则不足以知经。故某自百家诸子之书，至于《难经》《素问》《本草》、诸小说，无所不读；农夫女工，无所不问，然后于经为能知其大体而无疑。盖后世学者，与先王之时异矣。不如是，不足以尽圣人之故也。杨雄虽为不好非圣人之书，然《墨》《晏》《邹》《庄》《申》《韩》，亦何所不读？彼致其知而后读，以有所去取，故异学不能乱也。惟其不能乱，故能有所去取者，所以明吾道而已。[1]

欧阳修也曾在给晚辈的信中树立了一个模范读书人的形象：

钱思公虽生长富贵，而少所嗜好。在西洛时，尝语僚属，言："平生惟好读书，坐则读史，卧则读小说，上厕则阅小辞，盖未尝顷刻释卷也。"谢希深亦言："宋公垂同在史院，每走厕，必挟书以往，讽诵之声琅然，闻于远近，其笃学如此。"[2]

---

[1] 王安石.临川先生文集·卷七十三［M］.北京：中华书局，1959：778—779
[2] 欧阳修.归田录·卷二［M］//欧阳修集编年笺注.第7册.成都：巴蜀书社，2007：125

由这两条史料可以看出，在当时的社会环境中，对一个优秀读书人的要求是博览群书，不仅要读经史经典，还要诸子百家无所不通。除了少数天赋卓绝的读书人，客观上大多数士子难免"读书苟简"。此外，前面说到，两宋是中国古代科举取士规模最大的朝代，中举所能带来的巨大报偿，刺激着士子们完全按照科举制度的要求读书学习。这种功利性极强的阅读模式，也加剧了"读书苟简"的现象。北宋前期，司马光就曾经针对这种风气提出过批评：

士之读书者，岂专为禄利而已哉？求得位而行其道，以利斯民也。国家所以求士者，岂徒用印绶粟帛富宠其人哉？亦欲得其道以利民也。故上之所以求下，下之所以求上，皆非顾其私，主于民而已矣。近世为士者颇谬于古，往往以读书为资身之货耳，彼又恶知所谓利民者邪？①

可见，宋代立国未久，这种读书只为求取功名之风已经非常盛行。从宋代直至清末，因科举制度的存续，阅读的功利性倾向一直没有发生本质的变化，这也成为我国古代阅读史的一个突出特征。

为了因应两宋时期人们知识结构的需求，并为科举考试服务，雕版印刷术风行后，两种书籍装帧和编纂形式的变化值得我们注意。

其一，是书籍装帧形式由卷子向册页过渡（图4-4、图4-5）。写本时代，书籍主要采用卷轴装，展卷后必须从头读到尾，基本无法对文中的内容进行定位。印刷术发明后，书籍中的每一页需要逐页印刷，将零散的印刷页合订在一起，就形成了册页装的书籍。册页装最大的优势，在于为检索提供了便利，读者可以进行跳跃性的阅读，也可以将同类问题"聚类观之"，为人们读书提供了一条捷径。

图4-4 册子装 　　　　　　　图4-5 经折装

---

① 司马光.与薛子立秀才书［M］//司马温公集编年笺注·第4册.成都：巴蜀书社，2009：491—492

其二，是"重言重意互注本"的出现，以及类书的大规模编纂及刊印。叶德辉在《书林清话》中记载了这类图书，认为"宋刻经、子，有'纂图互注重言重意'标题者。大都出于坊刻，以供士人帖括之用"[1]，明确指出了这类图书与科举考试之间的关系。所谓"重言重意互注本"，其实就是将相同或相似的语句汇集在一处的注释书。对于参加科举考试的士子来说，阅读这种书籍，可以不必一一查核原文，只需逐条记诵与考试相关的内容即可。从阅读效率上来说，"互注本"无疑是大为进步的；但从另一方面来说，如果只读这类书籍，必然导致阅读的碎片化，加剧"读书苟简"的现象。

雕版印刷术的普及，为人们带来了前所未有的阅读体验。一方面，人们能够看到的书籍越来越多，阅读热情得到了极大的满足；另一方面，书籍数量的激增和科举制度的刺激，使得人们的阅读目的发生了变化，体现出十分明显的实用主义倾向。

（四）书坊与通俗阅读的发展

前面我们分析雕版印书时代的阅读特征，主要是针对知识阶层，以及传统经史典籍而言的。对于普通民众来说，通俗文学，特别是戏曲、小说作品，才是他们阅读体验的主体。雕版印刷术流行之初，刻印的成本较高，不大可能将这种昂贵的技术应用到通俗作品的刊刻上来。此外，我国主流文化对俗文学作品一直持排斥的态度，官府、家刻图书也不会关注此类作品。因此，通俗文学作品的刊印，必然与坊刻密切联系在一起。自两宋以来形成的坊刻中心，建阳特以刻印通俗文学作品而闻名。

两宋是我国历史上市民文化最为发达的时期，据《东京梦华录》《梦粱录》《都城纪胜》《武林旧事》等笔记史料记载，宋代两京人民的娱乐方式至少包括"说话"、讲史、演杂剧、傀儡戏等数十种。其中，杂剧和"说话"应当有文本形式流传，但宋代的话本、杂剧今已不传。目前所能见到、刊刻年代最早的通俗文学作品，是元至治年间（1321—1323）的《全像平话五种》，以及刊行于元末的《元刊杂剧三十种》。虽然没有标明刊刻者，但这两种存本都有十分显著的建阳坊刻特征。迄今仍然存留的建阳本通俗文学作品，大多数都是明代刊本。下文将以之为例，说明雕版印书时代，人们对于通俗阅读的需求，以及知识分子阶层对通俗

---

[1] 叶德辉. 书林清话·卷六·宋刻纂图互注经子 [M]. 扬州：广陵书社，2007：107

阅读看法的改变。

余象斗是明嘉靖、万历时期福建地区最为著名的书贾之一，其书坊三台馆以刊刻通俗小说闻名于世。余氏出身于书香门第，有一定的文化修养，故能自行编辑小说作品，三台馆刻本也因之在众多的建刻本中一枝独秀。然而，余氏在通过编辑通俗小说得享大名的同时，也饱受盗印的困扰。他在《八仙传引》(《新刊八仙出处东游记》)中说：

不俗斗自刊《华光》等传，皆出予心胸之编集，其劳鞅掌矣！其费弘巨矣！乃多为射利者刊，甚诸传照本堂样式，践人辙迹而逐人尘后也。今本坊亦有自立者，固多，而亦有逐利之无耻，与异方之浪棍，迁徙之逃奴，专欲翻人已成之刻者。袭人唾余，得无垂首而汗颜，无耻之甚乎？故说。三台山人仰止余象斗言。①

书坊是以营利为目的的商业机构，顾客需求是决定书坊主经营策略的最重要的因素。不管是余氏大量编写小说，还是逐利之徒翻版盗印，都说明了一个共同的问题，即明代以后，人们对通俗文学作品的需求十分旺盛，这种需求催生了戏曲、小说等通俗文学作品出版业的蓬勃发展。

随着通俗文学作品刊本（图4-6至图4-8）的风行天下，主导着社会话语权的正统文人对通俗阅读的态度，似乎也在发生着变化。明代著名文学家汤显祖亲自点校了志怪小说集《虞初志》，还在序文中发出稗官小说可读之倡议：

图4-6 通俗文学刊本图一　图4-7 通俗文学刊本图二　图4-8 通俗文学刊本图三

---

① 转引自：孙楷第.日本东京所见小说书目[M].北京：人民文学出版社，1958：84—85

昔李太白不读非圣之书，国朝李献吉亦劝人弗读唐以后书。语非不高，然未足以绳旷览之士也。……然则稗官小说，奚害于经传子史？游戏墨花，又奚害于涵养性情耶？……以奇僻荒诞，若灭若没，可喜可愕之事，读之使人心开神释，骨飞眉舞……使呐呐读古，而不知此味，即日垂衣执笏，陈宝列俎，终是三馆画手，一堂木偶耳。①

无独有偶，与汤显祖分属两派的文学家王骥德，在这个问题上，也与临川先生持同样的看法：

词曲虽小道哉，然非多读书以博其见闻，发其旨趣，终非大雅。须自《国风》《离骚》，古乐府，及汉、魏、六朝三唐诸诗，下迨《花间》《草堂》诸词，金、元杂剧诸曲，及至古今诸部类书，俱博搜精采，蓄之胸中。②

可见，以戏曲、小说为代表的俗文学作品，在中国古代正统观念中虽然一直品位卑下，但是，上层人物对它们的漠视，并不能阻止通俗阅读在普通民众中的风行。在雕版印刷技术普及后，刻印书籍的成本大大降低，俗文学作品也因之得到了与经史典籍同等的镂版刊行的机会，并凭借其在下层群众中的影响力，风靡一时。而当俗文学作品流传到一定程度后，人们再也不能无视此类作品的巨大影响；正统文人的介入，又反过来提高了通俗阅读的地位。

这里我们想以金圣叹评点才子书为例，进一步说明通俗阅读的影响。明末清初，金圣叹从经史典籍、诗词歌赋、戏曲小说中选出六部书，命名为"天下必读才子书"，给予其极高的赞誉，并对其中的三部——《杜诗解》《水浒传》《西厢记》进行了详细的评点批注，特别是为《水浒传》和《西厢记》撰写了序文。在《水浒传》序中，金氏说明了进行评点的缘由：

吾年十岁，方入乡塾，随例读《大学》《中庸》《论语》《孟子》等书，意惛如也。每与同塾儿窃作是语：不知习此将何为者？又窥见大人彻夜吟诵，其意乐甚，殊不知其何所得乐？又不知尽天下书当有几许？其中皆何所言，不雷同耶？如是之事，总未能明于心。……吾最初得见者，是《妙法莲华经》。次之，则见屈子《离骚》。次之，则见太史公《史记》。次之，则见俗本《水浒传》。是皆

---

① 汤显祖.汤显祖集·卷五十·补遗[M].徐朔方,笺校.北京：中华书局,1962：1482
② 王骥德.曲律注释·论须读书第十三[M].陈多,叶长海,注释.上海：上海古籍出版社,2012：152

十一岁病中之创获也。《离骚》苦多生字，好之而不甚解，记其一句两句吟唱而已。《法华经》《史记》解处为多，然而胆未坚刚，终亦不能常读。其无晨无夜不在怀抱者，吾于《水浒传》可谓无间然矣。吾每见今世之父兄，类不许其子弟读一切书，亦未尝引之见于一切大人先生，此皆大错。夫儿子十岁，神智生矣，不纵其读一切书，且有他好……吾犹自记十一岁读《水浒》后，便有于书无所不窥之势。吾实何曾得见一书，心知其然，则有之耳。然就今思之，诚不谬矣。天下之文章，无有出《水浒》右者；天下之格物君子，无有出施耐庵先生右者。[①]

金氏此书出后，以其极高的社会声望，在文人阶层中引起了非常大的轰动。作为将儒家经典与稗官野史、戏曲小说并列的第一人，金圣叹的做法不仅没有被诟病，反而得到了后来者的纷纷效仿。有清一代，文人雅士各抒己见，择书评点，以至于在清末形成了"十大才子书"[②]。"十大才子书"诞生的例子说明，虽然通俗阅读在中国历史上一直不受重视，但到了明末以后，随着阅读体验的深入，人们逐渐认识到，通俗阅读在培养阅读兴趣、健全人格方面的作用。通俗阅读的地位在日渐上升，并越来越得到文人阶层的认可。

（五）古代阅读理论的发展与成熟

最后，我们要对雕版印书时代阅读理论的发展略做总结。在简帛和写本书时代，虽然阅读者的规模在逐渐扩大，但由于社会物质条件的局限，受教育仍然是少数人的权利。进入印本书时代，我国古代教育史的发展进入了一个高峰期，建立了官学、私学、童蒙以及书院并行的教育体系。为了给学子们，特别是初学者指出正确的读书道路，人们开始有意识地总结阅读的理论和方法。

前面我们引用了《朱子语类》之"读书法"，就是这一时期影响巨大的阅读理论。元代学者程端礼编写的《程氏家塾读书分年日程》，是继朱子"读书法"后，雕版印书时代最完善也最系统的阅读理论，在明清两代都产生了十分深远的影响。《程氏家塾读书分年日程》是将"读书法"具体化、系统化、程序化后的产物。元代，此书问世后不久，便被国子监采纳为定规，颁行郡县，使各地官学遵行之[③]。明清两代，此法仍然被学者奉为准绳，倍加推崇，是中国古代阅读史上重要的理论成就。

---

① 金圣叹.贯华堂第五才子书《水浒传》·序三［M］.南京：江苏古籍出版社，1985：9—10
② 邓加荣.十大才子书的由来［J］.博览全书，2008（2）：72—75
③ 程瑞礼.程氏家塾读书分年日程［M］.姜汉椿，校注.合肥：黄山书社，1992

第三节 机器印书时代的阅读转型（晚清至民国时期）

一、机器印刷术的传入

自唐代中期印刷术发明以来，以木刻版印为特征的中国传统出版业，长期保持着稳定而缓慢的发展速度。其间虽有毕昇发明活字印刷术，但活字印书的应用范围一直十分有限，并未打破古代出版业的原有格局。然而，随着1840年鸦片战争的一声炮响，传统出版业缓慢发展的局面被无情地打破了。如果没有外来文化的介入，中国的雕版印书业也许还会沿着原来的道路继续缓步前进。然而，晚清以来，列强坚船利炮的刺激，以及西风东渐的影响，使得中国社会从根本上发生着变化。不管是被动接受，还是主动学习，西方文明以一种近乎强横的姿态，强势地浸入中国社会生活的方方面面。人们的价值观在重组，对传统经典的认识在经受着考验。中国出版业处于这样一个变革时代，也不可避免地被历史的洪流裹挟前行。伴随着西方先进的出版技术，特别是铅字印刷术的传入，我国的出版业发生了革命性的变化。在社会思潮和图书产业变革的双重影响下，中国的阅读史进入了一个新的历史时期，呈现出与中国古代迥然不同的阅读特征。

随着机器印刷术的普遍应用，图书出版更加快捷，报纸杂志等一些大众读物也不断增多，这给传统阅读带来了很大冲击。由于西学引进与新式教育的开展，阅读的内容也变得比以往更为丰富多样。从阅读的形式上看，过去强调高声朗诵、熟读成诵，而此时大多数人只是默读、泛泛浏览。在经典阅读方面，展现了从艰深到浅显、从文言到白话、从原本到节本、从专集到选本的特征，呈现出大众化和通俗化的发展趋势。

二、机器印书时代的阅读特征

（一）机器印书时代的图书出版

中文铅印技术，最早是由西方传教士发明的。19世纪中叶，出于传教的需要，西方传教士在中国沿海地区成立了一些出版机构，印制宗教书籍。为了提高印刷效率，传教士将西方先进的印刷术带到了中国，并成功地应用和发展了中文铅印技术[①]。其后，随着洋务运动的兴起，铅印技术很快被官办书局吸收利用，中国本土的出版机构也很快超越了教会，成为出版业的主体。特别是20世纪初以后，民营出版机构发展迅速，上海成为亚洲的出版中心，出版规模在世界范围内都是首屈一指的。据《民国时期总书目》统计，1911年至1949年9月间，在我国出版的中文图书有十二点四万余种[②]。如果做一个横向比较，中国古代规模最大的丛书《四库全书》，收录的图书也只有三千四百六十一种，加上六千七百九十三种存目，总数不过一万余种[③]。当然，《四库全书》并不能完全反映中国古代典籍的总量。但是，中国传统的雕版印刷业，在效率上远远不如机器印刷，是不争的事实。正是因为印刷效率的翻倍提高，自晚清至民国时期，我国书籍的出版总量呈现几何级数的增长，不到百年的时间里，积累的书籍和知识总量，超过了以往所有朝代的总和。这对阅读者来说，无疑是一种全新的体验。

除了数量上的激增和出版速率的加快，民国时期出版业还有几个突出的特征。第一，是报刊的大量涌现。据《全国中文期刊联合目录（1833—1949）》统计，一百余年间，我国出版的中文期刊达两万余种[④]，另外还有报纸一点三万余种[⑤]。与图书出版相比，报刊的时效性更高。而且报刊的主要受众是普通民众，因此在娱乐性和可读性方面，较图书有更高的要求。在新文化运动期间，《新青年》《新潮》《晨报》及其副刊等许多报刊，还起到了引领舆论导向、启发青年学生的作用。可以说，民国时期的报刊，凭借其时效性高的优势，成为各派势力争取民众支持的主要阵地。而一些著名的报刊，又反过来利用其巨大的影响力，主导了社会思潮和人们的阅读风尚。此外，民国时期还涌现出大量通俗杂志，其中有的以生活、娱乐信息为号召力，著名者如《申报》《良友》等；有的面向特定阅读群体，如以女性为目标客户的《妇女杂志》等。正是这些种类繁多、内容丰富的报刊，培养了人们通俗阅读的习惯，也助推了阅读由精英走向大众的趋势。

---

① 王余光，吴永贵.中国出版通史·民国卷[M].北京：中国书籍出版社，2008：17
② 北京图书馆.民国时期总书目·出版说明[M].北京：书目文献出版社，1984—1996
③ 永瑢，等.四库全书总目[M].北京：中华书局，1965
④ 全国图书联合目录编辑组.全国中文期刊联合目录（1833—1949）[M].增订本.北京：书目文献出版社，1981
⑤ 何艳艳.两大民国期刊数据库比较研究[J].山东图书馆季刊，2008（3）：66

第二，丛书的出版。有学者据《中国丛书综录》和《补正》，以及《中国近现代丛书目录》做过统计，民国时期出版的丛书达六千四百余种[1]。丛书数量的激增，与民国时期公共图书馆的迅速发展有密切的关系。对于阅读者来说，丛书带来的最大好处，是原本稀有难见的珍本、秘本，可有复本千万，能够被普通的读者所拥有和阅读。此外，一套丛书汇聚了同类型的多种书籍，免去了人们寻觅资料之苦，这对读者，特别是研究人员来说，意义重大。丛书的出版，在一定程度上改变了人们的研究思维和方法。

第三，教科书的出版。中国社会近代化进程开启以后，一个突出的特点，就是教育对象从精英向大众过渡。民国时期，各种教材，特别是中小学教材的出版十分繁荣。据统计，在民国年间，共有九十余家出版机构在不同历史时期，参与到了各种类型中小学教材的出版活动中来[2]。学校教育是人们阅读习惯养成的重要平台，各种内容丰富、门类齐全的教材，起到了激发阅读兴趣、构建知识体系的重要作用。

（二）近代学科体系的建立与阅读转型

在前面谈到写本和雕版印书时代的阅读特征时，我们引用史料说明了在当时的时代背景下，一个合格的读书人所应具备的知识积累。可以看到，中国古代的学术体系，是以"经史子集"四部分类为骨架、以儒家经典为躯干搭建起来的。早期书少价昂，知识分子能够看到的书籍有限；而随着技术的进步和知识总量的累积，越到后来，人们所能拥有的书籍就越多，阅读方法也发生了从精到博的转变。清代著名学者崔述就曾对这一现象进行了总结：

大抵古人多贵精，后人多尚博。世益古则其取舍益慎，世益晚则其采则益杂。……后人之学远非古人之所可及。古人所见者经而已，其次乃有传记，且犹不敢深信。后人则自诸子百家、汉唐小说、演义传奇，无所不览。自《庄》《列》《管》《韩》《吕览》《说苑》诸书出，而经之漏者多矣；自三国、隋唐、东西汉、晋演义及传奇小说出，而史之漏者亦多矣。[3]

---

[1] 贾鸿雁.民国时期丛书出版述略［J］.图书馆理论与实践，2002（6）：63—66
[2] 王余光，吴永贵.中国出版通史·民国卷［M］.北京：中国书籍出版社，2008：389
[3] 崔述.考信录提要及其他二种·释例［M］//丛书集成初编.上海：商务印书馆，1937：20—21

但是，在1840年以前，不管读书人的阅读范围如何扩展，仍然局限在传统的"经史子集"四部学科体系中。鸦片战争后，西方社会思潮迅速涌入中国。有学者统计，洋务运动期间，仅江南制造局翻译馆出版的译书就达一百六十种[①]。对于当时具有社会良知的知识分子来说，寻求一条救国的道路是迫在眉睫的大事。面对鸦片战争以来清政府的节节败退，人们自然地将批判的矛头对准了中国传统文化，转而向西方学习，期望寻求到一条自强自新之路。不管是清末的洋务运动，还是民国初年的新文化运动，主流的声音都是学习西方的先进经验。于是，仿照西方学科体系规范中国学问、建立中国近代学科体系，成为几代学人持之不懈的追求。而近代学科体系建立的标志之一，就是对传统四部分类法的突破，以及新的分类体系的建立。我们仍以《民国时期总书目》为例，该书按照学科分为二十卷出版，每卷的类别和收书数量如表4-1所示：

表4-1 《民国时期总书目》分类收书数量表

类别	数量（种）	类别	数量（种）
哲学、心理学	3450	中小学教材	4055
宗教	4617	语言文字	3861
社会科学总类	3526	中国文学	16619
政治	14697	世界文学	4404
法律	4368	历史地理	11029
军事	5563	自然科学	3865
经济	16034	医药卫生	3863
文化科学	1585	农业科学	2455
艺术	2825	工业技术、交通运输	3480
教育、体育	10269	综合性图书	3479

从上表的学科分类和收书数量可以看到，民国时期，我国的学科体系建设基本上照搬了西方的模式。对于民国时期的读书人来说，新学科的建立以及社会发展对于知识结构的新要求，都要求人们自觉或被动地更新自己的阅读体系，拓展阅读范围。如果将民国与中国传统社会的阅读体系进行比较，我们会发现，民国时期人们的阅读行为有两个新的特征：其一是自然科学知识所占比重上升，其二

---

① 熊月之.西学东渐与晚清社会[M].上海：上海人民出版社，1994：500

是人们对中国传统文化，尤其是对传统经典阅读的重新认识。

（三）经典阅读的重新定义

20世纪初，针对传统经典是否还具有生命力的问题，人们展开了激烈的争论。持激进态度者，甚至从根本上否定中国传统文化，要求彻底废除"孔教"。五四运动的倡导者之一、文字学家钱玄同就曾提出：

中国文字论其字形，则非拼音而为象形文字之末流，不便于识，不便于写；论其字义，则意义含糊，文法极不精密；论其在今日学问上之应用，则新理新事新物之名词，一无所有；论其过去之历史，则千分之九百九十九为记载孔门学说及道教妖言之记号。此种文字，断断不能适用于二十世纪之新时代。我再大胆宣言道：欲使中国不亡，欲使中国民族为二十世纪文明之民族，必以废孔学、灭道教为根本之解决，而废记载孔门学说及道教妖言之汉文，尤为根本解决之根本解决。①

事实上，发出这样激烈的声音，与当时知识分子希望尽快寻找到中国独立自强之路的迫切心情密切相关，是时代的产物。而当讨论更加深入、人们对传统文化的认识更加理性时，"中西并重"成为学界的共识。近代史学大师陈寅恪先生的观点很具有代表性：

其真能于思想上自成系统，有所创获者，必须一方面吸收输入外来之学说，一方面不忘本来民族之地位。此二种相反而适相成之态度，乃道教之真精神，新儒家之旧途径，而二千年吾民族与他民族思想接触史之所昭示者也。②

可见，在与西方社会科学思想的比较中，中国的传统文化并非一无是处。中国的传统经典，历经岁月洗礼流传至今，反映的是中华民族的历史和精神。对于一个中国人来说，如果完全不了解本民族的思想传承，必然会在认识世界的能力上有所缺陷。当然，虽然说传统经典在新时期仍有强大的生命力，但是，经历了西方观念重塑的中国人，在对经典的认识上已经完全不同于前人了。由于经典阅读的重要性，后面的章节中，我们将以分报告的形式对这一问题展开深入讨论。在这里，仅简要地说明民国时期人们对经典和传统文化的新认识，及其对经典阅

---

① 钱玄同.中国今后之文字问题[J].新青年第4卷第4号，1918-4-15
② 陈寅恪.冯友兰《中国哲学史》下册审查报告[M]//金明馆丛稿二编.北京：生活·读书·新知三联书店，2001：284—285

读的影响。

首先是经典范围的扩大。中国古代对经典有着严格的定义。唐代刘知几《史通·叙事》谓之:"自圣贤述作,是曰经典。"[1]也就是说,只有圣贤的著作才能被称为经典。因此,古代经典的范围很窄,基本上只有三代流传下来的作品,以及先秦时期的儒家著作和朱子的部分论著,才能够得到人们的普遍认可,成为读书人必读的经典。民国以来,特别是新文化运动兴起以后,儒家成为批判的对象,而传统文化中原本不被人重视的通俗文学作品开始大放异彩,得到了更多的关注,人们甚至要求将俗文学作品的地位提高到与传统经典相同的位置上来。新文化运动的主将胡适在《〈国学季刊〉发刊宣言》中明确地提出:

庙堂的文学固可以研究,但草野的文学也应该光里,今日民间小儿女唱的歌谣,和《诗》三百篇有同等的位置;民间流传的小说,和高文典册有同等的位置,吴敬梓、曹霑和关汉卿、马东篱和杜甫、韩愈有同等的位置。……近来颇有人注意戏曲和小说了;但他们的注意仍不能脱离古董家的习气。他们只看得起宋人的小说,而不知道在历史的眼光里,一本石印小字的《平妖传》和一部精刻的残本《五代史平话》有同样的价值,正如《道藏》里极荒谬的道教经典和《尚书》《周易》有同等的研究价值。[2]

无独有偶,20世纪20年代,胡适曾应邀为青年学子开列《一个最低限度的国学书目》,收录古籍名著一百九十种。后来作者在此基础上精简成《实在的最低限度的书目》,其中没有收录"小学"方面的书,也不选前四史和《资治通鉴》,反而是《三侠五义》《九命奇冤》等通俗小说赫然在列。梁启超对此颇不以为然,还专门撰文提出过批评[3]。上引《〈国学季刊〉发刊宣言》,可以看成是胡适对自己列出的国学书目的解释。在对经典范围的具体定义上,民国时期的学者可能存在着争议,但是经典范围的扩大以及通俗文学作品地位的上升,是不争的事实。

其次是对经典态度的转变。在传统文化中,经典具有神圣不可侵犯的地位。孔子说:"君子有三畏:畏天命,畏大人,畏圣人之言。"[4]对于经典,要保持敬畏

---

[1] 郭绍虞.中国历代文论选·上[M].北京:中华书局,1962:366
[2] 胡适.发刊宣言[J].国立北京大学国学季刊,1923(1):1
[3] 梁启超.国学指导二种·治国学杂话[M].上海:中华书局,1936
[4] 杨伯峻.论语译注[M].杨逢彬,注译.长沙:岳麓书社,2009:205

的态度；不要说对经典提出质疑，即使是一字之改也是不被接受的。民国以后，在学术研究中强调科学方法的应用，对于一切问题都要"大胆假设，小心求证"，经典和其他史料一样，仅被认为是供研究之用的材料。顾颉刚领导的"古史辨"运动，就是这种思潮的集中反映。这个后来对中国国学研究影响巨大的流派，其思想源流，就是来自胡适的"宁可疑古而失之，不可信古而失之"[1]。可见，虽然民国时期的学人仍然阅读经典、研究传统文化，但是他们对经典所持的态度已经是全新的了。经典不再被供奉在神坛之上，人们可以通过阅读经典来加深对人生的体悟，当然也可以提出自己的看法，甚至质疑经典的正确性。

（四）大众教育与通俗阅读

最后，我们要谈一谈民国时期大众教育和通俗阅读的问题。光绪三十一年（1905），慈禧太后在多方压力下，以光绪皇帝的名义下诏，宣布自光绪三十二年（1906）起，废除科举制度，开办新式学堂。延续了一千多年的科举取士制度，就此走向了命运的终点，中国教育近代化的进程也因此驶上了快车道。中国近代史上的教育改革，不是两千余年来中国传统教育体系自身发展的结果，而是更多地源自外来文化的刺激，特别是西方列强入侵带来的危机感。教育改革的整体思路，是以国民教育代替精英教育，提高全民受教育的程度，并在知识结构上重视自然科学知识和社会科学知识的协调发展。

既然要让更多的普通人接受教育、学习文化，中国古代的书面用语——文言文的劣势就十分明显了。文言文极难掌握，能顺畅地运用文言文写作，在中国历史上一直是少数人的专利。因此，在提倡全民教育的时代，用通俗易懂的白话文取代文言文，就成了必然的选择。新文化运动的领袖陈独秀就曾以近乎决绝的态度表明了对白话文取代文言文的看法："白话为文学正宗之说，其是非甚明，必不容反对者有讨论之余地也，必以吾辈所主张者为绝对之是，而不容他人之匡正也。"[2] 虽然后来的学者对20世纪初期这场声势浩大的白话文运动臧否不一，但白话文最终还是取代了文言文，成为人们写作和阅读的主要文体。

白话文的使用和大众教育的兴起，对阅读所产生的影响十分深远。推行白话

---

[1] 胡适.自述古史观书[M]//胡适文集3·文论.北京：人民文学出版社，1998：355
[2] 陈独秀.答胡适书[J].新青年第3卷第3号，1917-5-1

文，进一步提高了通俗文学的地位。用白话文写作，编写教材，促进了教育的普及和科学的发展。越来越多的白话文著作、报刊出现，普通人也可十分容易地掌握新知识、阅读新作品，丰富了人们的阅读环境。但是，白话文取代文言文，也同样带来了一些负面影响。由于学校教育不再将文言文作为学习的重点，民国以后的不少学者，特别是青年人，古文阅读能力下降，无法读懂中国的传统经典，阅读行为呈现浅层化、庸俗化的倾向。

在本讲中，我们主要依据文本形态的变革，将中国古代阅读史划分为三个阶段：写本时代、雕版印刷时代，以及机器印刷时代。总的来说，阅读是一种特殊的人类活动，阅读的发展受到载体形态、文本变迁以及社会思潮等方方面面的影响。回顾中国古代阅读史可以发现，每次技术变革，或者社会急剧变动的年代，人们的阅读行为也会随之发生变化，我们将阅读史中的这种现象称为阅读转型。每次阅读转型，都是对旧有阅读模式的一次检讨和重组，取而代之的新模式，既有对旧模式的超越，也不免会丢弃一些好的传统。正如我们在文中一直试图说明的那样，随着技术条件的进步、书籍数量的增多，人们可以很轻松地拥有大量阅读材料，这无疑使得阅读变成一件越来越轻松的事情，阅读者的规模在不断扩大，更多的人享受到了阅读的乐趣。但是，从另一个方面来讲，正是由于获取难度降低，而可供选择的读物又太多，人们的阅读变得愈发浅层化。古代阅读中的一些优良传统，如精读、诵读的习惯，在今天已经难觅踪迹。正是认识到这一点，我们才要进行阅读史的相关研究。对历史的回顾，归根结底是为了指导当下的实践活动。我们对历史上的阅读转型时期进行回顾，就是要宏观地把握阅读史的发展脉络，并为今天的阅读推广活动总结可资借鉴的经验教训。

当我们对中国古代阅读史进行全景式回顾时，不难发现，在每次阅读转型的背后，总能看到技术变革、文本变迁的影子。20世纪末以来，伴随着网络信息技术的发展和数字化时代的到来，人们的阅读行为又面临着新的转折点，距离我们最近的一次阅读转型方兴未艾。从历史的经验来看，新媒体取代旧媒体是发展的必然趋势。在新旧媒体交替的过程中，如何在充分利用新媒体优势、加快文本传播速率、提高阅读率的同时，继承旧媒体的优点，保障阅读的深度，是我们面临的新课题。而对历史上阅读转型所进行的考察，正是我们一次以史为鉴的尝试，期望能够引起更多同行的注意，为中国古代阅读转型研究构建一个立体的研究体系，从而为网络时代的阅读转型提供更加坚实的理论基础。

思考题

1. 载体形态的变迁会对阅读活动产生怎样的影响？
2. 请谈谈中国古代文本变迁与阅读转型的整体趋势。
3. 研究历史上的阅读转型，对认识当今信息时代人们的阅读行为有何意义？

第五讲

中国古代阅读的传统和精神

从文化的民族性来看，任何传统文化都是一个民族在一定时代的文化，传统文化也可以视为民族文化。从文化的时代性来看，任何当代文化的建设都离不开对传统文化的吸收和改造。因此，中国当代阅读文化的建设，必须建立在继承优良阅读传统的基础之上。在中国古汉语中，"传统"的概念，是取"传"的生生不息和"统"的世代相继之意。杜维明说："凡是代代相传的事物、信念、形象、行为和制度都是传统。"[①]传统是历史文化的产物，从这个意义上说，阅读文化和阅读传统是代代相传的历史遗产。它属于文化传统的一种，是在人类长期的阅读历史中所产生的传统。它经受住了时间的考验，被人们普遍认同和接受，具有旺盛的生命力，并在潜移默化中影响着人们过去、现在和未来的阅读行为。正如清华大学刘东教授所说："阅读传统是自文明创化以来逐渐养成的一种惯于通过书写符号系统来扩充知识和增益自我的文化习性，由于此种习性必然代代相传地内化为某种下意识的心理动能，它就有可能引导人们普遍地不去计较每一次阅读行为的浅近目的，而仅仅无功利地沉湎于这种行为本身。"[②]阅读传统具有文化传统的一切特征，文化传统的主要特征同样适用于阅读传统。关于文化传统的特征，学者们已经做了很多论述，归纳起来主要有：流传性、广泛性、潜移默化性、民族性、发展创新性、良莠二分性等。因此，阅读传统同样具有上述特征，并且它是与阅读活动紧密相连、在悠久的历史中形成和发展起来的。依据这些特征，我们可以

[①] 转引自：李荣善.文化学引论[M].西安：西北大学出版社，1996：434
[②] 刘东.千呼万唤"阅读传统"[J].教育文汇，2005（2）：47—49

从中国阅读史中提炼出一些典型的阅读传统[①]。在中国阅读的传统中,传统的阅读价值观和阅读精神是两大主要支柱。下文将分别从阅读价值观和阅读精神两个方面,阐述中国阅读的传统,彰显中国特色的传统阅读文化。

第一节 中国传统的阅读价值观

有学者通过研究,从以下几个维度总结和分析了中国传统的阅读价值观[②],这对我们了解和认识传统的阅读价值观是一种思路。

一、学而优则仕

"致用"是多数学者读书的最大动力。儒家学说主张读"经",为的是"经世致用"。这里的"用"不是指能吟诗作对,而是指能够用在实际生活中。他们认为,读书所学到的知识,小到能作为谋生的本领,大到能够治国、平天下。颜之推就非常反对学无所用的行为,对"世中文学之士,品藻古今,若指诸掌,及有试用,多无所堪"[③]的现象进行了批判。

更多的学者是为实现自己的政治抱负而读书,希望所读所学能用于"治国、平天下",这可能是读书人更为普遍的理想。孔子说:

诵《诗》三百,授之以政,不达;使于四方,不能专对;虽多,亦奚以为?[④]

北宋司马光说:

自古五帝、三王,未有不由学以成其圣德者。所谓学者,非诵章句、习笔札、作文辞也,在于正心、修身、齐家、治国、明德于天下也。[⑤]

又说:

士之读书岂专为禄利而已哉?求得位而行其道以利斯民也。国家所以求士者,

[①] 汪琴.中国阅读文化的理论研究[D].北京:北京大学,2007
[②] 汪琴.中国阅读文化的理论研究[D].北京:北京大学,2007
[③] 颜之推.颜氏家训·涉务[M].上海:上海古籍出版社,1992
[④] 论语·子路[M]//杨伯峻.论语译注.北京:中华书局,1980
[⑤] 司马光.温国文正司马公集·进《孝经》指解札子[M]//四部丛刊·初编集部

岂徒用印绶粟帛富宠其人哉？亦欲得其道以利民也。故上之所以求下，下之所以求上，皆非顾其私，主于民而已矣。近世为士者，颇谬于古，往往以读书为资身之货耳，彼又恶知所谓利民者邪？①

南宋诗人陆游也说："读书本意在元元"②，表明他读书是为了黎民百姓。此外，在《读书纪事》《读书止观录》等书籍中也记载了许多人勤学苦读、终有成就的事迹，他们成为后世读书人读书治学的榜样。中国历史上从来不乏"风声、雨声、读书声，声声入耳；家事、国事、天下事，事事关心"，以读书为报效国家之途径的学者，而且，大凡名能留史的也多是勤学多读之人。

古代读书人欲实现自己的政治抱负和人生理想，主要的途径是做官，平民百姓是没有参与国家政治的权利的。所谓"学成文武事，售与帝王家"，入仕不仅能实现"治国平天下"的人生理想，还可以改变个人的社会地位和生活状况。入世即做官，而官员的名额有限，于是，无数儒生士子拥挤在"学而优则仕"的狭窄通道上，他们为有朝一日能登上庙堂而刻苦攻读，皓首穷经。

中国古代士人入仕是与春秋战国的社会变革相关联的。殷周时代，任官的基本制度是世卿世禄制，王室贵族凭借宗法关系和血统关系世代继承高爵显职。春秋战国时期，学术下移，私学兴起。随着社会变革，各国废除世卿世禄制，采用新的选官办法，

图 5-1 《四书章句集注》，朱熹撰，中华书局出版

士人地位提高，成为社会上最活跃的阶层，这时，能体现士人自身价值的最佳途径莫过于做官了。"士"与"仕"合二为一，故孟子说："士之仕也，犹农夫之耕也"，"士之失位也，犹诸侯之失国家也"③（图5-1）。为吸引士人入仕，汉武帝设立太学，实行读经入仕制度，大大强化了士人读书做官的思想，经学随之大盛。《汉书·儒

---

① 司马光.温国文正司马公集·与薛子立秀才书[M]//四部丛刊·初编集部
② 陆游，钱仲联.剑南诗稿校注·读书[M].上海：上海古籍出版社，1985
③ 孟子.腾文公下[M]//朱熹.四书章句集注.北京：中华书局，1983

林传》说：

> 自武帝立五经博士，开弟子员，设科射策，劝以官禄，讫于元始，百有余年，传业者浸盛，支叶蕃滋，一经说至百余万言，大师众至千余人，盖禄利之路然也。[1]

魏晋南北朝时期，九品中正制是主要的选官制度，但后来却成为门阀大族把持政权的工具，使许多寒庶之人与仕途无缘；官学也时兴时废，能从学校经考试入仕的人不多。尽管如此，士人还是不放弃读书做官的理想。

隋唐时代确立和完善的科举考试制度，更是以官方的名义宣布了读书入仕的有效性，读书人更加趋之若鹜。从科举考试对阅读的影响来看，一方面，科举限制了读书的广度和深度，"自科举之学兴，士人抱兔园寒陋十数册故书，崛起白屋之下，取富贵而有余。读书者一生之精力，埋没蔽纸渝墨之中，相寻于寒苦而不足"[2]；另一方面，科举又深深地刺激了学者的读书热情，以至于千年来"万般皆下品，惟有读书高"成为社会共识。因而这一传统的延续不能够简单地以"好"或"坏"置评。

读书、做官、治国、平天下，这是读书人最初的目的。他们认为，从政做官不是为自己谋利益，做官只是一种手段，治国、平天下才是真正的目的。从这一点来看，"学而优则仕"具有一定的进步意义。但是，随着社会的变迁和科举制度的推波助澜，这种读书目的渐渐地变了味儿，读书以至富贵成为大部分读书人的主要目标。在他们看来，读书只是获得官职的一个台阶，而做官则是大富大贵的一条捷径。于是，"学而优则仕"的目的完全被扭曲，读书的功利性目的发展到了极致，主张读书以致富贵的言论大行其道。如韩愈劝人读书时说，即使两个人出生时境况相同，但是若读书，就能"一为公与相，潭潭府中居"，而不读书者则"一为马前卒，鞭背生虫蛆"，因此，要"灯火稍可亲，简编可卷舒。岂不旦夕念，为尔惜居诸。恩义有相夺，作诗劝踌躇"[3]。杜牧也说："愿尔一祝后，读书日日忙。一日读十纸，一月读一箱。朝廷用文治，大开官职场。愿尔出门去，

---

[1] 班固. 汉书·卷八八·儒林传·房凤传 [M]. 北京：中华书局，1962
[2] 黄宗羲. 天一阁藏书记 [M] // 骆兆平. 天一阁藏书史志. 上海：上海古籍出版社，2005：321
[3] 韩愈. 符读书城南 [M] // 全唐诗. 第341卷第1首. 北京：中华书局，1960

取官如驱羊。"[①]更多的还有"读书入学莫徘徊,可以升官又发财","积财千万,无过读书"之类的劝诫和家训。这类家训影响甚广,甚至成为民间恪守不渝的信条。至今,"书中自有千钟粟,书中自有黄金屋,书中自有颜如玉"仍然是许多人读书的目的和动力。

二、读书以求知、修身、怡情

"学而优则仕"是中国古代绝大多数士人的读书价值观,"正心、修身、齐家、治国、平天下"则是读书人通往仕途的理想步骤。修身是其中首要一环,而这是要靠读书来实现的。因此,对于儒家文化浸染下的传统读书人来说,读书自然就有了求知和修身的意义和目的。从另一方面来说,因现实条件的限制,不是每个读书人都能实现"治国、平天下"的初衷,于是,"达则兼济天下,穷则独善其身",读书以求知、修身,或者以读书为乐,就成为落第文人无奈的选择,或高人隐士高雅的文化追求。

读书求知、修身、怡情的目的,是靠书籍的文化内涵和力量来实现的。唐代魏徵在《隋书·经籍志》(图5-2)序中对书的力量有以下精彩的比喻:

夫经籍也者,机神之妙旨,圣哲之能事,所以经天地、纬阴阳、正纪纲、弘道德,显仁足以利物,藏用足以独善,学之者将殖焉,不学者将落焉。大业崇之,则成钦明之德,匹夫克念,则有王公之重。其王者之所以树风声、流显号、美教化、移风俗,何莫由乎斯道?故曰:"其为人也,温柔敦厚,《诗》教也;疏通知远,《书》教也;广博易良,《乐》教也;洁净精微,《易》教也;恭俭庄敬,《礼》教也;属辞比事,《春秋》教也。"

图5-2 《隋书·经籍志》,长孙无忌等撰,商务印书馆出版

古代读书人对书的力量和阅读的意义有着深刻的认识,并自觉地付诸阅读实践,因此读书治学也就有了指导和方向。

---

① 杜牧.冬至日寄小侄阿宜诗 [M] // 全唐诗·第520卷第1首.北京:中华书局,1960

（一）读书可增长见识

书保存了知识，并为人们的创造力提供了基础。孔子说："性相近也，习相远也"（《论语·阳货》），他认为学习对于人的发展起着主导作用，只有通过学习，才能获得知识、增长才干，必须"学而知之"和"困而学之"。苏轼在《李氏山房藏书记》中说，书是取之不竭、用之不弊的，人的天分不同，贤或不肖，读书都会各有所获。

（二）阅读有利于修身

阅读合适的书，对良好道德情操的养成是必不可少的。孔子强调了阅读对于修身的重要意义，他说："好仁不好学，其蔽也愚；好知不好学，其蔽也荡；好信不好学，其蔽也贼；好直不好学，其蔽也绞；好勇不好学，其蔽也乱；好刚不好学，其蔽也狂。"（《论语·阳货》）他指出，一个人即使"好仁""好知""好信""好直""好勇""好刚"，如果不读书学习，也可能形成愚、荡、贼、绞、乱、狂等不良品行（图5-3）。他又说："吾十有五而志于学，三十而立，四十而不惑，五十而知天命，六十而耳顺，七十而从心所欲，不逾矩。"（《论语·为政》）只有不断地学习，"博学、多闻、志于学"，才能逐步形成良好的道德品质并不断完善。

图5-3 《论语译注》，杨伯峻译注，中华书局出版

阅读有助于保持和发展良好品性。孔子强调了阅读"六经"的德治功能："其为人也，温柔敦厚，诗教也；疏通知远，书教也；广博易良，乐教也；洁静精微，易教也；恭俭庄敬，礼教也；属辞比事，春秋教也"（《论语·经解》），"兴于诗，立于礼，成于乐"（《论语·泰伯》）。西汉学者贾谊也总结说：读"春秋"，可"为之耸善而抑恶，以革劝其心"；读"礼"，可"使知上下之则"；读"诗"，可"广道显德，以驯明其志"；读"乐"，可"疏其秽而填其浮气"；读"语"，可"知先王之务明德于民"；读"故志"，可"使知废兴者而戒惧"。[①]

西汉董仲舒认为，人性之中有"善质"也有"恶质"，善质待学而能成善。他

---

① 贾谊.新书·傅职[M].上海：上海古籍出版社，1989

强调:"今万民之性,有其质而未能觉,譬如瞑者待觉,教之然后善。"①学习能够提高人的智力:"人受命于天,固超然异于群生,入有父子兄弟之亲,出有君臣上下之谊,会聚相遇,则有耆老长幼之施,粲然有文以相接,欢然有恩以相爱,此人之所以贵也"。②人之所以异于群生,是因其知晓父子兄弟之亲情、上下君臣之礼度、耆老长幼之节仪。这种道德认知能力非天生即有,必须通过后天学习获得:"然则常玉不琢,不成文章,君子不学,不成其德。"③

北朝颜之推勉励子女读书,说:"虽百世小人,知读《论语》《孝经》者,尚为人师;虽千载冠冕,不晓书记者,莫不耕田养马。以此观之,安可不自勉耶?若能常保数百卷书,千载终不为小人也。"④他认为,读书能增益德行,不读书将成为"小人"。

(三)阅读是休闲怡情的寄托

古人以读书为乐,是通过意会得到精神享受。阅读可以"疏神达思,怡情理性"⑤,而"束书不观,吾何以欢?"⑥一首流传甚广的《四时读书乐》诗这样写道:

读书之乐乐如何,绿满窗前草不除。读书之乐乐无穷,瑶琴一曲来熏风。读书之乐乐陶陶,起弄明月霜天高。读书之乐何处寻,数点梅花天地心。⑦

阅读带来的是一种纯粹的情趣和精神享受:"天下之乐,何如此学;天下之学,何如此乐?"⑧许多学者终身读书不倦,享受着读书的乐趣。东晋陶渊明平生酷嗜读书,其诗文中多次出现"委怀在琴书""游好在六经""乐琴书以消忧"等句子。尝著《五柳先生传》以自况,传曰:

先生不知何许人也,亦不详其姓字,宅边有五柳树,因以为号焉。闲静少言,

---

① 董仲舒.春秋繁露[M].上海:上海古籍出版社,1989:61
② 班固.汉书·卷五十六·董仲舒传[M].北京:中华书局,1962
③ 董仲舒.春秋繁露[M].上海:上海古籍出版社,1989
④ 颜之推.颜氏家训·勉学[M].上海:上海古籍出版社,1992
⑤ 徐幹.中论·治学[M].北京:中华书局,1985
⑥ 李贽.读书乐[M]//焚书·卷六.北京:中华书局,1961
⑦ 翁森.四时读书乐[M]//王三山.文人书趣.武汉:武汉大学出版社,1994:34
⑧ 王艮.王公斋先生遗集·卷二[M]//朱长华.中国文化经典研读读本.武汉:湖北教育出版社,2013:114

不慕名利。好读书，不求甚解，每有会意，便欣然忘食。性嗜酒，家贫不能常得。……环堵萧然，不蔽风日，短褐穿结，箪瓢屡空，晏如也。常著文章自娱，颇示己志。忘怀得失，以此自终。①

明清之际的著名文学批评家金圣叹则认为，读书的乐趣首先在于替书中人物的命运担忧。毛宗岗也认为："读书之乐，不大惊则不大喜，不大疑则不大快，不大急则不大慰。"②此外，从阅读中享受到的乐趣有益于身体和精神的健康，所谓"读书可养生疗疾"③，"一读疗沉疴"④。

阅读既可助经国红运，又可利修身养性，且可有独得之乐。此外，读书还有象征意义，从某种程度上来看，它体现了一个人的地位、权力或特征。读书会使一个人更有教养或者看起来有教养。最重要的是，在中国科举时代，儒家经典一直是科举的最重要的教科书，因此阅读还成为读书人跨入官场的阶梯。千余年间，读书人无不深受其影响。不论是出于何种目的，或是对阅读的意义有着怎样的认识，对多数读书人来说，都有一种主观的一致性，那就是对读书的爱好。

三、以儒家经典的阅读和阐释为中心

阅读什么（或称之为读物的选择）是自由的，但是就总体而言，却摆脱不了社会环境的影响，如社会经济文化水平、社会主旨趣味、统治阶级愿望、社会利益分配机制等。儒家经典在历史上地位的变迁正是这种现象的极好诠释。对于阅读的范围或选择何种读物，历史上存在多种观点，但是儒家学说是自西汉以来古代中国占据垄断地位的思想政治观念，围绕着儒家经典的读书活动是中国几千年来的阅读主流。

孔子删定"六经"，并反对读"六经"以外的书，他认为："攻乎异端，斯害也已"（《论语·为政》）。这也成为儒家的指导思想之一。其弟子子思曾明确地提出："学必由圣……杂说不与焉。"后世两位学者又大大发展了这一思想，一位是董仲舒，"诸不在六艺之科，孔子之术者，皆绝其道，勿使并进"（《子思子全书·外篇·无

---

① 陶渊明.陶渊明集·五柳先生传 [M].逯钦立，校注.北京：中华书局，1979
② 罗贯中，毛宗岗.毛宗岗批评本《三国演义》[M].长沙：岳麓书社，2006
③ 欧阳修.欧阳修全集·东斋论 [M].北京：中华书局，2001
④ 王安石.王文公文集·送石赓归宁 [M].上海：上海人民出版社，1974

忧》），他要求将阅读对象由诸子百家限制在儒家经典。另一位是朱熹，他不仅倡导人们读《论语》《孟子》，并且亲自为《周易》《诗经》《仪礼》《论语》《孟子》《大学》《中庸》等儒家经书做了详细注解，以指导人们阅读。当然，官方考试科目的确立成为"六经"之社会阅读的最大推动力。在这些因素的影响下，儒家经典成了一般学者的主要阅读内容。对儒家经典加以编撰、汇集、诠释，使之得以流布与传行，并通过这些经典去阐发新的义理，这成为历代儒家的一个学术传统。

在我国的儒学经典诠释传统中，可称得上经典的文本，按历史的前后顺序可分为三个部分：一是孔子整理的"六经"，即《诗》《书》《礼》《乐》《易》《春秋》；二是先秦的原创性著作"四书"，即《大学》《中庸》《论语》《孟子》；三是宋代理学家的著作、语录或注释文本。明成祖朱棣在永乐十二年（1414）命翰林院学士胡广等人编纂了三部"大全"，即《五经大全》《四书大全》和《性理大全》；三部"大全"都以朱子之学的传注文本为主，可以说是朱学著作的汇集。朱子之学自明代后不仅成为官方的统治思想，也成为部分读书人信奉的对象，特别是朱子的《四书章句集注》，具有经典文本的地位，长期被明清两代读书人所阅读和诠释。《四库全书总目》论及《四书大全》对后世的影响时说："所研究者惟四书，所辨订者亦惟四书，后来四书讲章浩如烟海，皆是编为之滥觞。"

一般而言，以上三部分经典的历史地位是不尽相同的。"六经"在儒学经典系统中具有至高无上的地位。程颐主张以《大学》《论语》《孟子》《中庸》为标指，而达于六经；朱子认为"四子，六经之阶梯"[①]。"宋学"的开创者欧阳修更主张抛开注疏，只读经典本身，说："经之所书，予所信也；经所不言，予不知也"[②]，并举《春秋》三传为例，认为自有三传之后，"学者宁舍经而从传，不信孔子而信三子，甚哉其惑也"。他不信注疏，主张从经文本身而非后儒的注疏出发来直接解读儒家经典的真义。

进一步分析，孔子开创的"述而不作"的学术传统，是中国古代儒家经典阅读传统之源头。对儒家经典的阅读和诠释，对于读书人来说是"以述代作"的一种形式。此外，中国古籍"经史子集"的四部分类法将经书作为专门的类别置于首位，

---

① 黎靖德.朱子语类·卷一〇五[M].王星贤，点校.北京：中华书局，1994
② 欧阳修.欧阳修全集[M].李逸安，点校.北京：中华书局，2001：306

也显示了儒家经典的重要地位和历代读书人崇尚经典的传统。甚至在藏书的摆放顺序上，也处处体现"经"的核心地位——陈列时要把经书放在最上面，其他书依次往下放。若按分类法放置，经书先放右边，依次顺排；如置下时，以经书置上。

这种以四书五经等儒家经典为主要阅读内容和"述而不作"的注经传统，直到19世纪末20世纪初西学东渐、中国社会向现代化转轨进程中才被打破，阅读内容才逐渐过渡到包括西学在内的现代各门学科知识。

第二节　中国传统的阅读精神

在古代文献中，不仅记载和留传有大量精彩的阅读典故，而且蕴含和闪耀着古代读书人的阅读精神。即使在今天，这些典故读来仍然饶有乐趣，并且能激发人们的阅读兴趣。特别是，这些记载渗透着古人读书的可贵精神，是中国阅读传统和阅读精神形成过程中非常重要的部分。所谓阅读精神，是对历史上众多读者身上阅读精神特质的聚焦和凝练，旨在彰显古代读书人的精神品质，意在使这种阅读精神继续光昭后世，为传播中华文化和传承中华文明凝心聚力。

一、读书典故与阅读精神

（1）管宁、华歆"割席分坐"。南朝宋刘义庆《世说新语·德行》载：

尝同席读书，有乘轩冕过门者，宁读如故，歆废书出看。宁割席分坐曰："子非吾友也。"

有一次，管宁和华歆同坐在一张席上读书，有人乘坐华丽的车从门前经过，管宁仍旧读书，华歆却放下书本，出去观望。管宁就把席子割开，和华歆分席而坐，并对华歆说："你不是我的朋友。""割席分坐"的读书故事，告诉我们管宁读书专心致志，华歆却三心二意，是对管宁读书态度和坚定意志的一种赞扬。

（2）美髯公关羽捋须读《左传》。关羽在中国老百姓的心目中，一生仁义忠勇，英名盖世，被奉为与"文圣"孔子齐名的"武圣"。但是，在民间也流传着美髯公读书的儒雅形象，即常见于百姓家中厅堂所悬挂的关羽捋须读《左传》画像。《三国志》本传没有关羽读书的记载,在裴松之做注时引用了《江表传》"羽好《左氏传》,讽诵略皆上口"。

这段珍贵史料,为我们保留下美髯公读书时的真实写照。后来文学名著《三国演义》(图5-4)中也描写了关羽读书的情形。《三国演义》第二十六回关羽给刘备的书信中说:

窃闻义不负心,忠不顾死。羽自幼读书,粗知礼义,观羊角哀、左伯桃之事,未尝不三叹而流涕也。①

关羽说自己读到羊角哀、左伯桃之事,为他们的义举深深感动。羊角哀、左伯桃之事记载于《春秋左传》中,说明关羽读过《春秋左传》。《三国演义》里的叙述和《三国志》裴松之引用《江表传》的记载,保持了关公读书和读什么书的叙事一致性。

图 5-4 《三国演义》刊本图

(3)吕蒙"士别三日当刮目相看"。《三国志·吴书》引《江表传》注曰:

初,权谓蒙及蒋钦曰:"卿今并当涂掌事,宜学问以自开益。"蒙曰:"在军中常苦多务,恐不容复读书。"权曰:"孤岂欲卿治经为博士邪?但当令卿涉猎见往事耳。卿言多务孰若孤,孤少时历《诗》《书》《礼记》《左传》《国语》,惟不读《易》。

---

① 罗贯中.三国演义[M].北京:人民文学出版社,1973:223—224

至统事以来，省三史、诸家兵书，自以为大有所益。如卿二人，意性朗悟，学必得之，宁当不为乎？宜急读《孙子》《六韬》《左传》《国语》及三史。孔子言'终日不食，终夜不寝以思，无益，不如学也'。光武当兵马之务，手不释卷。孟德亦自谓老而好学。卿何独不自勉勖邪？"蒙始就学，笃志不倦，其所览见，旧儒不胜。后鲁肃上代周瑜，过蒙言议，常欲受屈。肃拊蒙背曰："吾谓大弟但有武略耳，至于今者，学识英博，非复吴下阿蒙。"蒙曰："士别三日，即更刮目相待"……权常叹曰："人长而进益，如吕蒙、蒋钦，盖不可及也。富贵荣显，更能折节好学，耽悦书传，轻财尚义，所行可迹，并作国士，不亦休乎。"①

吕蒙当时已经是三国东吴的大将，一次，孙权对大将吕蒙等人说："你如今身居要职，手握重权，最好读书学习、增益才智！"吕蒙想以军务繁忙为由不去读书，孙权动之以情、晓之以理，以自己为例述说读书之重要。吕蒙于是发奋学习，笃志不倦。后来东吴名将鲁肃再遇吕蒙，共商国是，吕蒙的见解让鲁肃感到惊讶。鲁肃说他学识渊博，已经不是以前那个吕阿蒙了。吕蒙说："士别三日，当刮目相看。"后来孙权评论道："人在盛年之后能发奋读书，并取得如此进步的，吕蒙可以作为典范。人在富贵荣显时能转而好学，乐于读书，轻财尚义，所行可迹，来做有担当的国家栋梁，再好不过了。"吕蒙盛年发奋读书，后来才能大增，得到鲁肃、孙权等人的称赞，可见读书对人的影响。深有体会的吕蒙，自己也发出感慨："士别三日，当刮目相看"，这句话和吕蒙发奋读书的故事因此世代相传。

（4）"孙康映雪"。《孙氏世录》曰：

孙康家贫，常映雪读书，清介交游不杂。②

晋代京兆人孙康，幼时勤奋好学，用功读书，想利用夜晚时间读书，但是家境困难，没钱买灯油，所以，在冬天的夜晚，他就利用窗外的雪光来读书。功夫不负有心人，孙康后来成为一位有名望的学者，并官至御史大夫。

（5）皇甫谧"浪子回头，年二十始勤学"：

年二十，不好学，游荡无度，或以为痴。尝得瓜果，辄进所后叔母任氏。任氏曰："《孝经》云，'三牲之养，犹为不孝'。汝今年余二十，目不存教，心不入道，

---

① 陈寿.三国志·吴书·卷五十四·吕蒙传[M].裴松之，注.北京：中华书局，1959：1274—1275
② 任彦升.为萧扬州荐士表[M]//萧统.文选.李善，注.上海：上海古籍出版社，1986：1745

无以慰我。"因叹曰:"昔孟母三徙以成仁,曾父烹豕以存教,岂我居不卜邻,教有所阙,何尔鲁钝之甚也!修身笃学,自汝得之,于我何有!"因对之流涕。谧乃感激,就乡人席坦受书,勤力不怠。居贫,躬自稼穑,带经而农,遂博综典籍百家之言。沉静寡欲,始有高尚之志,以著述为务,自号玄晏先生。著《礼乐》《圣真》之论。后得风痹疾,犹手不辍卷。①

西晋皇甫谧,在医学史和文学史上都负有盛名。二十岁时,仍然不爱读书学习,游荡无度,有人就认为他不懂事。有一次,他的后母任氏,引用《孝经》上的言论和孟母三迁的故事,向他讲明道理,边说边流泪,皇甫谧被感动,并开始勤奋读书学习。由于家庭贫寒,他甚至利用务农的空闲时间来读经书,遂博综典籍百家之言,后来能自己著书,写有《礼乐》《圣真》等论著。皇甫谧从一个不好学的青年,二十岁开始转变,用功读书并博通百家之学,最后留下了不少论著,成为历史上"浪子回头"的成功范例。

(6)"车胤囊萤"。无独有偶,前有孙康映雪,后有车胤囊萤。车胤是东晋人,曾任国子监博士和吏部尚书等职。据《晋书·车胤传》记载,车胤刻苦学习,曾在夏天的夜晚用萤光照明以读书:

胤恭勤不倦,博学多通。家贫不常得油,夏月则练囊盛数十萤火以照书,以夜继日焉。②

车胤用《囊萤诗》③描述了自己借萤光读书的情形,同时借诗以言志:

宵烛出腐草,微质含晶荧。

收拾练囊中,资我照遗经。

熠耀既不灭,吾呷宁暂停?

毕竟齐显地,声名炳丹青。

从文献中发现,车胤另有一篇《读书萤》④:

学问勤中得,萤窗万卷书。

三冬今足用,谁笑腹空虚?

---

① 房玄龄.晋书·卷五十一·皇甫谧传[M].北京:中华书局,1974:1409
② 房玄龄.晋书·卷八十三·车胤传[M].北京:中华书局,1974:2177
③ 曾祥芹,刘苏义.历代读书诗[M].北京:中国文联出版社,2001:7
④ 曾祥芹,刘苏义.历代读书诗[M].北京:中国文联出版社,2001:8

车胤在诗中表达了读书做学问，要有勤奋刻苦的精神。由于车胤囊萤的故事在民间传为佳话，因而被列入《三字经》——"如囊萤，如映雪，家虽贫，学不辍"，成为蒙学的内容。车胤勤学读书的故事不断激励着莘莘学子。车胤囊萤精神，后来被人们广为颂扬，选几首诗以为证："一生徒羡鱼，四十犹聚萤"①（高适），"穷巷悄然车马绝，案头干死读书萤"②（杜甫），"好向书生窗畔种，免教辛苦更囊萤"③（李商隐）。为了弘扬车胤囊萤精神，后人在其家乡（今湖南津市）建有"囊萤台"，先后有多位文化名人在此留下诗文。南宋王齐舆写有《车武子墓》诗曰："儒生骨朽名犹在，高冢相望已乱真。只认夜深萤聚处，便应冢下读书人。"④清代王贻贞在《劝复车武子碑小引》中记载："忆余垂髫时，每听人谈说车子囊萤遗事，辄知感叹赞美，想见其为人，乃信高贤芳规度越，足以廉顽立懦，千百年殆如一日，在黄口稚子尚知羡慕，而他可知矣。迨辛亥，谬叨司铎澧阳，因访雪木宝刹，坐间话及东岳行宫，即当日车子读书旧址。从前立石道左，上勒'晋吏部尚书车胤囊萤读书之故里'十四字，匪伊朝夕矣。奈沧桑之后，此碑化为异物，居士合谋复之……况囊萤胜事，照耀今古，而武子勋名烂然，卓然为一代大臣。念此废迹残碣，凡我同志，读书怀古，未有不乐为捐复以快旧观者！"⑤

（7）顾欢"燃糠照读"。顾欢是南朝齐著名学者，《南齐书·顾欢传》曰：

家贫，父使驱田中雀，欢作《黄雀赋》而归，雀食过半，父怒，欲挞之，见赋乃止……八岁，诵《孝经》《诗》《论》。及长，笃志好学。⑥

因无法上学读书，于是顾欢就在乡中学校的教室外旁听，把听到的都记下来；晚上回家，点燃松枝或者稻糠照明，继续读书。《南史·顾欢传》将这段故事记载下来：

乡中有学舍，欢贫无以受业，于舍壁后倚听，无遗忘者。夕则燃松节读书，或燃糠自照。⑦

---

① 周振甫.唐诗宋词元曲全集·全唐诗·第4册［M］.合肥：黄山书社，1999：1486
② 周振甫.唐诗宋词元曲全集·全唐诗·第4册［M］.合肥：黄山书社，1999：1620
③ 周振甫.唐诗宋词元曲全集·全唐诗·第10册［M］.合肥：黄山书社，1999：4073
④ 朱湘泉.孟姜山志校注［M］.长沙：湖南人民出版社，2010：262
⑤ 王荫槐.嘉山风情［M］.长沙：湖南美术出版社，1998：50—51
⑥ 萧子显.南齐书·卷五十四·顾欢传［M］.北京：中华书局，1972：929
⑦ 李延寿.南史·卷七十五·顾欢传［M］.北京：中华书局，1975：1874

这里讲了两个关于顾欢的故事，首先是"顾欢驱雀"的故事，虽然误了赶麻雀的事，但是因其专心读书，得到了其父的谅解。其次是顾欢"燃糠照读"的故事，这个故事因为对学子有激励意义，也被广泛流传。由于顾欢勤奋好学、刻苦读书，后来皇帝欲下诏征他为太学博士，但是他"于剡天台山开馆聚徒，受业者常近百人"①。此外他还撰有《王弼〈易〉二系注》《〈尚书〉百问》《〈毛诗〉集解叙义》《〈老子〉义纲》等书，在历史上是位颇具影响的文化人。类似顾欢燃糠照读，后世南朝梁刘绮也有"燃荻读书"的佳话。

（8）江泌"追月夜读"。江泌是南朝齐济阳考城（今河南省兰考县）人，因家境贫寒，白天劳动营生，晚上刻苦读书。据《南齐书·江泌传》记载：

泌少贫，昼日斫屧，夜读书，随月光握卷升屋。②

由于白天忙于劳作，江泌利用晚上的时间，坐在窗下借月光读书。月亮移动，他就追随着月亮更换位置。江泌追月夜读的故事，也许难以效仿，但是其克服困难用心读书的精神，是值得后学敬佩和学习的。

（9）王瞻专心读书。王瞻是南朝梁琅玡临沂人，是琅玡王氏后人，出自书香门第。

瞻年数岁，尝从师受业，时有伎经其门，同学皆出观，瞻独不视，习诵如初③。

王瞻年少时，曾拜师学习。有一次，一支杂艺表演队伍从门前经过，他的同学都跑出去观看，唯独王瞻不为所动，继续读他的书。他的伯父王僧达（时任尚书仆射）听说后，对王瞻的父亲夸赞他必成大才。后来王瞻在梁武帝时升任吏部尚书，可以说为琅玡王氏增光添彩、荣耀门楣。王瞻专心读书的故事也久为流传，是读书人学习的榜样。

（10）陆倕"起茅屋读书"。南朝梁陆倕，从小勤学好读。《梁书·陆倕传》记载：

倕少勤学，善属文。于宅内起两间茅屋，杜绝往来，昼夜读书，如此者数载。所读一遍，必诵于口。尝借人《汉书》，失《五行志》四卷，乃暗写还之，略无遗脱。④

---

① 萧子显.南齐书·卷五十四·顾欢传［M］.北京：中华书局，1972：928
② 萧子显.南齐书·卷五十五·江泌传［M］.北京：中华书局，1972：965
③ 姚思廉.梁书·卷二十一·王瞻传［M］.北京：中华书局，1973：317
④ 姚思廉.梁书·卷二十七·陆倕传［M］.北京：中华书局，1973：401

这个故事是讲，由于陆倕身处官宦之家，往来人员络绎不绝，他为了能专心读书，在宅院里建了两间茅草屋，专门作为读书室。他住进茅屋后，杜绝外界干扰，昼夜读书，这样数年之后，读了大量书，并且能熟练背诵。有一次，他借别人的《汉书》，归还时发现《五行志》四卷丢失了，他就凭借记忆诵写下来，才把《汉书》完整归还。可见陆倕读书意志的坚定和他读书的专心与用功，多年积累，达到读书成诵的地步，堪称后世学子效仿的楷模。他十七岁时，就成为本州的秀才。梁天监初，成为右军安成王的主簿，梁武帝爱其才，后又请他做太子中舍人。

（11）"祖莹藏火"。祖莹，北魏人，自幼喜欢读书，八岁就能背诵《诗》《书》，十二岁为中书学生，曾因背诵《尚书》三篇，受魏高祖召见。祖莹藏火夜读的故事，也成为一段书林佳话。据《魏书·祖莹传》记载：

好学耽书，以昼继夜，父母恐其成疾，禁之不能止，常密于灰中藏火，驱逐僮仆，父母寝睡之后，燃火读书，以衣被蔽塞窗户，恐漏光明，为家人所觉。由是声誉甚盛，内外亲属呼为"圣小儿"。尤好属文，中书监高允每叹曰，"此子才器，非诸生所及，终当远至"。[①]

这个故事是说，祖莹迷恋读书，他的父母怕他过于刻苦而不利于身体健康，禁止他夜晚读书，祖莹就经常等到父母入睡后，点燃烛火照明读书，用衣物遮住窗户，以免漏光而被家里人发现。但最后还是暴露了，被人们称为"神童"，中书监高允也对他大加称赞。后来，祖莹藏火夜读的故事广为传播，蒙学读物《三字经》也把祖莹列为学习典范——"莹八岁，能咏诗；泌七岁，能赋棋。彼颖悟，人称奇，尔幼学，当效之"，激励后人效仿祖莹读书学习的精神。

从孙康映雪、车胤囊萤、顾欢燃糠照读、江泌追月夜读、陆倕起茅屋读书、祖莹藏火夜读等古代读书典故，我们似乎可以看到，一方面，古代读书人非常勤奋刻苦，克服各种困难，读书学习；另一方面，古代读书人经常会利用夜晚在家的时间读书。这一现象，可以说是中国人长期的一种读书习惯和阅读心理倾向。长期以来，中国人似乎更倾向于在安静的环境中读书，正所谓宁静以致远，所以常常选择夜晚在家中读书。

[①] 魏收.魏书·卷八十二·祖莹传[M].北京：中华书局，1974：1798—1799

二、笃志好学的精神

《说文解字》曰："志，意也。"①（图5-5）笃志，即志向和意愿坚定。笃志读书，即愿意读书并且志向坚定。在中华文化中，自古流传着笃志好学的读书精神。笃志好学的阅读精神激励着古代读书人不废书籍，志存高远，刻苦读书。

邴原，曹操为司空时，被任命为东阁祭酒。建安十五年（210），为丞相征事，为曹操所器重。曹操评价道："邴原名高德大，清规逸世，魁然而峙。"从文献记载看，有两则邴原志于学的故事。一则是邴原童年时，家贫无钱读书，经过学校教室而感伤流泪，老师就问他："童子何泣？"邴原说："凡得学者，有亲也。一则愿其

图5-5 《说文解字》，许慎撰，中华书局出版

不孤，二则羡其得学，中心感伤，故泣耳。"老师说："苟欲学，不须资也。"②于是特许邴原入学读书。邴原虽然家贫，但是有志读书学习，为老师所欣赏；入学后刻苦用功，不负老师的厚爱，一个冬天，就能够背诵《孝经》《论语》了。另一则是邴原戒酒志学。邴原从前很能喝酒，自从远行游学之后，八九年间，滴酒不沾，独自徒步背负着沉重的书箱，不畏苦力，先后师从不同地区的老师，有陈留韩子助、颍川陈仲弓、汝南范孟博、涿郡卢子干等人。离别的时候，师友以为邴原不饮酒，用米饭肉食来为他送行。邴原说："本能饮酒，但以荒思废业，故断之耳。今当远别，因见贶饯，可一饮宴。"邴原笃志好学，为了成全自己读书学习的志愿，八九年间滴酒不沾，负笈苦行，终成正果，后来为曹操所重用。

宋繇，十六国时期西凉、北凉的著名学者，幼时父母早亡。"繇少而有志尚，喟然谓妹夫张彦曰：'门户倾覆，负荷在繇，不衔胆自厉，何以继承先业！'"③可见宋繇从小志于学，有远大理想和抱负，后来跟随张彦到酒泉，"追师就学，闭

---

① 许慎.说文解字［M］.北京：中华书局，1963：217
② 李贽.初潭集·卷十二［M］.北京：中华书局，1974：150
③ 魏收.魏书·卷五十二·宋繇传［M］.北京：中华书局，1974：1152

室诵书，昼夜不倦，博通经史，诸子群言，靡不览综"[1]。宋繇学成后，投奔李暠，并支持他建立了西凉，后来名重当世，死后被尊称为"清水恭公"。

韦爱，南朝宋、齐、梁的将领。少时喜清静，不妄交游，但是"笃志好学，每虚室独坐，游心坟素，而埃尘满席，寂若无人。年十二，尝游京师，值天子出游南苑，邑里喧哗，老幼争观，爱独端坐读书，手不释卷，宗族见者，莫不异焉。及长，博学有文才，尤善《周易》及《春秋左氏》义"[2]。韦爱年少时笃志好学，勤奋用功，专心致志于读书。有一次，天子出游经过当地，人们都跑去观望，韦爱不为所动，继续端坐读书，为长辈们所赞赏。多年积累后，博学有文才，被聘为主簿；萧衍建南梁即帝位后，他被封为辅国将军。

沈约，南朝史学家、文学家，出自士族。但是其父淮南太守沈璞，在沈约十三岁时被诛，因故沈约"流寓孤贫，笃志好学，昼夜不释卷。母恐其以劳生疾，常遣减油灭火。而昼之所读，夜辄诵之，遂博通群籍，善属文"。济阳蔡兴宗闻其才，非常赏识他，后引荐沈约为安西外兵参军，兼任记室。蔡兴宗时常对他的儿子们说："沈约为人堪称师表，你们要好好向他学习"[3]。

刘勰，"早孤，笃志好学。家贫不婚娶，依沙门僧祐，与之居处，积十余年，遂博通经论，因区别部类，录而序之"[4]。刘勰早年丧父，笃志好学，跟从南朝僧人僧祐，在寺庙里博览群书，十年之久，终成中国历史上著名的文学理论家。

萧乂理，安乐侯，南朝梁南康简王萧绩第六子。萧乂理，性慷慨，慕立功名，读书时常常思慕"忠臣烈士"，立志成为英雄豪杰之士，并发誓"一生之内，当无愧古人"。他博览多识，有文才，尝祭孔文举墓，并为立碑，制文甚美[5]。

沈峻，南朝梁时五经博士。沈峻出自农民家庭，但是他很好学，跟从教育家沈麟士读书学习，"昼夜自课，时或睡寐，辄以杖自击，其笃志如此"；后来"博通五经，尤长三礼。初为王国中尉，稍迁侍郎，并兼国子助教……于馆讲授，听

---

[1] 魏收.魏书·卷五十二·宋繇传[M].北京：中华书局，1974：1152
[2] 姚思廉.梁书·卷十二·韦爱传[M].北京：中华书局，1973：226
[3] 李延寿.南史·卷五十七·沈约传[M].北京：中华书局，1975：1410
[4] 姚思廉.梁书·卷五十·刘勰传[M].北京：中华书局，1973：710
[5] 姚思廉.梁书·卷二十九·萧乂理传[M].北京：中华书局，1973：430

者常数百人。出为华容令，还除员外散骑侍郎，复兼五经博士"[1]。沈峻虽然家境贫寒，但是笃志好学，常常夜晚读书，如果打盹，便"以杖自击"，可见其读书意志坚定，用功刻苦，后来成为博学多通的《五经》博士。

王肃，琅琊王氏，王导之后，其父王奂，曾任尚书左仆射。"肃少而聪辩，涉猎经史，颇有大志。"[2]历任著作郎、太子舍人、司徒主簿、秘书丞等职。

蔡启僔，清康熙九年（1670）进士，被钦点为状元。蔡启僔虽然出自官宦人家，但是从小有志向，喜读书，"性喜淡泊，有大志，屏去一切服玩"[3]。据记载，蔡氏家族"鼎族皆居钩轴枢要间，诸公子翩翩，各傭园榭舟阜，歌舞文酒，有乌衣裙屐五陵裘马之风，往来过从，照耀耳目"，蔡启僔却"独被服如布素，而又丰颐广额，丰姿玉立，在群公子中独有鸾停鹄立之概，当时人即以公辅期之"[4]。其实，蔡启僔小时候随其父在都门受业时就"手不离简编，口不绝吟哦，其攻苦异常"[5]，可见这位后来的状元郎，在当年既有异人的志向，也能踏实努力读书，当是青少年读书学习的一个榜样。

王懋竑，"少从叔父式丹学，刻励笃志，精研朱子之学，身体力行"。王懋竑小时候跟随叔父读书学习，志向坚定，勤奋刻苦，专心精研朱子学。他小时候常对朋友说，有老房子三间，能读万卷书，则知足了。可见王懋竑小时候的志向。后来他勤于读书和著述，校定《朱子年谱》，著《白田杂著》八卷，对《朱子文集》《语类》仔细考订。[6]

程瑶田，清代著名学者，徽派朴学代表人物之一。程瑶田"自少迄老，笃志著述。其学长于涵咏经文，得其真解，不屑依傍传注"[7]。程瑶田笃志于著述，也就意味着其读书有明确的志向。程瑶田读书非常勤奋，"平居鸡鸣而起，燃灯达旦，夜分就寝，数十年如一日"[8]。他鸡鸣起床，读书至深夜，如此

---

[1] 姚思廉.梁书·卷四十八·沈峻传[M].北京：中华书局，1973：578—579
[2] 魏收.魏书·卷六十三·王肃传[M].北京：中华书局，1974：1407
[3] 徐倬.又蔡崑旸先生传[M]//钱仪吉.碑传集·卷四十四.清道光刻本
[4] 徐倬.又蔡崑旸先生传[M]//钱仪吉.碑传集·卷四十四.清道光刻本
[5] 徐倬.又蔡崑旸先生传[M]//钱仪吉.碑传集·卷四十四.清道光刻本
[6] 赵尔巽，等.清史稿·卷四百八十[M].北京：中华书局，1977：13141
[7] 支伟成.清代朴学大师列传[M].长沙：岳麓书社，1998：79
[8] 支伟成.清代朴学大师列传[M].长沙：岳麓书社，1998：79

数十年，著作丰厚。他所撰图书主要有《通艺录》十九种、《附录》七种，还有《宗法小记》《沟洫疆里小记》《禹贡三江考》《磬折古义》《水地小记》《释字小记》《声律小记》《考工创物小记》《释草小记》《释虫小记》等，涉及义理、训诂、制度、名物、声律、象数等内容，几乎无所不包。

吴骞，不慕功名，以聚书读书为之志。"笃嗜典籍，遇善本倾囊购之弗惜，所得不下五万卷，筑拜经楼藏之。晨夕坐楼中展诵摩挲，非同志不得登也。"（《海昌备志》）尝自述："吾家先世颇乏藏书，余生平酷嗜典籍，几寝馈以之。自束发迄乎衰老，置得书万本……故余藏书之铭曰：'寒可无衣，饥可无食，至于书，不可一日失。'"（《愚谷文存》）为清中期大藏书家和学者。时人陈鱣有诗赞曰："人生不用觅封侯，但问奇书且校雠。却羡溪南吴季子，百城高拥拜经楼"（《河庄诗钞》）。①

古代读书人，不仅有笃志刻苦读书者，有的甚至读书成痴、读书成癖，下面以部分清代学人为例。

宋长白，清初诗人，著有《柳亭诗话》三十卷，其中收录了他一篇文章《读书癖》："'读书乃一癖，吾亦不自知。坐书穷至老，更欲传吾儿'。此放翁自谱行述也。流离僵仆之余，未尝一日释卷，年已耄而志不衰，仅于此老见之。其后《示儿》曰，'王师北定中原日，家祭毋忘告乃翁'。其心事为何如者，而后世徒以风流骀荡目之，亦浅之乎视读书人矣。"北魏李琰之恒闭门读书，不交人事，尝语人曰："吾所以好读书者，不求身后之名，但异见异闻，心之愿也，是以孜孜搜讨，欲罢不能。岂为声名，疾劳世人也？此乃天性，非为力强。隋崔儦以读书为务，大署其户曰，'不读五千卷书者，毋得入此室'。"②宋长白摘录了宋朝陆游、北魏李琰和隋朝崔儦有关读书的语句，阐释好读书之癖，表达劝勉读书之义。

毛晋，明末清初藏书家、出版家、文学家。毛晋"少为诸生，性嗜卷轴"（《同治苏州府志》）③，从小喜好读书，"通明好古，强记博览……壮从余游，益深知学问之指意"（钱受之《隐湖毛君墓志铭》）。毛晋先后聚集藏书

---

① 王余光，徐雁. 中国读书大辞典［M］. 南京：南京大学出版社，1993：87
② 宋长白. 柳亭诗话·卷三十［M］. 清康熙天茁园刻本
③ 叶昌炽. 藏书纪事诗［M］. 王欣夫，补正，徐鹏，辑. 上海：上海古籍出版社，1989：309

八万四千余册,并建汲古阁、目耕楼庋藏所集图书。他又勤于刊刻,校刻有《十三经》《十七史》《津逮秘书》《六十种曲》等书,"经史全书,勘雠流布,毛氏之书走天下"(《隐湖毛君墓志铭》)①。他不仅藏书、刻书,而且编著图书,编有《汲古阁书目》,著有《隐湖题跋》,并辑《毛诗陆疏广要》。毛晋可谓是集藏书、刻书、著书于一身的爱书之人。

陈启源,清代经学家,江苏吴江人。他平生只喜好读书,"惟嗜读书,晚岁研精经学"②。他勤于钻研经学,《四库全书总目提要》称其"于经义之外,横滋异学,非惟宋儒无此说,即汉儒亦岂有是论哉"③。他著有《尚书辨略》《读书偶笔》《存耕堂稿》等书。

王士禛,一生藏书、读书成癖。他曾自述,好读书老而不衰,"予游宦三十年,不能以籝金遗子孙,惟嗜书之癖老而不衰。每闻士大夫家有一秘本,辄借钞其副。市肆逢善本,往往典衣购之。今予池北书库所藏,虽不敢望四部七录之万一,然亦可娱吾之老而忘吾之贫"(《跋世说侯鲭录》)④。王士禛将收集的大量图书庋藏于其藏书楼"池北书库"。他晚年归乡里,以读书教子为乐,在其培养下,十岁的小孙子能通读《易》《书》《诗》三书,他从窗外听见读书声甚为欣慰;又过了几年,虽然耳朵、眼睛不好使了,但他依然不忘读书,"虽耳聋目眊,犹不废书,有所闻见,辄复掌录,题曰《分甘馀话》,庶使子孙辈知老人晚年所乐在此尔"(《分甘馀话》自序)⑤。他近八十高龄时著成《分甘馀话》,表达喜好读书、老有所乐之意。

袁枚,勤于读书,爱书如命,曾赋诗自述其爱书的情结:"我年十二三,爱书如爱命。每过书肆中,两脚先立定。苦无买书钱,梦中犹买归。至今所摘记,多半儿时为。宦成恣所欲,广购书盈屋。老矣夜犹看,例秉一条烛(《对书叹》)⑥。"袁枚举例说自己曾经站在书肆旁,面对书籍的渴望之情,如果没钱买书就做梦将

---

① 叶昌炽.藏书纪事诗[M].王欣夫,补正,徐鹏,辑.上海:上海古籍出版社,1989:308
② 支伟成.清代朴学大师列传[M].长沙:岳麓书社,1998:19
③ 四库全书总目[M].北京:中华书局,1965:132
④ 王士禛.带经堂集·卷七十一·蚕尾文七[M].清康熙五十年程哲七略书堂刻本
⑤ 王士禛.分甘馀话[M].张世林,点校.北京:中华书局,1989:1
⑥ 王英志.袁枚诗选[M].北京:人民文学出版社,2009:168

书买回，做官后依然坚持秉烛夜读的习惯。袁枚还曾写过《梦中买书》的文章："余少贫不能买书，然好之颇切。每过书肆，垂涎翻阅；若价贵不能得，夜辄形诸梦寐。曾作诗曰，'塾远愁过市，家贫梦买书'。"[1]可见其对书籍痴迷程度之深，爱书之情溢于言表。

鲍廷博，清代著名藏书家、目录学家、刻书家。他继承了其父好读书的志趣，常购买前人的书籍，长期积累，所藏书籍多而精，成为大藏书家，建有藏书楼，名为"知不足斋"。鲍廷博"居恒好学耽吟咏，不求仕宦，天趣清远。每遇人访问古籍，凡某书美恶所在，意旨所在，见于某代某家目录，经几家收藏，几次抄刊，真伪若何，校误若何，莫不矢口而出，问难无竭"[2]。鲍廷博不仅富于藏书，而且好读书成癖，对所读书籍常记在心。遇到有人询问古籍情况，他能说出书籍的好坏和源流等情况，无不尽其详，可见其读书之广博。阮元曾记述道："(鲍廷博)博极群书，家藏万卷。虽极隐僻罕见著录者，问之无不知其原委。尝刻《知不足斋丛书》及《四库书提要》……余赠以诗云，'清名即是长生诀，当世应无未见书。何处见君常觅句，小阑干外夕阳疏'。"[3]阮元盛赞鲍廷博"当世应无未见书"。

吴骞，好读书和藏书，建有藏书楼"拜经"。据记载，吴骞"笃嗜典籍，遇善本书，辄倾囊购之。先后所得不下数万卷"[4]。作为藏书家的他曾自称："故予藏书之铭曰，'寒可无衣，饥可无食，至于书，不可一日失'。此昔贤诒厥之名言，允可为拜经楼藏书之雅率。"[5]他不仅藏书宏富，而且勤于读书和著书，著有《拜经楼诗集》《愚谷文存》《拜经楼诗话》等。

钱大昭，钱大昕之弟。"好读书，不汲汲于荣利"。钱大昭好读书，但是不追名逐利，淡泊自足，将其读书之所命名为"可庐"，表达随寓自足的意思。钱大昭学问渊博，思绪细密，颇有见识，钱大昕也称赞其弟弟的学问[6]。

徐养原，出生在书香家庭，读书有深识，小时候跟随父亲到京城，师从名师，学业有大的长进。据记载，徐养原不参加科举应试，只好读书，"为人舍书籍外无

---

[1] 袁枚.随园诗话［M］.王英志，校点.南京：江苏古籍出版社，2006：121
[2] 支伟成.清代朴学大师列传［M］.长沙：岳麓书社，1998：287
[3] 阮元.定香亭笔谈［M］.北京：中华书局，1985：56
[4] 支伟成.清代朴学大师列传［M］.长沙：岳麓书社，1998：288
[5] 吴骞.愚谷文存·卷十三［M］.清嘉庆十二年刻本
[6] 支伟成.清代朴学大师列传［M］.长沙：岳麓书社，1998：34

嗜好，非疾病丧纪不辍业。诵读孜孜，考论矻矻，迄老弗衰"①。一生勤于读书和著书，著有《明堂说》《禘郊辨》《井田议》《饮食考》《古乐章考》《周官五礼表》《五官表》《考工杂记》等书②。

李兆洛，清代著名地理学家、藏书家。他好读书，小时候每天能熟读、背诵百余行，"少有异禀，读书至四五遍，历久不忘，分日课《文献通考》，浃岁成诵"③。

三、勤学苦读的精神

家贫好学，读书不辍（图5-6）。晋人刘世智，"少贫窭，每负薪自给，读书不辍，竟以俦行称"④。王歆，"家贫好学，尝三日绝粮，执书不辍。父母家人或谓之曰：'困穷如此，何不耕农为求活乎？'歆答曰：'我当以典籍自耕耳。'武帝以其博学有文才，累迁中书侍郎、扬州牧"⑤。李铉，"家贫，苦学，春夏务农，秋冬入学。三冬不畜枕，每至睡时，假寐而已"⑥。李道固，"家寒，少孤，有大志，好学不倦"⑦。

闭门家中，专心读书。许多读书人，为了专心读书，常常牺牲外出游玩时间，

图 5-6　山居读书图

---

① 支伟成.清代朴学大师列传[M].长沙：岳麓书社，1998：99
② 徐世昌，等.清儒学案[M].北京：中华书局，2008：4845
③ 徐世昌，等.清儒学案[M].北京：中华书局，2008：5015
④ 李昉，等.太平御览·卷二百五十九·职官部五十七[M].北京：中华书局，1966：1215
⑤ 李昉，等.太平御览·卷六百一十一·学部五[M].北京：中华书局，1966：2749
⑥ 李昉，等.太平御览·卷六百一十一·学部五[M].北京：中华书局，1966：2749
⑦ 李昉，等.太平御览·卷六百一十一·学部五[M].北京：中华书局，1966：2750

闭门家中以读书。《七贤传》记载，阮籍"有奇才异质，或闭户读书连月不出"[①]。嵇康《高士传》记载，李劭公"尝为杜陵门下掾，终身不窥长安城，但闭门读书，未尝问政"[②]。东晋徐邈，"姿性端雅，勤行励学，博涉多闻，以慎密自居。少与乡人臧寿齐名，下帷读书，不游城邑"[③]。晋郑鲜之，"下帷读书，绝交游之务"[④]。徐邈、郑鲜之好读书，且贵在不贪恋游玩，以免浪费读书时间，这是读书人"勤行励学"精神和意志力的体现。《隋书》曰："(卢思道)年十六，遇中山刘松，松为人作碑，以示思道，读之多所不解。于是感激，闭户读书，师事河间邢子才。"[⑤]刘炫，"少以聪敏见称，与信都刘焯闭户读书，十年不出"[⑥]。刘昼，常闭户读书，昼夜不息，"少孤贫，爱学，伏膺无倦，常闭户读书"，后博学有文才，著《六和赋》《高才不遇传》《金箱璧言》等作品，成为北齐文学家。

劳作间隙，孜孜以求。王象，三国魏目录学家、藏书家，被曹丕重用，以秘书监身份参与编撰《皇览》，号称儒宗。王象年少时，孤贫，"为人仆隶，年十七八，见使牧羊而私读书，因被篓楚。俊嘉其才质，即赎象著家"[⑦]。王象放羊时，偷空读书，被主人发现而篓楚；时人杨俊发现王象好读书、有才质，为他赎身，后来王象苦读成才，官至列侯。《魏略》曰："常林少单贫，为诸生。耕带经锄，其妻自担饷馈之，相敬如宾。"[⑧]《江表传》曰，张纮，"居贫，躬耕稼，带经而锄，孜孜汲汲，以夜继日，至于弱冠，无不穷览"[⑨]。晋人王育，"少孤贫，为人佣，牧羊豕。近学堂。育常有暇拾薪，以雇书生抄书，后截蒲以学书，日夜不止"。王育因放羊时私去学堂旁听，丢了羊，主人责罚他，许子章听说后对王育好学颇为嘉奖，替他还了损失，并让王育和他的儿子一起读书学习。后来，王育博通经史，官至太傅[⑩]。

---

① 李昉，等.太平御览·卷六百一十一·学部五[M].北京：中华书局，1966：2751
② 李昉，等.太平御览·卷六百一十一·学部五[M].北京：中华书局，1966：2751
③ 房玄龄.晋书·卷九十一·徐邈传[M].北京：中华书局，1974：2356
④ 李昉，等.太平御览·卷六百一十一·学部五[M].北京：中华书局，1966：2749
⑤ 李昉，等.太平御览·卷六百一十一·学部五[M].北京：中华书局，1966：2750
⑥ 李昉，等.太平御览·卷六百一十一·学部五[M].北京：中华书局，1966：2750
⑦ 陈寿.三国志·魏书·卷二十三·杨俊传[M].裴松之，注.北京：中华书局，1959：663
⑧ 李昉，等.太平御览·卷六百一十一·学部五[M].北京：中华书局，1966：2749
⑨ 李昉，等.太平御览·卷六百一十一·学部五[M].北京：中华书局，1966：2749
⑩ 李昉，等.太平御览·卷六百一十一·学部五[M].北京：中华书局，1966：2749

深夜苦读，以烛继昼。孙皓，三国东吴"末代皇帝"，孙权之孙。孙皓小时候，师从李肃，"其读书夙夜不懈"。李肃说："卿宰相器也。"①前秦姜宇头悬梁刻苦读书，《前秦录》曰："（姜宇）少孤贫，为河北陈不识家牧羊，年十五……每夜专读书，睡则悬头于屋梁，达旦而止。"②后来，姜宇历任京兆尹、御史中丞等职。姜宇深夜读书之刻苦精神，当为学子们效仿。江革，南朝宋齐间人。江革"早有才思，六岁便解属文"，后来与其弟江观同为太学国子生。有一天晚上下大雪，吏部谢朓值守保卫时发现，"革弊絮单席，而耽学不倦，嗟叹久之，乃脱所著襦，并手割半毡与革充卧具而去"③。江革在雪夜，克服寒冷和被褥单薄的艰难，用功学习不止，被司徒竟陵王等人赏识，后来成为一代名流。南朝陈陆琼，幼时被称为神童，后来"勤苦读书，昼夜无怠，遂博学，善属文"④。南朝陈陆瑜昼夜读书，"瑜幼长读书，昼夜不废，聪敏强记，一览无复遗失"⑤。

身居军政，不忘读书。三国周瑜和鲁肃，虽在军旅，但读书不止。"瑜好乐坟典，虽在戎旅，诵声不绝"⑥，"（鲁肃）虽在军陈，手不释卷。又善谈论，能属文辞，思度弘远，有过人之明。周瑜之后，肃为之冠"⑦。西魏吕思礼好学，有文才。"虽务兼军国，而手不释卷。昼理政事，夜则读书。令苍头执烛，烛烬夜有数升。"⑧吕思礼，好读书，但是能处理好政事与读书的关系，得到太祖的褒奖。北齐杜弼，"弼性好名理，探味玄宗。自在军旅，带经从役"⑨。

四、博学多闻的精神

三国蜀汉李撰，博学多知，既传其父业，"又从默（注：同县人尹默）讲论义理，

---

① 陈寿.三国志·吴书·卷四十八·孙皓传［M］.裴松之，注.北京：中华书局，1959：1169
② 李昉，等.太平御览·卷四百四十四·人事部八十五［M］.北京：中华书局，1966：2043
③ 姚思廉.梁书·卷三十六·江革传［M］.北京：中华书局，1973：523
④ 姚思廉.陈书·卷三十·陆琼传［M］.北京：中华书局，1972：396
⑤ 姚思廉.陈书·卷三十四·陆瑜传［M］.北京：中华书局，1972：463
⑥ 陈寿.三国志·吴书·卷五十一·周瑜传［M］.裴松之，注.北京：中华书局，1959：1206
⑦ 陈寿.三国志·吴书·卷五十四·鲁肃传［M］.裴松之，注.北京：中华书局，1959：1273
⑧ 令狐德棻，等.周书·卷三十八·吕思礼传［M］.北京：中华书局，1971：682
⑨ 李昉，等.太平御览·卷六百一十一·学部五［M］.北京：中华书局，1966：2749

五经、诸子，无不该览，加博好技艺，算术、卜数、医药、弓弩、机械之巧，皆致思焉"①。三国蜀汉谯周，研精六经，为儒学大师，《三国志》的作者陈寿是其学生。史载："（谯周）既长，耽古笃学，家贫未尝问产业，诵读典籍，欣然独笑，以忘寝食。研精六经，尤善书札。颇晓天文，而不以留意；诸子文章非心所存，不悉遍视也。"②建兴中，丞相诸葛亮领益州牧，命谯周为劝学从事。晋杜夷，世以儒学称，"博览经籍百家之书，算历图纬靡不毕究"③，学问渊博，生徒千人。晋陈邵，博通六籍的儒学家，曾撰有《周礼评》，泰始年间（265—274），晋武帝司马炎下诏曰："燕王师陈邵清贞洁静，行著邦族，笃志好古，博通六籍，耽悦典诰，老而不倦，宜在左右以笃儒教。可为给事中。"④晋刘兆，"博学洽闻，温笃善诱，从受业者数千人。武帝时五辟公府，三征博士，皆不就。安贫乐道，潜心著述，不出门庭数十年"⑤。晋范宣，博综群书的通儒，"年十岁，能诵《诗》《书》……少尚隐遁，加以好学，手不释卷，以夜继日，遂博综众书，尤善《三礼》"⑥。"劭（何劭）博学，善属文，陈说近代事，若指诸掌。"晋惠帝即位之初，太子年幼，盛选六位太子傅，以何劭为太子太师，通省尚书事⑦。北魏李琰之，年少时聪明机警，善言谈，经史百家无所不览，自称："崔（崔光）博而不精，刘（刘芳）精而不博，我既精且博，学兼二子"。每当他休闲的时候，常常闭门读书。他还告诉人们，喜读书是他的天性："吾所以好读书，不求身后之名，但异见异闻，心之所愿，是以孜孜搜讨，欲罢不能。岂为声名劳七尺也？此乃天性，非为力强。"⑧北魏崔鸿，著名史学家，"少好读书，博综经史"⑨。北齐末崔儦，"少与范阳卢思道、陇西辛德源同志友善。每以读书为务，负恃才地，大署其户曰：'不读五千卷书者，无得入此室'"⑩。数年之间，博览群言，多所通涉，初举秀才，后任尚书郎。

---

① 陈寿.三国志·蜀书·卷四十二·李撰传［M］.裴松之，注.北京：中华书局，1959：1026
② 陈寿.三国志·蜀书·卷四十二·谯周传［M］.裴松之，注.北京：中华书局，1959：1027
③ 房玄龄.晋书·卷九十一·杜夷传［M］.北京：中华书局，1974：2353
④ 房玄龄.晋书·卷九十一·陈邵传［M］.北京：中华书局，1974：2348
⑤ 房玄龄.晋书·卷九十一·刘兆传［M］.北京：中华书局，1974：2349—2350
⑥ 房玄龄.晋书·卷九十一·范宣传［M］.北京：中华书局，1974：2360
⑦ 房玄龄.晋书·卷三十三·何劭传［M］.北京：中华书局，1974：999
⑧ 魏收.魏书·卷八十二·李琰之传［M］.北京：中华书局，1974：1798
⑨ 魏收.魏书·卷六十七·崔鸿传［M］.北京：中华书局，1974：1501
⑩ 李延寿.北史·卷二十四·崔儦传［M］.北京：中华书局，1974：877

黄宗羲，年轻时发奋读书，"愤科举之学锢人，思所以变之。既，尽发家藏书读之，不足，则抄之同里世学楼钮氏、澹生堂祁氏、南中则千顷堂黄氏、绛云楼钱氏，且建续钞堂于南雷，以承东发之绪"①。黄宗羲不仅读完了家中藏书，而且广泛借阅抄录澹生堂、千顷堂、绛云楼等藏书楼的图书，后来向刘从周求学问道。黄宗羲反对明代人讲学时"袭语录之糟粕，不以六经为根柢，束书而从事于游谈"的学风，认为"问学者必先穷经，经术所以经世。不为迂儒，必兼读史。读史不多，无以证理之变化；多而不求于心，则为俗学。故上下古今，穿穴群言，自天官、地志、九流百家之教，无不精研"②。可见他主张博览经史之书，并且不限于天文地理、诸子百家之学。黄宗羲不仅博学多闻，而且著述丰厚，一生著述五十余种，其中代表作如《明儒学案》（图5-7）、《宋元学案》《明夷待访录》《易学象数论》《明文海》《大统历推法》《四明山志》等，被后世称为经学家、史学家、思想家、地理学家、天文历算学家、教育家。

图 5-7 《明儒学案》，黄宗羲著，中华书局出版

顾炎武，"自少至老，无一刻离书。所到之地，以二骡二马载书，过边塞亭障，呼老兵卒询曲折，有与平日所闻不合，即发书对勘；或平原大野，则于鞍上默诵诸经注疏"③。顾炎武手不释卷，勤学好问，出行路上用两头骡、两匹马为其驮运书籍，遇到不解之处就向当地人请教，发现疑惑就翻检书籍进行核实，有时在马鞍上还默诵诸经内容。他常对朋友们说："百余年来之为学者，往往言心言性，而茫然不得其解也。命与仁，夫子所罕言；性与天道，子贡所未得闻。性命之理，著之《易传》，未尝数以语人。其答问士，则曰'行己有耻'，其为学，则曰'好古敏求'。其告哀公明善之功，先之以博学。颜子几于圣人，犹曰'博

---

① 赵尔巽，等.清史稿·卷四百八十［M］.北京：中华书局，1977：13103
② 赵尔巽，等.清史稿·卷四百八十［M］.北京：中华书局，1977：13105
③ 赵尔巽，等.清史稿·卷四百八十一［M］.北京：中华书局，1977：13166—13167

我以文'。自曾子而下，笃实无如子夏，言仁，则曰'博学而笃志、切问而近思'。"①他坚持孔子和颜回的观点，主张圣人之道在"博学于文，行己有耻"，要博学多闻，要躬行实践，天下之事皆为学问之事。顾炎武无书不读，常留心经史之书，为撰写《天下郡国利病书》，"历览二十一史，以及天下郡县志书，一代名公文集，间及章卷文册之类"②，勤于摘抄，有"采铜于山"、广搜博览的读书精神。他还对此精神详细解释道："尝谓今人纂辑之书，正如今人之铸钱。古人采铜于山，今人则买旧钱，名之曰'废铜'以充铸而已。所铸之钱既已粗恶，而又将古人传世之宝舂剉碎散，不存于后，岂不两失之乎？承问《日知录》又成几卷，盖期之以废铜。而某自别来一载，早夜诵读，反复寻究，仅得十余条，然庶几采山之铜也。"③

陈景云，年少时跟随何焯游学，博通群籍，后来以藏书、读书和著书为乐。"其为学，如饥渴之于饮食，常日丹铅不去手，举经史四部书，从源及委，条贯井然。地理制度，考据尤详。下逮稗官小说，无不练览，而最深于史学。早岁，温公《通鉴》略能成诵。前明三百年事，谈之更仆弗倦，若身列其间，能剖决其毫芒得失者。"④这里述说了他读书的范围之广，包括经史子集四部、地理学、小说等，无不涉猎，钻研最深的为史学。其著述颇丰，擅长校勘，著有《读书纪闻》《韩集点勘》《柳集点勘》《三国志举正》《通鉴胡注举正》《两汉订误》《纲目辨误》《纪元考略》等⑤。

江永，"为诸生数十年，博通古今，专心《十三经注疏》，而于《三礼》功尤深。以朱子晚年治《礼》，为《仪礼经传通解》。书未就，黄氏、杨氏相继纂续，亦非完书。乃广摭博讨，大纲细目，一从吉、凶、军、嘉、宾五礼旧次，题曰《礼经纲目》，凡八十八卷。引据诸书，釐正发明，实足终朱子未竟之绪"⑥。《清史稿》记载他博览群书，著书时广征博引。

---

① 赵尔巽，等.清史稿·卷四百八十一[M].北京：中华书局，1977：13167
② 顾炎武.天下郡国利病书·自序[M]//《续修四库全书》编纂委员会.续修四库全书595.上海：上海古籍出版社，1996：482
③ 顾炎武.日知录校释.下[M].张京华，校释.长沙：岳麓书社，2011：1428
④ 支伟成.清代朴学大师列传[M].长沙：岳麓书社，1998：207
⑤ 李玉安，黄正雨.中国藏书家通典[M].香港：中国国际文化出版社，2005：372
⑥ 赵尔巽，等.清史稿·卷四百八十一[M].北京：中华书局，1977：13188

全祖望，读书十分广博，《清史稿》记载其"渊博无涯涘，于书无不贯串。在翰林，与绂共借《永乐大典》读之，每日各尽二十卷"。①全祖望学问渊博，主要因为他"于书无不贯串"的博览精神。

卢文弨，清代著名校勘学家、藏书家。他一生勤于读书和文献整理校勘工作，所校书籍既有经传、子部、史部图书，也有说部诗文。所校之书，有"《大戴礼记》《左传》《经典释文》《逸周书》《孟子音义》《荀子》《方言》《释名》《贾谊新书》《独断》《春秋繁露》《白虎通》《吕氏春秋》《韩诗外传》《颜氏家训》《封氏闻见记》诸书"②。他还从众书中辑佚成《群书拾补》，有《抱经堂文集》三十四卷、《钟山札记》和《龙城札记》等书刊行于世。从卢文弨校勘书籍的范围之广、著述之宏富，我们不难理解其博览"经史子集"各类书籍之用功和勤奋。

王鸣盛，清史学家、经学家、考据学家。王鸣盛在《十七史商榷》序中说，"好著书不如多读书，欲读书必先精校书。校之未精而遽读，恐读亦多误矣；读之不勤而轻著，恐著且多妄矣"③。他还自述了其读书经历，"恒独处一室，覃思史事，既校始读，亦随读随校，购借善本，再三雠勘。又搜罗偏霸杂史、稗官野乘、山经地志、谱牒簿录，以暨诸子百家、小说笔记、诗文别集、释老异教，旁及于钟鼎尊彝之款识、山林冢墓、祠庙伽蓝、碑碣断阙之文，尽取以供佐证，参伍错综，比物连类，以互相检照，所谓考其典制事迹之实也"④。这里详细记述了他读书涉猎的范围极其广博，这为他著书时能广征博引提供了详备的参考。

钱大昕，"幼慧，善读书。时元和惠栋、吴江沈彤以经术称，其学求之《十三经注疏》（图5-8），又求之唐以前子、史、小学。大昕推而广之，错综贯串，发古人所未发"⑤。他小时候喜欢读书，后广泛涉猎十三经和子、史及小学之类书籍。他在《二十二史考异》自序中记述道："余弱冠时好乙部书，通籍以后，尤专斯业。自《史》《汉》迄《金》《元》，作者二十二家，反复校勘，虽

---

① 赵尔巽，等.清史稿·卷四百八十一[M].北京：中华书局，1977：13186
② 江藩.国朝汉学师承记[M].北京：中华书局，1983：91
③ 王鸣盛.十七史商榷[M].北京：中国书店，1937：1
④ 王鸣盛.十七史商榷[M].北京：中国书店，1937：2
⑤ 赵尔巽，等.清史稿·卷四百八十一[M].北京：中华书局，1977：13193

寒暑疾疢，未尝少辍，偶有所得，写于别纸。"①钱大昕读书在广博的基础上，专攻史学，对二十二史详加考证和校勘，历时五十年，著成《二十二史考异》，为史学研究和发展做出了重要贡献。江藩赞誉钱大昕"学究天人，博综群籍，自开国以来，蔚然一代儒宗也"②。

周永年，据《清史稿》记载，他"博学贯通，为时推许"③，可见当时学人就对他的博学多闻十分赞许。周永年被选入四库馆，负责校勘《永乐大典》，主持编撰《四库全书·子部》，后又提出儒藏说，还将其所藏十万卷图书开放借阅，为后人敬仰不已。

图 5-8 《十三经注疏》，阮元校刻，中华书局出版

段玉裁，字若膺，清代文字训诂学家、经学家。段玉裁"生而颖异，读书有兼人之资"④，从小就在读书方面有过人的天资，后来学问长进，戴震都惊叹他学问的精湛，称赞其"自唐以来讲韵学者所未发"⑤。段玉裁读书既能博又能专，博在"周、秦、两汉书，无所不读"，专在小学书籍深入钻研，"诸家小学，皆别择其是非"⑥，耗费数十年精力专攻《说文解字》，著《说文解字注》三十卷。王念孙曾感叹道："若膺（段玉裁）死，天下遂无读书人矣！"⑦这是对段玉裁读书之用功和著述之专精的极大褒扬和肯定。

桂馥，"博涉群书，尤潜心小学，精通声义"⑧。据《清史稿》记载，他博览群书，注重经由训诂之学而通经致用。他曾说："士不通经，不足致用；而训诂不明，

---

① 钱大昕.二十二史考异·上［M］.京都：株式会社中文出版社，1980：1
② 江藩.国朝汉学师承记［M］.北京：中华书局，1983：51
③ 赵尔巽，等.清史稿·卷四百八十一［M］.北京：中华书局，1977：13210
④ 赵尔巽，等.清史稿·卷四百八十一［M］.北京：中华书局，1977：13201
⑤ 赵尔巽，等.清史稿·卷四百八十一［M］.北京：中华书局，1977：13201
⑥ 赵尔巽，等.清史稿·卷四百八十一［M］.北京：中华书局，1977：13202
⑦ 赵尔巽，等.清史稿·卷四百八十一［M］.北京：中华书局，1977：13203
⑧ 赵尔巽，等.清史稿·卷四百八十一［M］.北京：中华书局，1977：13230

不足以通经。"①

陈昌齐，据记载，"学问淹博，自十七岁后贯通群经，《十三经》注皆诵如流"②。王念孙评说他"粤东硕儒也，生平于书无所不读，自经史子集，以及乾象、神舆之奥，六书、四声、九赋、五刑之属，星算医卜、百家众技之流，靡不贯穿于胸中"③。陈昌齐博览"经史子集"各类图书，广泛涉猎天文、历算、医学等百家之学，著有《赐书堂集钞》《赐书堂诗钞》《临池琐语》《〈经典释文〉附录》《天学脞说》《测天约术》《天学纂要》《地理书钞》等，可见其读书之广博、学术视野之宽广。

汪中，七岁时父亲去世，母亲教他四书之学，后来他帮书商卖书，借此机会"遍读经、史、百家，过目成诵"④，成为博学的通人。

郑光策，初名苏年。"少孤力学，古心自鞭。家贫不能就外傅，与同怀弟云轩孝廉自相师友。姿禀岸异，髫龄老成，博综群书，规模宏远。"⑤郑光策少年时勤奋读书学习，能博综群书，后来更加喜爱读经世致用之书，"自《通鉴》《通考》外，若陆宣公、李忠定、真文忠，以及前明之邱琼山、王阳明、吕新吾、冯犹龙、茅元仪，本朝之顾亭林、魏叔子、陆桴亭诸公著作，靡不贯串，如数家珍"⑥。其所读书籍有《资治通鉴》《文献通考》和唐、宋、明、清时期著名学者的著作，并且能够熟读贯通。

顾广圻，清代著名校勘学家、藏书家、目录学家。《清史稿》记载，他"天质过人，经、史、训诂、天算、舆地靡不贯通，至于目录之学，尤为专门"⑦，是说他经学、史学、训诂、天算、舆图地理和目录学都很精通，可见其博学多才，被称为"万卷书生"⑧，著有《思适斋文集》十八卷。

梁章钜，其师郑光策曾主持福州鳌峰书院，梁章钜有次自己带来一个小印章，

---

① 赵尔巽，等.清史稿·卷四百八十一［M］.北京：中华书局，1977：13230
② 吴茂信.陈昌齐［M］.广州：广东人民出版社，2008：70
③ 王念孙.赐书堂集钞·序［M］//《清代诗文集汇编》编纂委员会.清代诗文集汇编406.上海：上海古籍出版社，2010：525
④ 赵尔巽，等.清史稿·卷四百八十一［M］.北京：中华书局，1977：13214
⑤ 梁章钜.归田琐记［M］.北京：中华书局，1981：74
⑥ 梁章钜.归田琐记［M］.北京：中华书局，1981：74
⑦ 赵尔巽，等.清史稿·卷四百八十一［M］.北京：中华书局，1977：13192
⑧ 龚自珍.龚自珍诗选［M］.郭延礼，选注.济南：齐鲁书社，1981：189

上书有"手不释卷"四个字，郑光策就详加追问："此四字究不知始于何时？"梁章钜回答道："但记得《华阳博议》中有此语，而不名一人，如谓马怀素、口思礼、于休烈、李磎，仕宦中不释卷者。刘昺、鲁肃、崔林、辛术，军旅中不释卷者。刘实、王起、赵逸、崔元翰，耄耋中不释卷者。司马光，童稚中不释卷者。裴皞，乱离中不释卷者。皇甫谧、裴汉，疾病中不释卷者。"①可见梁章钜读书之广博，否则难以回答得如此详细，郑光策赞赏梁章钜"博洽"。

王筠，勤于读书，在工作闲暇之时手不释卷，"暇则抱一编不去手"。他"博涉经史，尤长于《说文》"②。《清史稿》记载，他博览经学史学书籍，钻研许慎《说文解字》，研究有专长。

陈澧，清代著名学者。据记载："（陈澧）少好为诗，及长，弃去之。泛滥群籍，凡天文、地理、乐律、算术、古文、骈文、填词、篆、隶、真、行书，无不研究。中年读朱子书，读诸经注疏子史，日有课程。尤好读《孟子》，以为孟子所谓性善者，人性皆有善。荀、杨辈未知也。读郑氏诸经注，以为郑氏有宗主，复有不同，中正无弊，胜于许氏《异义》、何氏墨守之学。读朱子书，以为清代考据之学，源出朱子，不可反诋朱子。又以为清代考据之学盛矣，犹有未备者，宜补苴之。著有《声律通考》十卷，《切韵考》六卷，《外篇》三卷，《汉志水道图说》七卷，又著《汉儒通义》七卷。"③另著有《说文声表》《水经注提纲》《水经注西南诸水考》《三统术详说》《弧三角平视法》《琴律谱》等。他将一生读书所得，汇集为《东塾读书记》。由此可见，陈澧读书极为广博，博览经史子集各类书籍，广泛涉猎天文、地理、乐律、算术、古文、骈文、填词、篆、隶、真、行书等专业领域的知识。这些读书经历为他丰硕的著述成果奠定了基础，其著述所涉学科领域也非常宽泛。

五、终身阅读的精神

刘寔，西晋重臣，官至太傅、太尉。《晋中兴书》曰："刘寔，长不满七尺，

---

① 梁章钜.浪迹续谈［M］.刘叶秋，苑育新，校注.福州：福建人民出版社，1983：125
② 赵尔巽，等.清史稿·卷四百八十二［M］.北京：中华书局，1977：13279
③ 张舜徽.清人文集别录［M］.武汉：华中师范大学出版社，2004：443

精学不倦，虽居官职，至于皓首，手不释卷。"①

孙盛，晋代著名史学家，出自仕宦家庭，从小好学，"笃学不倦，自少至老，手不释卷。著《魏氏春秋》《晋阳秋》，并造诗赋论难复数十篇。《晋阳秋》词直而理正，咸称良史焉"。②孙盛终身好阅读，自少至老，手不释卷。

徐广，官至东晋秘书监，曾主持编撰《晋义熙四年秘阁四部目录》，为当时的国家图书总目，可惜已佚。据文献记载，徐广"性好读书，老犹不倦。年七十四，卒于家。广《答礼问》行于世"③。徐广终身读书，老犹不倦，精神可嘉。

沈麟士，南朝齐教育家，号称"织帘先生"，"（沈麟士）无所营求，以笃学为务……守操终老，读书不倦。遭火烧书数千卷，年过八十，耳目犹聪明，以反故抄写，火下细书，复成两三千卷，满数十箧"④。沈麟士虽老，读书不辍，有一次，其数千卷藏书被烧毁，但是书毁志不毁。面对如此打击，年过八十的他，仍然坚持抄书、读书，最后又聚成了两三千卷图书，其精神真正可嘉，为后学之楷模。

樊深，北朝儒学家。《后周书》曰："樊深博物，性好学，老而不怠。朝暮还往，常据鞍读书，至马惊坠地，折损支体，终亦不改。后除国子博士。"⑤

思考题

1. 请简要谈谈对中国传统阅读价值观的理解。
2. 如何看待中国传统阅读精神的当代意义？

---

① 李昉，等.太平御览·卷六百一十一·学部五［M］.北京：中华书局，1966：2749
② 房玄龄.晋书·卷八十二·孙盛传［M］.北京：中华书局，1974：2148
③ 房玄龄.晋书·卷八十二·徐广传［M］.北京：中华书局，1974：2159
④ 李延寿.南史·卷七十六·沈麟士传［M］.北京：中华书局，1975：1892
⑤ 李昉，等.太平御览·卷六百一十一·学部五［M］.北京：中华书局，1966：2750

第六讲

古代家庭教育中的阅读传统

中国自古就是一个重视家庭教育的国家,先秦经典《大学》开篇就说,"古之欲明明德于天下者,先治其国。欲治其国者,先齐其家",将家庭作为国家治理的基础。家庭教育要从孩子抓起,则是人们从自然规律出发达成的共识。《周易·序卦》云:"物生必蒙,故受之以《蒙》。蒙者,蒙也,物之穉也。物穉不可不养也。"[1]就是说,事物初生时都要经历一个稚嫩、混沌的时期,此时事物都是懵懂脆弱的,所以不能不加以特别呵护。同理观之,人类的孩童时期也处于智慧未开的蒙昧阶段,此时进行的教育将影响孩子的一生。这是中国古代重视家庭教育,特别是重视训诫子孙的思想渊源。至明清时期,这种思想进而被引申为"家之兴由子弟之贤,子弟之贤由乎蒙养。蒙养以正,岂曰保家,亦以作圣"[2],将幼儿教育与个人成就、家族发展紧密地联系在一起。正是因为中国古人对家庭教育的重视,作为培养个人修养的重要手段,教育晚辈读书学习是古人家教的重中之重,家训中教子读书的格言、名篇层出不穷,对于今天的家庭阅读仍然具有借鉴意义。在本讲中,我们将梳理中国古代家庭教育中关于读书学习的思想和方法,介绍古人家训中与读书相关的名篇,在此基础上对今天的家庭阅读提出建议。

---

[1] 韩立平.周易译注[M].上海:上海三联书店,2014:291
[2] 赵振.中国历代家训文献叙录[M].济南:齐鲁书社,2014:171

第一节　中国古代家庭教育概述

一、中国古代重视家教的原因

家庭教育，是指"家庭成员之间的互相教育，通常多指父母或其他年长者对儿女辈进行的教育"①。中国历来以重视家庭教育著称，家教史源远流长，以家训、家规、治家格言、教子诗词为代表的各类家庭教育文献数量浩如烟海。之所以如此重视家教，与我国古人的家族观念，以及对个人、家庭、国家三者之间关系的认识有着密切的关系。

与外国人将家庭作为父母与子女构成的团体（核心家庭）不同，中国人所谓的家庭，"是包含两代以上血缘关系构成的团体"②。也就是说，中国古人所谓的家庭，实际上包括了家庭和家族的双重概念。家族观念是中国古代文化最主要的柱石，"中国文化，全部都从家族观念上筑起，先有家族观念乃有人道观念，先有人道观念乃有其他的一切"③。在古代，维系家族长期存续的力量来自两个方面：血缘关系和以孝悌为核心的伦理观念。前者是家族形成的自然基础，后者则需要以家庭教育的方式不断加以强化，使之潜移默化至每个家族成员内心，最终成为规范其行为的准则。

除了家族观，"家国一体""家为国本"的观念同样深入中国人的灵魂。古人如何看待个人、家庭、国家之间的关系，前引《大学》开篇已经做了很好的说明。由此而引申出的"修身、治国、齐家、平天下"的信条，千百年来一直是儒家思想支配下的中国人理想的人生路径。早在先秦诸子的时代，孟子就明确提出"人有恒言，皆曰'天下国家'，天下之本在国，国之本在家"④。《大学》进一步申明"家齐而后国治"，反之"其家不可教，而能教人者无之"⑤。概言之，古人认为，一个人各方面的能力首先是在家庭中培养起来的，只有接受过良好的家庭教育，

---

① 顾明远. 教育大辞典[M]. 上海：上海教育出版社，1990：11
② 朱明勋. 中国家训史稿[D]. 成都：四川大学，2004：1
③ 钱穆. 中国文化史导论[M]. 北京：商务印书馆，1994：51
④ 孟子·离娄上[M]//十三经注疏. 北京：中华书局，1957：2718
⑤ 大学[M]//十三经注疏. 北京：中华书局，1957：2514

才具备与社会其他人员交往的能力，进而达到治理国家的最高追求。同时，治家是治国的缩影，一个人如果没有良好的家教，连家庭关系都处理不好，是不可能指望他能够为国家、社会做出贡献的。在这种"家国一体"思想的影响下，个人、家庭、社会是一个有机的整体，家庭教育被视为人的基本教育[①]，良好的家教成为人们的立身之本。

二、古代家庭教育的内容及主要特征

中国古人很早就认识到了家教的重要性（图6-1）。自先秦诸子以来，各个时期都有学者论及家教，不断完善家庭教育的思想和方法，形成了一个内容非常庞杂的理论体系。今天我们了解古代的家庭教育，主要是通过留存至今的各类家训文献。

这些文献，从体裁上来说，可以分为专著（如北齐颜之推《颜氏家训》，宋代司马光《温公家范》、袁采《袁氏世范》等）；单篇散文（如三国诸葛亮《诫子书》，魏晋南北朝时期流行一时的家书家信，唐代柳玭《戒子弟书》，宋代欧阳修《诲学说》等）；诗歌（如晋陶渊明《责子》，唐代韩愈《符读书城南》、杜牧《冬至日寄小侄阿宜诗》等）；按适用对象分，包括帝王家训、一般家训和女训。从约束对象的强制性上来说，又可分为家规、家仪、家教等[②]；从数量上来说，古代家训产生自先秦诸子时期，至隋唐五代成熟，宋元明清达到巅峰，今天存留下来的家训文献绝大多数都是明清时期的。

图 6-1　教子读书图一

有学者在对历代家训文献进行考察后，将古代家教的内容分为两大类：一是

[①] 马镛.中国家庭教育史·前言[M].长沙：湖南教育出版社，1997
[②] 朱明勋.中国家训史稿[D].成都：四川大学，2004：7—9

处理家庭关系,二是家庭成员成长过程中的教育培养问题[①]。在总体特征上体现为:家国一体;德教为先;注重人格的培养;劝学勉学;注重早期教育[②]。这与古人希望通过家庭教育达到的目的是一致的。古人视家教为人生基础,最基本的要求是提高个人修养、培养德行、锻炼才能;再进一步,则要能够妥善处理家族内部的各种关系,学会处世之道;最终目标是由家而国,将之前在家庭教育中培养的种种才能,发挥到显身扬名、治理国家的事业中去。完成上述目标,当然有许多途径,但是在传播手段并不发达的古代,阅读显然是其中最为有效的方式之一。因此,也就不难理解阅读在中国古代家庭教育中所占据的重要地位了。

三、古代家庭教育中的阅读

古人对阅读的重视(图 6-2、图 6-3),从家训中大量存留的阅读经验和阅读方法中可见一斑。被誉为中国家训之祖的《颜氏家训》专设"勉学"篇,讨论教子读书的种种问题。后代的家训文献,不论以何种形式呈现,讨论如何读书的内容都在其中占据了相当的篇幅。阅读因何受到如此重视?归结起来不外以下几点原因。

图 6-2 古人读书图一

首先,是对阅读行为本身的尊重。在通信和交通均不发达的古代,阅读几乎是人们知人阅世的唯一途径。因此,孔子才会说"不学《诗》,无以言,不学

---

① 刘颖,邵龙宝.中国传统家教运行机制探析[J].广西社会科学,2010(5):147—150
② 佘双好.我国古代家庭教育优良传统和方法探析——从家训看我国古代家庭教育传统和方法[J].武汉大学学报(社会科学版),2001(1):116—122

《礼》，无以立"。书籍记载了前辈先贤的人生感悟和思想理论，通过阅读，文化传统在一代代读书人之间传递，内化为他们的修养。除了修身养性之外，阅读也是古代读书人获得处理实际事务经验的主要方式。古人"修身"之后的更高追求是齐家和治国，而在他们真正进入社会之前，此类经验大多是通过家庭和学校教育中的阅读完成的。

图6-3 古人读书图二

其次，对"书香继世"家风的向往。"忠厚传家久，书香继世长"，朴素的民谚折射出古代中国人对书香世家的钦羡。钱穆先生在论述南北朝世家大族特征时说："当时门第传统的共同理想，所希望于门第中人，上自贤父兄，下至佳子弟，不外两大要目：一则希望其能具孝友之内行，一则希望其能有经籍文史学业之修养。前一项之表现，则成为家风。后一项之表现，则成为家学。"[1]其实，不只是魏晋时代，中国历史上任何一个时期，人们对书香传家的期待都是一致的。因此，从家庭教育开始鼓励阅读、营造读书之风就是必须且普遍的了。

再次，科举制度的刺激。如果说科举制度实行以前，读书在士人通向仕宦之路上的作用还不那么直接，那么，隋唐之后，读书成为大多数士子唯一的进身之阶。

---

[1] 钱穆.略论魏晋南北朝学术文化与当时门第之关系[M]//中国学术思想史论丛 3.北京：生活·读书·新知三联书店，2009：159

科举考试一方面给了出身贫寒的读书人跻身仕途的机会，提供了一条实现其"平天下"抱负的捷径；另一方面，也让读书从此充满了功利主义的味道，阅读本身的价值被科举考试的工具性所消解。从家庭教育的角度看，科举考试不仅跟个人命运相关，更是家族改变门第、跻身上流社会的机会。于是，科举考试"显亲扬名"的功用，成为家庭教育中鼓励阅读最为直接的动力，诸如"万般皆下品，惟有读书高"之类的劝学诗在唐宋以后大量出现，颇能说明问题。

上述三方面的因素，共同决定了古代家庭教育中阅读的地位。家训文献中记载的阅读思想和阅读方法，也大多是围绕这三个方面展开的。事实上，前两个因素，一直被视为我国古代家教和阅读的优良传统，是古代文化遗产中应当被继承的部分。而阅读的功利主义则广受诟病，在古代已经有大量学者撰文对此提出批评，后边的章节中我们还将具体论述，在此暂不展开。

应该如何看待阅读的功利主义？应该明确的是，这种"读书为求利禄"的风气，是当时的社会环境所造成的。在儒家士人"治国平天下"的最高理想面前，在通过科举考试改换门庭、光耀门楣的现实利益刺激下，把读书当作通往功名利禄的终南捷径，是一代又一代读书人的必然选择。事实上，时至今日，中国人读书仍然不能摆脱各种各样的现实目的。如果我们能够对此表示理解的话，那么对古时阅读功利性的指责，无异于苛责。当然，这并不是说我们认可功利的读书观。让阅读的价值回归，让人们在阅读中感受到阅读本身的快乐，一直是我们倡导和追求的时代阅读观。但是也应当看到，阅读行为本身就是复杂的，人们的阅读目的是多种多样的，任何时代都不可能完全摒除出于功利目的的阅读。古人为了科举获胜，确实形成了大量刻板、陈腐的阅读经验；但在巨大现实利益的刺激下，也必然会激发他们对于阅读方法和理论的钻研热情。很难想象，如果没有科举考试制度的激励，中国古代家庭教育是否还能留下如此丰富的文化遗产。此外，古人寒窗苦读的直接目的固然是为了科举致仕，但我们也不能否认在这背后蕴含的家国情怀。通过科举进入仕途，是古代读书人实现政治抱负的主要途径。对于那些胸怀天下的士子来说，激励他们刻苦攻读的不仅仅有金榜题名的荣耀，更重要的是以天下为己任的使命感。这种立志读书、勇于承担的责任感，在今天的社会环境下仍具有现实意义。

以上我们分析了古代家庭教育特别重视阅读活动的原因,以及今天我们应当如何客观看待古代家教中的阅读传统。那么,古人教子读书的具体内容有哪些?这是我们接下来要讨论的问题。

第二节 古代家庭教育中的读书思想

古代家庭教育中的阅读思想和阅读理论,主要通过各种家训文献流传至今。通过对历代家训的分析,我们可以将其中与阅读有关的内容分为两类:其一是阅读理念,比如古人如何看待阅读,阅读目的是什么;其二是阅读方法,诸如阅读的时间安排,阅读的具体内容,等等。下面我们将分述之,在本节中首先对古人家教中的阅读理念进行梳理、总结。

一、读书与修身

读书明理,通过阅读提高个人修养,是古人对于阅读作用最基本的认识。在教育子孙读书时,古人对这方面的内容重点进行了阐发。那么,古人认为读书与修身有哪些关联呢?

首先,读书可以滋养心灵,让人们获得内心的宁静。对此,清代张英在《聪训斋语》中阐释道:

人心至灵至动,不可过劳亦不可过逸,惟读书可以养之。[1]

人的内心是最灵敏、活跃的,不能太操劳,也不能太安逸,唯有读书才能养护心灵。为什么这么说呢?作者举反例说明:

亲适无事之人,镇日不观书,则起居出入,身心无所栖泊,耳目无所安顿,势必心意颠倒,妄想生嗔,处逆境不乐,处顺境亦不乐。每见人栖栖惶惶、举动无不碍者,此必不读书之人也。

生活中那些无所事事的人,从来不需承受读书之苦,我们觉得这样的人应该是很安逸的。事实上,这类人却是最烦躁不安的。心灵的空虚让他们胡思乱想,

---

[1] 赵忠心.中国家训名篇[M].武汉:湖北教育出版社,1997:251—252

不管是顺境、逆境，都无法安然处之，每天都在惶惶不安的状态中度过。这就是不读书、内心苍白的表现。那么，为什么读书的人就可以远离烦恼、心平气和呢？张氏继续说道：

> 且从来拂意之事，自不读书者见之，似为我所独遭，极其难堪。不知古人拂意之事，有百倍于此者，诚一平心静观，则人间拂意之事，可以涣然冰释者。不读书则但见我所遭甚苦，而无穷怨尤嗅念之心，烧灼不宁，其苦为何如耶？且富盛之事，古人亦有之，炙手可热，转眼皆空。故读书可以增长道心，为颐养第一事也。

不读书的人时常觉得愤愤不平，是因为觉得自己的遭遇是独一无二的。对于违背自己意愿的事情，只会哀怜自己的不幸。而读书的人，思接千载、视通万里，生活中遇到的种种逆境，不过是古人经历的重演罢了，又有什么值得哀怨？况且个人的经历，在历史的长河中不过沧海一粟，富贵烟云，转瞬即逝，又何必计较一时一事的成败得失？概言之，读书能让人打开视野，增广见闻；而一个心胸开阔的人，才能坦然面对生活中的顺逆，获得内心的安宁。

其次，读书可以培育正气，形成高洁的品格。明人吴麟徵《家诫要言》有云："多读书则气清，气清则神正，神正则吉祥出焉，自天佑之。读书少则身暇，身暇则邪闲，邪闲则过恶作焉，忧患及之。"[1]从正反两个方面阐明了读书对个人气质的影响。常读书的人，经常能够以书中记载的前圣先贤的思想和事迹来激励自己，为自己树立较高的道德标杆。长此以往，将传统道德的要求内化为自身的修养，自然而然地散发出浩然正气。反之，不读书的人，缺少敬畏，行为没有底线，小恶累积，最终会忧患及身。

第三，读书是人们达到儒家最高道德成就——圣人的途径。"内圣而外王"，是宋代以后儒家学者修身为政的最高目标。如何做到这一点呢？"志学乃作圣之第一义也"[2]。读书学习是成为圣人的第一步。为什么这么说？孔子曾经说"吾十有五而志于学"，圣人从十五岁开始立志学习，一生始终坚持不辍。学而不厌，是圣人之所以成为圣人的原因。古往今来，被后世认为达到圣人成就的先

---

[1] 马誉国，马吉照. 父母课：我国传统家庭教育经典译注大全[M]. 合肥：安徽人民出版社，2013：221
[2] 康熙. 庭训格言·几暇格物编[M]. 杭州：浙江古籍出版社，2013：22

贤，无一例外是做到了立志向学。今人仰慕圣人的道德文章，希望成贤成圣，立志学习是接近圣人成就的关键所在。

第四，读书帮助人们习得事理并获得处理实际事务的能力，这也是读书的现实价值。前面我们已经提到，在通信、交通不发达的古代，普通人学习知识、洞彻事理，主要依靠读书。康熙帝在《庭训格言·几暇格物编》中阐发了书籍的这种功用：

> 圣贤之书所载皆天地、古今、万事万物之理，能因书以知理，则理有实用。由一理之微可以包六合之大，由一日之近可以尽千古之远。世之读书者，生乎百世之后而欲知百世之前，处乎一室之间而欲悉天下之理，非书曷以致之？[1]

书籍是沟通天地、古今、万事万物的桥梁。借助阅读，人们可以明晰超出自己眼界以外的经验和知识，这与《荀子·勉学》篇"登高而招，臂非加长也，而见者远；顺风而呼，声非加疾也，而闻者彰"所阐释的道理是一致的。

除了明白事理，阅读还能帮助人们习得各种正确的行为规范，获得处理各种社会关系的能力，学到借以安身立命的各种技艺。《颜氏家训·勉学》就曾指出：

> 夫所以读书学问，本欲开心明目，利于行耳。未知养亲者，欲其观古人之先意承颜，怡声下气，不惮劬劳，以致甘暖，惕然惭惧，起而行之也；未知事君者，欲其观古人之守职无侵，见危授命，不忘诚谏，以利社稷，恻然自念，思欲效之也；素骄奢者，欲其观古人之恭俭节用，卑以自牧，礼为教本，敬者身基，瞿然自失，敛容抑志也；素鄙吝者，欲其观古人之贵义轻财，少私寡欲，忌盈恶满，周穷恤匮，赧然悔耻，积而能散也；素暴悍者，欲其观古人之小心黜己，齿弊舌存，含垢藏疾，尊贤容众，苶然沮丧，若不胜衣也；素怯懦者，欲其观古人之达生委命，强毅正直，立言必信，求福不回，勃然奋厉，不可恐慑也。[2]

书中记载的事理，归根到底要体现到人们的日常行为中去。对家庭教育来说，教会孩子正确的行为规范和处理人际关系的方法，是长辈应尽的义务。而这些内容，除了通过长辈对晚辈的口传心授外，主要是通过读书实现的。再退一步说，"夫明《六经》之指，涉百家之书，纵不能增益德行，敦厉风俗，犹为一艺，得以自资"[3]。

---

[1] 康熙.庭训格言·几暇格物编［M］.杭州：浙江古籍出版社，2013：107
[2] 赵忠心.中国家训名篇［M］.武汉：湖北教育出版社，1997：45
[3] 赵忠心.中国家训名篇［M］.武汉：湖北教育出版社，1997：42

读书纵使不能提高德行，至少也能让人掌握一门赖以谋生的技艺。熟读诗书的人，即使遭逢战乱，也能收徒授课。所以，从这个意义上说，读书无愧为古人安身立命之本。

二、勤学苦读，持之以恒

"勤"和"恒"，是古人对读书最基本的两项要求（图6-4）。古代的读书人，大多也以此严格要求自己，在古代阅读史上，谱写下了许多动人的篇章。如古代影响最广泛的童蒙读物《三字经》，就记载了大量勤学苦读的典故。儿童时期是一个人阅读习惯养成的关键阶段，因此，古人在教子读书的家训中，反复强调勤学苦读、持之以恒的重要性。

图6-4 读《汉书》图

西汉初年的孔臧教导儿子："人之讲道，惟问其志，取必以渐，勤则得多。山溜至柔，石为之穿。蝎虫至弱，木为之弊。夫溜非石之凿，蝎非木之钻，然而能以微脆之形，陷坚刚之体，岂非积渐之致乎？训曰，'徒学知之未可多，履而行之乃足佳'。故学者所以饰百行也。"[1]在读书求学的道路上，没有捷径可走，必须日积月累，一分耕耘一分收获，勤劳的人收获必然是最多的。天下至柔的滴水、至弱的蝎虫，能够蚀穿岩石、凿空树木，靠的就是勤奋不懈和持之以恒。教子诗中，类似的思想更为普遍。韩愈在著名的《符读书城南》[2]中说："人之能为人，由腹有诗书。诗书勤乃有，不勤腹空虚。"陆游在《冬夜读书示子聿》中也说："古人学问无遗力，少壮功夫老始成。"[3]

读书仅仅靠一时勤奋是不够的，一时的勤学容易，长期坚持较难。长辈们希

---

[1] 余欣然.中国历代家书精华[M].北京：中国社会出版社，2005：105—106

[2] 韩符，韩愈之子。此诗为韩愈送其子至城南愈别墅读书所作。参见：曾祥芹，刘苏义.历代读书诗[M].北京：中国文联出版社，2001：52

[3] 曾祥芹，刘苏义.历代读书诗[M].北京：中国文联出版社，2001：176

望子侄辈在辛勤之外,同时具有坚持不懈的优良品质。宋人叶梦得《石林家训》云:"旦起须先读书三五卷,正其用心处,然后可及他事。暮夜见烛亦复然。若遇无事,终日不离几案。苟能如此,一生永不会向下。"①康熙帝教育子女:"初学贵有决定不移之志,又贵有勇猛精进之心,尤贵有贞常永固不退转之念。"②清代的彭端淑为了鼓励子侄勤奋向学所作的《为学一首示子侄》,对勤学之道的论述,今天看来仍有现实意义:

吾资之昏不逮人也,吾材之庸不逮人也,旦旦而学之,久而不怠焉,迄乎成,而亦不知其昏与庸也。吾资之聪倍人也,吾材之敏倍人也,屏弃而不用,其与昏与庸无以异也。……是故聪与敏,可恃而不可恃也。自恃其聪与敏而不学者,自败者也。昏与庸,可限而不可限也。不自限其昏与庸而力学不倦者,自力者也。③

资质高低是先天生成的,但后天的努力可以弥补资质的不足。聪慧、鲁钝二者并非绝对不会互相转化,转化的关键就在于勤奋与否。

三、知行合一

读书的直接成果是获得知识,但一味死读书而不懂活用书上知识、加以变通的人,只会成为"书呆子"。古人在家庭教育中强调读书的重要性,但对"书呆子"却是持严厉批评态度的。清代钱泳在《履园丛话·笑柄》中说:"为官者必用读书人,以其有体用也。然断不可用书呆子,凡人一呆而万事隳矣。"④"书呆子"显然已经成为古人的笑料。因此,古人教子读书,一方面希望子孙通过阅读明事理、长才能,另一方面,更希望他们能将书本上学到的知识应用到实践活动中去,达到"知行合一"的境界。

《颜氏家训》就曾指出部分读书人只会读书、不通事故的弊病:

世人读书者,但能言之,不能行之,忠孝无闻,仁义不足;加以断一条讼,不必得其理;宰千户县,不必理其民;问其造屋,不必知楣横而棁竖也;问其为田,不必知稷早而黍迟也;吟啸谈谑,讽咏辞赋,事既优闲,材增迂诞,军国经

---

① 王人恩.古代家训精华·精编本[M].兰州:甘肃教育出版社,2012:103
② 康熙.庭训格言·几暇格物编[M].杭州:浙江古籍出版社,2013:22
③ 马誉国,马吉照.父母课·我国传统家庭教育经典译注大全[M].合肥:安徽人民出版社,2013:263
④ 清代笔记小说大观(四)[M].上海:上海古籍出版社,2007:3678

纶，略无施用。故为武人俗吏所共嗤诮，良由是乎。①

颜之推批判了那些只会纸上谈兵的读书人，认为这种把道理停留在口中却不能灵活应用书本知识解决实际问题的人，应该受到人们的嘲笑。如何避免这种情况出现，《颜氏家训》提出了一条整体原则："学之所以，施无不达。"②就是说通过学习掌握了道理，就应该照此做事；只要认真去做，没有做不到的。颜氏提出的方法还比较抽象，清初朱柏庐在《劝言》中就说得比较具体：

先儒谓今人不曾读书，如读《论语》，未读时是此等人，读了后只是此等人，便是不曾读。此教人读书知义理之道也。要知圣贤之书，不为后世中举人进士而设，是教千万世做好人，直至于大圣大贤。所以读一句书，便要反之于身，我能否如是否？做一件事，便要合之于书中古人是如何？此才是读书。若只是浮浮泛泛，胸中记得几句古书，出口说得几句雅话，未足为佳也。③

朱柏庐首先批评了只记忆书中语句却不求掌握思想内涵的读法，认为这样读了也等于没有读；然后告诫子孙，前圣先贤留下的经典著作，从来不是为了让人们谋求富贵而作，而是希望后世读书之人通过学习成为好人，甚至大圣大贤之人。怎么将书中知识和现实生活联系起来，关键在于"反之于身"。书籍是古人人生经验的总结，今人在读书时，要不断考问自己：遇到相同的情况，我能这么做吗？做一件事时，也要反过来考虑：古人在做同样事情时会这样处理吗？

清人孙奇逢在《孝友堂家训》中对这个道理阐释得更为具体：

尔等读书，须求识字。或曰："焉有读书不识字者？"余曰："读一'孝'字，便要尽事亲之道；读一'弟'字，便要尽从兄之道。自入塾时，莫不能识此字，谁能自家身上一一体贴，求实致于行乎？童而习之，白首不悟，读书破万卷，只谓之不识字。"④

孙奇逢从儒家道德观念的两个核心概念——"孝"和"悌"阐发了如何在实际生活中应用书中学到的理论。值得注意的是，古人在教育子女时强调知行合一，"知"的内容是以儒家伦理道德观搭建起来的，其中很多内容已经不适应今天的

---

① 赵忠心.中国家训名篇[M].武汉：湖北教育出版社，1997：45
② 赵忠心.中国家训名篇[M].武汉：湖北教育出版社，1997：45
③ 赵忠心.中国家训名篇[M].武汉：湖北教育出版社，1997：245
④ 李秀忠，曹文明.名人家训[M].济南：山东友谊出版社，1998：187

社会发展了。但不能死读书，要将书本上的知识活用起来，在阅读时将书本内容与自身实际情况结合起来，勤加思考，这在古今中外皆是通用的。

四、"勤读圣贤书"

中华典籍数量浩繁，穷毕生之力也不可能尽读。特别是在古代，书籍获得不易，人的精力也有限，对阅读内容的选择必须慎之又慎。因此，哪些书是必读的，是古人家庭教育中首先要解决的问题。"勤读圣贤书，尊师如重亲"[①]，是古人在家训中一致的认识。

唐代柳宗元《送内弟卢遵游桂州序》说："浸润以《诗》《易》，动摇以文采。"[②] 李华《与外孙崔氏二孩书》云："汝等当学读《诗》《礼》《论语》《孝经》，此最为要也！"[③] 清人朱柏庐在《劝言》中说："若能兼通《六经》及《性理》《纲目》《大学衍义》诸书，固为上等学者。不然者，亦只是朴朴实实，将《孝经》《小学》《四书本注》置在案头。尝自读，教子弟读，即身体而力行之，难道不成就好人？"[④] 可见，古人要求子弟读的书是包括四书五经及后世大儒对前者的注本在内的、今天被称为儒家经典的各类书籍。在儒家学说占据思想统治地位的古代社会，儒家经典著作不仅是人们的伦理道德规范，同时也提供行为准则。清代张英在《聪训斋语》中说：

《论语》文字，如化工肖物，简古浑沦而尽事情，平易涵蕴而不费辞。于《尚书》《毛诗》之外，别为一种。《大学》《中庸》之文，极闳阔精微而包罗万有。《孟子》则雄奇跌宕，变幻洋溢。秦汉以来，无有能此四种文字者……当细心玩味之。[⑤]

这也是儒家思想浸润下，一般读书之家对古代经典的看法。先秦儒家经典在古代读书人心中有着神圣的地位，古人训诫子弟读书，必然从四书五经开始。但是，由于三代之世去今已远，仅仅读这些书，不足以应付现实生活中的种种复杂

[①] 范仲淹家训百字铭 [M]// 景范教育基金会. 范氏历代先贤史料，2011：128
[②] 柳宗元. 柳河东全集·上 [M]. 朱玉麒，杨义，倪培翔等，译. 北京：北京燕山出版社，1996：538
[③] 姚铉. 中华传世文选·唐文粹 [M]. 长春：吉林人民出版社，1998：916
[④] 赵忠心. 中国家训名篇 [M]. 武汉：湖北教育出版社，1997：245
[⑤] 张英. 聪训斋语 [M]. 合肥：安徽大学出版社，2013：42

情况。以儒家经典为起点,古人也强调扩大阅读范围。张履祥《训子语》云:

> 书籍惟六经诸史、先儒理学,以及历代奏议,有关修己治人之书,不可不珍重护惜。下此,则医药卜筮种植之书,皆为有用。其诸子百家近代文集,虽无可也。至于异端邪说淫辞歌曲之类,害人心术,伤败文俗,严拒痛绝犹恐不及,况可贮之门内乎?①

这给子弟读书提供了一个范围,同时也规定了阅读的次序。

需要注意的是,在中国古代正统文化观中,诸如戏曲、小说之类的俗文学作品,位卑而下之,是没有资格进入文坛主流的。古代所称的"经典",有明确的内涵,专指儒家经典著作,也就是前面所谓的"圣贤书"。但是,随着时代的发展,经典的概念在变化,经典的内涵和外延也随之发生变化。理学盛行的明代,同时也是戏曲、小说等俗文学创作的高峰期,这在前文有详细的阐述。在此只是想说明,不同的时代虽然有不同的经典,但一般来说,只有那些经历了时间考验的作品才能进入经典著作的行列。家庭教育是少年儿童阅读的起点,在启蒙阶段,用经典的力量培养孩子阅读的兴趣和习惯,对他们的一生将产生深远的影响。这也是古代家庭教育对我们的启示。

五、广博与专精

广博(博)和专精(约)是古代学者论学的一道永恒命题。古代推崇博学的学者很多,孔子说"博学于文,约之于礼"②,"博学而笃志,切问而近思"③。西汉刘勰认为博览是"才思之神皋"④。主张专精的学者也不少,如朱熹就认为:"夫学,非读书之谓。然不读书,又无以知为学之方。故读之者贵专而不贵博。盖惟专为能知其意而得其用,徒博则反苦于杂乱浅略而无所得也。"⑤清人崔述总结道:"大抵古人多贵精,后人多尚博,世益古

---

① 赵忠心. 中国家训名篇[M]. 武汉:湖北教育出版社,1997:313
② 论语[M]. 杨伯峻,杨逢彬,注译. 长沙:岳麓书社,2000:55
③ 论语[M]. 杨伯峻,杨逢彬,注译. 长沙:岳麓书社,2000:182
④ 刘勰. 文心雕龙·事类三十八[M]. 上海:上海古籍出版社,2012:254
⑤ 朱熹. 朱子读书法·学规类编[M]//中国名家读书法. 北京:中国铁道出版社,2000:95

则其取舍益慎，世益晚则其采择益杂。"[1]但在家庭教育中恰与之相反，大多数家训名篇在谈到"博约"的问题时，都是主张以专精为先的。

康熙帝在《庭训格言·几暇格物编》中说："书不贵多而贵精，学必由博而致约，果能精而约之，以贯其多与博，合其大而极于无余，会其全而备于有用，圣贤之道岂外是哉。"[2]张英《聪训斋语》亦云："读文不必多，择其精纯条畅，有气局词华者，多则百篇，少则六十篇。神明与之浑化，始为有益。若贪多务博，过眼辄忘，及至作时，则彼此不相涉，落笔仍是故吾。所以思常窒而不灵，词常窘而不裕，意常枯而不润，记诵劳神，中无所得，则不熟不化之病也。"[3]

晚清曾国藩还特别为子弟读书总结出"专字诀"。"若夫经史而外，诸子百家，汗牛充栋。或欲阅之，但当读一人之专集，不当东翻西阅。如读《昌黎集》，则目之所见，耳之所闻，无非昌黎。以为天地间除《昌黎集》而外更无别书也。此一集未读完，断断不换他集，亦专字诀也。"[4]

当然，并不是所有古代家训都只强调专、精，《颜氏家训》就说："夫学者贵能博闻也，郡国山川，官位姓族，衣服饮食，器皿制度，皆欲根寻，得其原本"[5]，进而提出"观天下书未遍，不得妄下雌黄"[6]。发明了"专字诀"的曾国藩也说："看生书宜求速，不多阅则太陋。"[7]读书固然要专心致志，但只局限在几本书上，眼界不宽、知识面不够，也是有缺陷的。《颜氏家训》和曾国藩提出的读书原则，给我们调和"博约"之间的关系提供了很好的借鉴。书不可尽读，对于经典著作，应当按照"精"的原则，反复钻研，吃透领会；对于一般的书籍，则可以适当加快速度，博取速阅。再引申一步，对于自己感兴趣的问题或者研究领域，应该围绕某个主题进行精深的阅读，而对周边书籍则可以采用泛读的方式。

精和多本就不是截然对立的，古人在家庭教育中更赞成精读，是因为家教的对象是族中晚辈。人在幼年时期，注意力有限，精力容易分散，过分强调博学，

---

[1] 顾颉刚.崔东壁遗书·第4册[M].上海：亚东图书馆，1936：31
[2] 康熙.庭训格言·几暇格物编[M].杭州：浙江古籍出版社，2013：107
[3] 张英.聪训斋语[M].合肥：安徽大学出版社，2013：48
[4] 曾国藩.曾国藩家书选注[M].合肥：安徽人民出版社，2013：61
[5] 颜氏家训[M].刘舫，编注.杭州：浙江古籍出版社，2013：76
[6] 颜氏家训[M].刘舫，编注.杭州：浙江古籍出版社，2013：77
[7] 曾国藩.曾文正公家书全集[M].天津：天津人民出版社，2014：393

容易给孩子造成沉重的心理负担,甚至产生厌学的情绪。少而精地读,有助于良好阅读习惯的养成,并为以后的学习打下坚实的基础。用汪帷宪《寒灯絮语》中的一段来总结:"古人读书贵精不贵多,非不事多也,积少以至多,则虽多而不杂,可无遗忘之患。"[1]

六、读书与仕宦

读书与仕宦,是讨论中国古代阅读传统绕不开的话题。前面谈古人为何在家庭教育中特别重视读书时,已经讨论了"读书求利禄"的思想对古代家教的影响。正如许多学者指出的那样,在中国古代的宗族社会中,通过科举考试获取功名,不仅是改变个人命运的途径,也是光宗耀祖、改换门庭的机会。家族荣耀系于一身,也就无怪乎古人从小就要给孩子灌输读书仕宦的思想。

翻阅古代家训,类似的表述比比皆是。如唐代大诗人杜甫说:"富贵必从勤苦得,男儿须读五车书。"[2]杜牧在给侄子的诗中祝愿他:"朝廷用文治,大开官职场。愿尔出门去,取官如驱羊。"[3]清代的张英也教育子女:"文章乃荣世之业,士子进身之具","读书所以取科名,继家声",故而"幼年当专攻举业,以为立身之本"[4]。但是,如果我们就此认为古人教育子弟读书的目的只是为了让其科举致仕,那就大错特错了。

科举制度自唐代实行,自此以后读书才与仕宦产生了直接的联系。按照常理推断,唐宋以后的家训应该有更多激励子弟读书求功名的表述,但是实际情况并非如此。

清人唐彪在《唐翼修人生必读书》中引用何士明的话:"功名富贵,固自读书中来,然其中有数,非人力所能为也。……尝见人家子弟,一读书就以功名富贵为急,百计营求,无所不至。求之愈急,其品愈污,缘此而辱身破家者,多矣。至于身心德业,所当求者,反不能求,真可惜也。"故此,唐氏总结道:"吾谓读书者,当朝温夕诵,好问勤思。功名富贵,听之天命。惟举孝弟忠信,时时励勉,

---

[1] 翟博.中国家训经典[M].海口:海南出版社,1993:682
[2] 杜甫.题柏学士茅屋[M]//秦言.中国历代诗词名句典.北京:中国商业出版社,2011:299
[3] 杜牧.冬日寄小侄阿宜诗[M]//杜牧诗选.呼和浩特:内蒙古人民出版社,2003:72
[4] 张英.聪训斋语[M].合肥:安徽大学出版社,2013:51—53

苟能表帅乡间，教导子侄，有礼有恩，上下和睦，即此便足尊贵，何必入仕，然后谓之仕哉！"①表达了对读书入仕达观的态度。

晚清左宗棠在给儿子的信中直接提出"读书只要明理，不必望以科名"。他对那种只求利禄的读书思想提出了严厉的批评："以科名为门户计，为利禄计，则并耕读务本之素志而忘之，是谓不肖矣"②，认为那样的人是不肖子孙。在给另一个儿子的信中，他进一步阐发："所贵读书者，为能明白事理，作圣作贤，不在科名一路。如果是品端学优之君子，即不得科第，亦自尊贵。若徒然写一笔时派字，作几句工致诗，摹几篇时下八股，骗一个秀才举人进士翰林，究竟是甚么人物？……近来时事日坏，都由人才不佳，人才之少，由于专心做时下科名之学者多，留心本原之学者少。且人生精力有限，尽用科名之学，到一旦大事当前，心神耗尽，胆气薄弱，反不如乡里粗才尚能集事，尚有担当。"③左宗棠身逢末世，为一代名臣，指出科举制度对读书人的限制和伤害，可谓一针见血。

当然，由于时代的局限，并不是所有学者都能从科举制度本身认清"读书只为求功名"的弊病。宋人陆九韶在《居家正本制用篇》中给出了另外一个角度："世之教子者，惟教之以科举之业，志在于荐举登科，难莫难于此者。试观一县之间，应举者几人，而与荐者有几。至于及第，尤其希罕。盖是有命焉，非偶然也，此孟子所谓求在外者，得之有命是也。至于止欲通经知古今，修身为孝弟忠信之人，此孟子所谓求则得之，求在我者也。此有何难，而人不为邪？"④

古代科举考试的竞争是残酷而激烈的，不乏一跃龙门的喜悦，但是伴随大多数人的是屡试不第的凄凉。父母爱子，当然冀望子女成龙成凤，但更不忍的是子弟将终生精力耗费在漫长无期的科考中，故而对读书与仕宦保有理性的认识，才是家庭教育最好的选择。所谓"非欲汝读书取富贵，实欲汝读书明白圣贤道理，免为流俗之人"⑤，古人教子拳拳之心可见一斑。

以标准化考试为主要手段的人才选拔制度实行一日，读书求功名的思想就不

---

① 张鸣，丁明.中华大家名门家训集成·下［M］.呼和浩特：内蒙古人民出版社，1999：1836
② 刘东.近代名人文库精萃：林纾 左宗棠［M］.西安：太白文艺出版社，2012：228
③ 刘东.近代名人文库精萃：林纾 左宗棠［M］.西安：太白文艺出版社，2012：151
④ 周秀才.中国历代家训大观·上［M］.大连：大连出版社，1997：256
⑤ 陆陇其.陆清献公示子弟帖［M］//陈宏谋.养正遗规.北京：中国华侨出版社，2012：255

会断绝。科举时代如此,今天也不例外。但是至少在家庭教育中,应该让阅读回归它的本质,让孩子感受到阅读本身的快乐。这是古代家训提供给我们的启示。

七、读书环境和氛围的营造

读书环境,看上去与阅读本身并无太大关联,但是,好的学习氛围对人的促进作用是巨大的。特别是青少年,容易受到环境因素的影响,营造一个良好的阅读氛围,对阅读兴趣和习惯的养成甚为关键。古人很早就认识到了这一点,故而"孟母三迁"的故事才会代代流传,成为家教经典。

历代家训中也有大量论及营造阅读氛围的文字。如《颜氏家训》就强调:"与善人居,如入芝兰之室,久而自芳也;与恶人居,如入鲍鱼之肆,久而自臭也。墨子悲于染丝,是之谓也。"[1]司马光在《家范》中也说:"夫习与正人居之,不能毋正。犹生长于齐,不能不齐言也。习与不正人居之,不能毋不正。犹生长于楚,不能不楚言也。"[2]明代名臣杨继盛身陷囹圄还不忘教导儿子:"拣着老成忠厚、肯读书、肯学好的人,你就与他肝胆相交,语言必信。逐日与他相处,你自然成个好人,不入下流也。"[3]

图6-5 古人读书图三

---

[1] 魏舒婷.传统家训[M].合肥:黄山书社,2012:161
[2] 司马光.家范[M].长春:北方妇女儿童出版社,2001:35
[3] 杨继盛.给子应尾、应箕书[M]//古代小品精华.长春:吉林人民出版社,2005:313

古人对阅读氛围的重视值得我们学习。今天，越来越多的家长认识到了从小培养孩子阅读兴趣的重要性，但是，愿意花时间陪孩子一起读书的父母还不是太多。当家长的业余时间都被智能手机和平板电脑占据的时候，又如何要求孩子安静地坐在那里阅读呢？所以，培养孩子阅读习惯的第一步，是在家中营造一个书香的世界。在静谧柔和的灯光下，父母与孩子各自手持一本书，安静地阅读，应当是家庭教育中最美的画面。

第三节　古代家庭教育中的读书方法

在上一节中，我们介绍了古代家庭教育中的读书思想。除了提出一些原则性的问题外，古人在教育实践中还总结了大量行之有效的读书方法（图6-5），本节中我们将重点阐述这些具体的读书方法。

一、幼教为先

读书要从小抓起（图6-6），是古人家训中的共识。颜之推说："人生小幼，精神专利，长成已后，思虑散逸，固须早教，勿失机也"，并以自己为例，"吾七岁时，诵《灵光殿赋》，至于今日，十年一理，犹不遗忘；二十之外，所诵经书，一月废置，便至荒芜矣。"[1]敦煌文献中发现的唐代民间家训《太公家教》也阐释了类似的道理："小儿学者，如日出之光；长而学者，如日中之光；老而学者，如日暮之光。"[2]

图6-6　教子读书图二

---

[1] 赵忠心.中国家训名篇［M］.武汉：湖北教育出版社，1997：48
[2] 汪泛舟.敦煌古代儿童课本［M］.兰州：甘肃人民出版社，2000：175

青少年时期，人的记忆力好，心中的杂念少，是读书的黄金阶段。这是自然规律，也是古人强调早教的直接原因。早教的现实意义，《颜氏家训》也有论及：

当及婴稚，识人颜色，知人喜怒，便加教诲，使为则为，使止则止。比及数岁，可省笞罚。①

幼儿时期，孩子是一张白纸，教育容易对他产生深刻影响。教育得当，孩子形成好的行为规范，长大后就不需反复鞭笞，父母与子女之间也就不会发生矛盾。这对现代人处理父母与子女的关系也是有积极意义的。

读书要从小开始，具体怎么读、读书的次序等，也是有讲究的。张英在《聪训斋语》中提出：

凡读书，二十岁以前所读之书，与二十岁以后所读之书迥异。幼年智识未开，天真纯固，所读者虽久不温习，偶尔提起，尚可数行成诵。若壮年所读，经月则忘，必不能持久。故六经、秦汉之文，词语古奥，必须幼年读。长壮后，虽倍蓰其功，终属影响。自八岁至二十岁，中间岁月无多，安可荒弃，或读不急之书？……何如诵得《左》《国》一两篇，及东西汉典贵华腴之文，为终身受用之宝乎？②

就是说，趁年纪小、记性好的时候，要读那些被时间证明是经典的著作，甚至要熟读成诵。

二、善思好问

学习与思考的关系，早在先秦时期就引起了人们的关注。孔子说"学而不思则罔，思而不学则殆"（《论语·为政》）。《尚书》说"好问则裕"（《仲虺之诰》），《礼记》说"独学而无友，则孤陋而寡闻"（《学记》），都是强调思考和质疑对学习的作用。

《颜氏家训》在引用古人对这个问题的论述后总结道：读书的时候"须切磋相起明也。见有闭门读书，师心自是，稠人广坐，谬误差失者多矣"③，若闭门造车、自以为是，只会让人耻笑。如何在学习中做到善思好问，明代何伦在《何氏

---

① 赵忠心.中国家训名篇［M］.武汉：湖北教育出版社，1997：6
② 张英.聪训斋语［M］.合肥：安徽大学出版社，2013：50
③ 颜氏家训［M］.刘舫，编注.杭州：浙江古籍出版社，2013：74

家规》中提出了具体的方法：

　　学问之功，全在讲贯。而讲书之要，必须讲后自己细看，着意研穷，潜思默究，逐句紬绎，逐章理会，方才得其旨趣。略有疑惑，即为质问，不可草草揭过。俟一本通贯后，仍听先生摘其难者而挑问之。或不能答，即又思之；思之不通，然后复讲。真境一开，如得时雨之化；后来作文，随意运用，信手发挥，自然成章，再无窒碍。若泛泛而讲，泛泛而听，原不留心佩记，徒费唇舌，不入肺腑。今日讲过，明日忘之。此章未达，又讲别章。今年未明，复待来岁。虽讲至百年，诚何益也？①

　　可见，读书学习想要有所收获，仅靠泛泛地听、泛泛地看是不行的，需要在阅读之余，认真思考书中的内容，敢于提问，将书中内容完全弄明白，进而产生自己的想法，这样所读之书才能转化为自己的知识。

三、手抄口诵

　　抄写和背诵是中国古代非常重要的两种读书方法。俗语云："眼过千遍不如手过一遍"，通过抄写和背诵的方式，熟记经典篇目，是古人读书作文的基础。古人教子读书时，对两者之间的关系解说得十分清楚。李鸿章在给儿子的信中说：

　　读文之法，可择爱熟诵之。每季必以能背诵者若干篇为目的，则字句之如何联合，篇段之如何布置，行思坐思，便可取象于收视反听之间。精神之研习既深，行文自极熟而流利，故高声朗诵，与俯察沉吟种种功夫，万不可少也。②

　　至于诵读方法，清人崔学古《幼训》说：

　　念书毋增，毋减，毋复，毋高，毋低，毋疾，毋迟。最可恨者，兴至则如骂詈，如蛙鸣；兴衰如蚕吟，如蝇鸣；凡此须痛惩之。③

　　抄写是辅助记忆的有效手段。清人李光地在《摘韩子读书诀课子弟》中说：

　　凡书，目过口过，总不如手过，盖动手则心必随之。虽览诵二十遍，不如钞

---

① 张鸣，丁明. 中华大家名门家训集成·上［M］. 呼和浩特：内蒙古人民出版社，1999：898
② 李鸿章. 李鸿章家书［M］. 邓曙光，编注. 北京：中国华侨出版社，1994：25
③ 张明仁. 古今名人读书法［M］. 北京：商务印书馆，2007：146

撮一次之功多也。①

手抄的记忆效果要优于眼看和口诵,这是古人根据长期读书经验总结的客观规律。当然,抄书也不能漫无目的。如何更合理地摘抄,曾国藩曾举名人事例做过概括:

欲求词藻富丽,不可不分类钞撮体面话头,近世文人,如袁简斋、赵殴北、吴毂人,皆有手钞词藻小本,此众人所共知者。阮文达公为学政时,搜出生童夹带,必自加细阅。如系亲自所抄,略有条理者,即予进学;如系请人所抄,概录陈文者,照例罪斥。阮公一代闳儒,则知文人不可无手钞夹带小本矣。昌黎之记事提要,纂言钩元,亦系分类手钞小册也。②

可见,摘抄的关键在于有条理。如何才能做到有条理?合理的分类是最重要的。此外,由抄录引申开来,古人也强调读书笔记的重要性。朱熹在《与长子受之》的家信中,指导其读书方法:

早晚受业请益,随众例不得怠慢。日间思索,有疑用册子随手札记,候见质问,不得放过。所闻诲语,归安下处,思省切要之言,逐日札记,归日要看。见好文字,录取归来。③

对于看书时遇到的疑问或好词句,要养成随手记下的习惯,日积月累,当有所成。

四、循序渐进

读书是一种伴随着人们成长的生活方式。典籍浩繁,即使从识字起就开始阅读,也不可能穷尽,更无法一蹴而就,所以阅读需要按照一定的规律逐步展开。古人在教育子孙时,十分重视对这些规律的总结,提出了三点值得借鉴的原则。

第一是要择别好书。清人唐彪在《读书作文谱》中分析:

有当读之书,有当熟读之书,有当看之书,有当再三细看之书,有必当备以

---

① 李穆南,郄智毅,刘金玲.历代家书[M].北京:中国环境科学出版社,2006:171
② 刘建生.曾国藩家书[M].北京:海潮出版社,2012:524
③ 王竞成.中国历代名人家书[M].北京:国际文化出版公司,2009:301

资查考之书。书既有正有闲，而正经之中，有精粗高下，有急需、不急需之异，故有五等分别也。学者苟不分别当读者何书，当熟读者何书，当看者何书，当熟看者何书，则工夫缓急先后俱误矣。至于当备考究之书，苟不备之，则无以查考，学问知识，何从而长哉？①

其实这讲的就是书目选择的问题。虽然我们提倡开卷有益，但是对于刚刚进入阅读世界的少年儿童来说，选择一个好的切入点是非常重要的。在这方面，少儿还缺乏相应的判断力，需要家长在指导阅读时特别注意并提供适当的帮助。

第二是要规定日程。清人汪帷宪在《寒灯絮语》中针对刚刚开始学习的幼童说：

以中下之资自居，每日限读书若干，一岁之中，除去庆唁祭扫交接游宴之事，大率以二百七十日为断。此二百七十日，须严立课程，守其道而无变。②

当然，今天我们的孩子在家庭教育之外，还要接受正规的学校教育，学校老师会为孩子们制订相应的课程规划；而且汪氏提出的阅读日程是为了应付科举考试之需。但人在幼年时期，尚缺乏自我约束能力；家长为其制定合理的阅读目标，有助于激发孩子阅读的积极性。从这个意义上说，规定日程的学习方法是值得我们借鉴的。

第三是要设定分段目标。上面第二点讲的每日日程，可以看作短期目标；在学习过程中，还应帮助孩子树立长期目标。清代陆世仪在《思辨录》中提出：

古之学圣贤易，今之学圣贤难。只如读书一节，书籍之多，千倍于古。学者苟欲学为圣贤，非博学不可。然苟欲博学，则此汗牛充栋者，将何如耶？偶思得一读书法，将所读之书，分为三节：自五岁至十五为一节，十年诵读；自十五至二十五为一节，十年讲贯；自二十五至三十五为一节，十年涉猎。使学有渐次，书分缓急，庶学者可由此而程工。③

---

① 张明仁.古今名人读书法［M］.北京：商务印书馆，2007：149—150
② 张明仁.古今名人读书法［M］.北京：商务印书馆，2007：161
③ 张明仁.古今名人读书法［M］.北京：商务印书馆，2007：126—127

五、以身作则

以身作则是我国古代家庭教育中一个十分感人的篇章（图6-7）。在许多学者的论述中，中国古代的家庭关系是严肃而刻板的，但我们在阅读古人家训时，却很少产生这样的感受。一篇篇家训名作，承载了长辈对晚辈的拳拳之心。古人家训，甚少板起面孔，用严厉的语气规定子孙后辈应当如何如何。与此相反，在讲述了一番道理后，家训作者往往采用列举先贤事例或者分享自身成长经历的方式娓娓道来，于不知不觉中让晚辈心悦诚服地接受前面的"大道理"。在谈论读书的话题时也是如此。

图6-7 教子读书图三

唐代诗人元稹在《诲侄等书》中，教育侄子要刻苦读书，举的就是自己读书的经历：

吾幼乏岐嶷，十岁知方，严毅之训不闻，师友之资尽废。忆得初读书时，感慈旨一言之叹，遂志于学。是时尚在凤翔，每借书于齐仓曹家，徒步执卷，就陆姊夫师授，栖栖勤勤，其始也若此。至年十五，得明经及第，因捧先人旧书，于西窗下钻仰沉吟，仅于不窥园井矣。如是者十年，然后粗沾一命，粗成一名[①]。

颜之推在《颜氏家训》开篇说：

吾家风教，素为整密。昔在龆龀，便蒙诱诲；每从两兄，晓夕温清，规行矩步，安辞定色，锵锵翼翼，若朝严君焉。赐以优言，问所好尚，励短引长，莫不恳笃。年始九岁，便丁荼蓼，家涂离散，百口索然。慈兄鞠养，苦辛备至；有仁无威，导示不切。虽读《礼》《传》，微爱属文，颇为凡人之所陶染，肆欲轻言，不修边幅。年十八九，少知砥砺，习若自然，卒难洗荡。二十已后，大过稀焉；每常心共口敌，性与情竞，夜觉晓非，今悔昨失，自怜无教，以至于斯。追思平昔之指，铭肌镂骨，非徒古书之诫，经目过耳也。[②]

---

① 周绍良.全唐文新编[M].长春：吉林文史出版社，2000：7375
② 刘开举.颜氏家训译注[M].上海：上海三联书店，2014：4

颜之推拿自己来做反例：因为自己小时候没有受到严格的教育，养成了一些不好的习惯，以至终身追悔，从而告诉晚辈从小培养良好的行为规范和学习习惯是多么重要。

父母是孩子最好的老师。在家庭教育中，以身作则应该是父母所应遵守的第一行为规范。"夫风化者，自上而行于下者也，自先而施于后者也。是以父不慈则子不孝，兄不友则弟不恭，夫不义则妇不顺矣"[①]，希望引起今人的戒惕。

六、读书章法

最后我们再介绍几种古人具体的读书方法，以飨读者。

第一是读书要目到、口到、心到。这是左宗棠在给其子孝威的家书中提出的：

读书要目到、口到、心到。尔读书不看清字画偏旁，不辨明句读，不记清首尾，是目不到也；喉舌唇牙齿五音，并不清晰伶俐，朦胧含糊，听不明白，或多几字，或少几字，只图混过，就是口不到也；经传精义奥旨，初学固不能通，至于大略粗解，原易明白。稍肯用心体会，一字求一字下落，一句求一句道理，一事求一事原委。虚字审其神气，实字测其义理，自然渐有所悟。一时思索不得，即请先生解说；一时尚未融释，即将上下文或别章、别部义理相近者反复推寻，务期了然于心，了然于口，始可放手。总要将此心运在字里行间，时复思绎，乃为心到。[②]

第二是读书要从头至尾，有始有终。曾国藩在给其弟的家书中指导其读书：

无论何书，总须从首至尾，通看一遍，不然，乱翻几页，摘抄几篇，而此书之大局精处，茫然不知也。学诗从《中州集》入亦好。然吾意读总集不如读专集。此事人人意见各殊，嗜好不同……尔要学诗，先须看一家集，不要东翻西阅；先须学一体，不可各体同学。盖明一体，则皆明也。[③]

第三是看、读、写、作综合培养。这也是曾国藩提出的读书之法：

读书之法，看读写作四者，每日不可缺一。看者，如尔去年看《史记》《汉书》《韩文》《近思录》，今年看《周易折中》之类是也。读者，如《四书》《诗》《书》《易经》《左

[①] 颜氏家训[M].庄楚,点评.北京：中国华侨出版社,2014：36.
[②] 刘东.近代名人文库精萃：林纾·左宗棠[M].西安：太白文艺出版社,2012：146—147.
[③] 曾国藩.曾文正公家书全集[M].天津：天津人民出版社,2014：29—30.

传》诸经，《昭明文选》，李杜韩苏之诗，韩欧曾王之文，非高声朗诵，则不能得其雄伟之概；非密咏恬吟，则不能探其深远之韵。譬之富家居积，看书则在外贸易，获利三倍者也；读书则在家慎守，不轻花费者也。譬之兵家战争，看书则攻城略地，开拓土宇者也；读书则深沟坚垒，得地能守者也。……至于写字，真行篆隶，尔颇好之，切不可间断一日，既要求好，也要求快。①

"作"是指写作八股文，它与今天的社会发展已不适应，文繁不录。概言之，"看、读、写、作"之法，就是有些书要精读、背诵，这是学习的基础；有些书要博览广读，增长见闻；练字可以涵养心性；写作可以灵活应用学到的知识。"四字法"在今天也是有现实价值的。

以上我们总结了古人家庭教育中的读书之法。父母爱子，自古皆然；中华民族是一个重视家庭教育的国家，留给孩子富贵功名，不如培养一个好的学习习惯。古人很早就意识到了这一点，所以在家教、家训中以大量篇幅讨论读书学习的问题，给中国古代阅读史研究留下了大量宝贵的资料。今天，我们研究阅读史中的相关问题，是为了给现今社会的阅读推广工作提供理论和实践方面的指导。世易时移，古代家教中的阅读思想和方法，并不完全适应今天的社会现状，但古人教子读书时以身作则的态度和以天下为己任的高贵情怀，仍然值得我们继承和发扬。通过研究古代家庭教育中的阅读思想，探寻其中具有现代价值的部分，使其为今天的书香社会建设服务，这也是我们面对传统应有的态度。

思考题

1. 中国古代家庭教育中的阅读思想有哪些？
2. 中国古代家庭教育中的读书方法有哪些？
3. 中国古代家庭教育中的阅读方法，如何应用到今天的阅读指导工作中？

---

① 曾国藩.曾国藩家书［M］.张峰书，整理.沈阳：万卷出版公司，2009：262

第七讲 古代阅读理论与方法

中国古代有着丰富的阅读理论资源和深厚的阅读经验积淀，古代的阅读方法对今人依然有着非常大的启发和帮助。然而，在西方阅读理论话语的强势冲击下，这些被今人有意无意地忽略了。鉴于此，我们认为对中国古代阅读理论与方法进行总结，有非常重要的意义。第一，有利于全面系统地反映中国古代阅读理论与方法的思想智慧。迄今为止，缺乏以中国古代阅读理论与方法为对象的全面、深入、系统的研究成果。如果我们能够全面系统、客观深入地叙述和诠释古代阅读理论和方法，有利于将中国古代阅读理论与方法的成就和思想智慧更加全面完整地呈现在读者面前。第二，有利于推进中国阅读研究的创新和发展。在阅读研究中，我们要秉持创新发展这一理念，做到守正创新，继承古代阅读理论与方法领域的成就，在继承中思考如何推进阅读研究的创新，在创新中探索如何促进阅读研究的发展。第三，有助于促进阅读文化和阅读推广事业发展。当前，举国上下高度重视全民阅读推广工作。阅读推广实践离不开阅读理论的指导，而且读者对掌握阅读方法和提高阅读能力有着越来越强烈的现实需求。我们如何推进阅读文化和阅读推广事业的发展、如何满足社会和读者的需求，都可以从古代阅读研究中得到理论支撑和有参考价值的思想资源。

第一节　中国古代阅读理论

中国古代阅读理论的资源非常丰富（图7-1），积累和传承下来的阅读经验对当今依然有重要价值，我们有必要进一步挖掘整理，让这些思想智慧继续发挥影响力。在古代阅读理论的发展过程中，魏晋南北朝时期，阅读理论初见端倪，但是一开始就具有了历史性高度。刘勰《文心雕龙·知音》，系统地阐释了阅读"知音"论，堪称我国早期较成熟的阅读学专门理论，在中国阅读史上开创了阅读学理论研究的先河，为阅读学理论的发展奠定了良好基础。包括后来钟嵘的阅读"滋味"说和颜之推等人的阅读功用论，以及一些具有时代特色的读书方法，使魏晋南北朝成为中国阅读史上一个发展高峰。因此，我们主要选取刘勰的阅读"知音"论、钟嵘的阅读"滋味"说和颜之推等人的阅读功用论进行介绍。清代阅读理论的一些成就相当有特色，在读者主体意识等方面的认识达到一定高度。以金圣叹的读者主体阅读思想为例，体现在分析读者阅读心理、重视读者阅读行为和反应等方面。

图7-1　山居读书图

清代出现了最具批判性的阅读观，以颜李学派的读书观为例，主要体现在颜李学派通过批驳程朱理学的读书观，提出了他们关于读书的思想观点和主张，注重读书在明理、致用和习行中的意义。此外，最有趣味的阅读思想要数张潮阐发的"清新"阅读心态，他不仅阐述了快乐读书理念，而且借中药性味寒热之说，阐发其读书功效论。

一、刘勰的阅读"知音"论

刘勰，南北朝人，著名文学理论家。其代表作《文心雕龙》，不仅在中国文学史和文学批评史上占有重要的地位，在阅读史上也有不容忽视的地位。周振甫曾认为，在《文心雕龙·知音》中，"刘勰比较全面地讲到阅读理论"[1]（图7-2）。曾祥芹认为，"魏晋南北朝时期伟大的阅读学家是刘勰，最杰出的阅读学著作是《文心雕龙》。特别是其中的《文心雕龙·知音》，可以说是我国历史上最早、最完整、最严密的阅读学专论"[2]。

从文学的角度看，《文心雕龙·知音》主要是讲文学鉴赏；从阅读的角度看，《文心雕龙·知音》系

图7-2 《〈文心雕龙〉今译》，周振甫著，中华书局出版

统而完整地阐释了阅读理解的"知音"论。刘勰借用"知音"来形容阅读理解文章之意，理解即是知音。

首先，刘勰在《文心雕龙·知音》开篇，借用知音之难来表达阅读理解文章之难："知音其难哉！音实难知，知实难逢，逢其知音，千载其一乎！"[3]

其次，刘勰分析了阅读理解文章之难的原因。就阅读主体的普遍性看，从曹丕的"文人相轻"说，到文人常自觉不自觉表现出"贵古贱今""崇己抑人""信伪迷真"等问题[4]。刘勰发现，古人在阅读时，常常难以真正理解作者及其文章的

---

[1] 周振甫.引言［M］//曾祥芹，等.古代阅读论.开封：河南教育出版社，1992：2
[2] 曾祥芹，等.古代阅读论［M］.开封：河南教育出版社，1992：58—59
[3] 刘勰.文心雕龙·知音［M］//周振甫.文心雕龙今译.北京：中华书局，1986：429
[4] 刘勰.文心雕龙·知音［M］//周振甫.文心雕龙今译.北京：中华书局，1986：429

意义,他举例进行了说明。从阅读主体的特殊性看,个人的爱好多有所偏,不能做到周全兼备地理解文章。刘勰发现,人们对容易查验的有形器物,都经常出现认知谬误;反观人们对"篇章杂沓,质文交加"的文章,在阅读时更是"文情难鉴"[1]。刘勰认为,出现这种问题的主要原因在于阅读主体的个人差异和特殊性。他说:"知多偏好,人莫圆该。慷慨者逆声而击节,酝藉者见密而高蹈;浮慧者观绮而跃心,爱奇者闻诡而惊听。会己则嗟讽,异我则沮弃。"[2]可见,如果阅读者不同,其个人偏好会影响他对文章理解的方向或角度,"各执一隅之解,欲拟万端之变,所谓东向而望,不见西墙也"[3]。

再次,刘勰对于阅读如何"知音"给出了见解。其一,"务先博观"。"凡操千曲而后晓声,观千剑而后识器;故圆照之象,务先博观。"[4]意思是说,先演练千支曲子而后能通晓音乐,先观赏千把剑器而后能识别宝剑。所以,阅读、理解文章,务必先要博览群书。其二,要去除偏见。因为"无私于轻重,不偏于憎爱,然后能平理若衡,照辞如镜矣"[5]。好比照镜子,阅读者必须对文章不抱私心和偏见,阅读时才能清晰地看到文章的样子、准确地理解文章本义。其三,阅读"六观"。在前面先解决阅读者本身的一些问题之后,将进入阅读文章情理和内涵的阶段。刘勰提出了一套仔细阅读文本的操作方法,即"将阅文情,先标六观:一观位体,二观置辞,三观通变,四观奇正,五观事义,六观宫商"[6]。所谓阅读"六观",包括:观文体是否合适;观文辞运用的情况如何;观文学的继承与革新方面做得怎样;观奇正等表达手法运用得如何;观运用事类如何;观文章在声律方面表现出的可读性怎样。运用这些方法之后,读者一般就可以对文章的优劣有所把握了。其四,"披文入情,沿波讨源"[7]。阅读者通过"六观"了解文章的情理,就像沿着水波去探寻作者思想感情的源头一样,"虽幽必显。世远莫见其面,觇文

---

[1] 刘勰.文心雕龙·知音[M]//周振甫.文心雕龙今译.北京:中华书局,1986:431
[2] 刘勰.文心雕龙·知音[M]//周振甫.文心雕龙今译.北京:中华书局,1986:431
[3] 刘勰.文心雕龙·知音[M]//周振甫.文心雕龙今译.北京:中华书局,1986:431
[4] 刘勰.文心雕龙·知音[M]//周振甫.文心雕龙今译.北京:中华书局,1986:432
[5] 刘勰.文心雕龙·知音[M]//周振甫.文心雕龙今译.北京:中华书局,1986:432
[6] 刘勰.文心雕龙·知音[M]//周振甫.文心雕龙今译.北京:中华书局,1986:432
[7] 刘勰.文心雕龙·知音[M]//周振甫.文心雕龙今译.北京:中华书局,1986:432

辄见其心"[1]。其五，废浅入深。刘勰认为，读者不能知音，常常不是因为文章太深奥，而是自己阅读鉴赏的能力太浅薄了。"夫志在山水，琴表其情，况形之笔端，理将焉匿。"[2]俞伯牙意在高山流水，用琴音即可表达他的思想感情，何况用文字表达出来的东西，感情怎能隐藏得住呢？"故心之照理，譬目之照形，目瞭则形无不分，心敏则理无不达。"因此"俗监之迷者，深废浅售"[3]是不可取的，阅读时要废浅入深。其六，会欣赏，才能知音。因为只有具备深刻的认识能力，学会欣赏和阅读文章，才能看到文章奥妙的地方，才能感受到知音时的内心愉悦。这就像"春台之熙众人，乐饵之止过客"。"盖闻兰为国香，服媚弥芬"[4]，文章著作也是国之文明精华，会欣赏，才能看到它的美丽所在，才能知音，才能真正理解并与作者共鸣。因此，刘勰最后勉励道："知音君子，其垂意焉。"[5]

综上所述，刘勰的阅读"知音"论，是一步步由浅入深的阅读理解过程。他先提出阅读"知音"之难的问题，并分析了原因，最后重点论述了阅读时如何"知音"的问题。对于阅读如何"知音"的问题，刘勰阐述了由浅入深的阅读理解过程：阅读之前，先解决阅读主体自身的一些问题，"务先博观"，再去除偏见；接着进入阅读文本阶段。刘勰提出阅读"六观"这样一套可操作的方法，帮助阅读者鉴别优劣；"披文入情，沿波讨源"和"废浅入深"，帮助阅读者把握文章情思义理；最后提出，会欣赏文章，才能达到阅读"知音"。这样一套逻辑思路，从理论的角度看，已经是比较完整、比较成熟的阅读理论了。所以说，刘勰是中国阅读学理论的开山鼻祖，《文心雕龙·知音》堪称我国早期较成熟的阅读学的专门理论，在中国阅读史上开创了阅读学理论的雏形，为后来阅读学理论的发展奠定了良好基础。

二、钟嵘的阅读"滋味"说

钟嵘，南朝文学批评家，著有《诗品》流传至今（图7-3）。在《诗品》序中，钟嵘从读者的角度来鉴赏、品评诗歌，提出了"滋味"说，这是我国最早的诗歌

---

[1] 刘勰. 文心雕龙·知音［M］// 周振甫. 文心雕龙今译. 北京：中华书局，1986：433
[2] 刘勰. 文心雕龙·知音［M］// 周振甫. 文心雕龙今译. 北京：中华书局，1986：433
[3] 刘勰. 文心雕龙·知音［M］// 周振甫. 文心雕龙今译. 北京：中华书局，1986：433
[4] 刘勰. 文心雕龙·知音［M］// 周振甫. 文心雕龙今译. 北京：中华书局，1986：433
[5] 刘勰. 文心雕龙·知音［M］// 周振甫. 文心雕龙今译. 北京：中华书局，1986：433

阅读理论。

《诗品序》中评曰：四言诗"文约意广"①，即文辞的形式简约，但制约了宽广的内容；骚体诗"文繁而意少"②，即文辞的形式繁芜，但影响了所表达的内容。在与上述诗歌比较的基础上，钟嵘提出"五言居文词之要，是众作之有滋味者也"③。五言诗是"有滋味者"，值得品读玩味。

钟嵘认为，判断诗有无"滋味"，主要有两个标准。一个标准是"指事造形，穷情写物，最为详切者"④，在文辞形式的基础上，突出"情"字。《诗品序》中，钟嵘十二处用到"情"字，表达他对诗歌的认识和对一些诗作的品评。"摇荡性情，形诸舞咏"⑤，"感荡心灵……非长歌何以骋其情？"⑥可见，诗以"吟咏情性"⑦。用此标准，他认为读西晋永嘉时期的诗篇"理过其辞，淡乎寡味"⑧。另一个标准是，"调采葱菁，音韵铿锵"⑨。从诗词文采方面，"词采华茂"⑩，"调采葱菁，音韵铿锵"，突出文辞表达的形式美。读这样的诗歌，"使人味之亹亹不倦"⑪。钟嵘进一步升华并总结：

> 故诗有三义焉：一曰兴，二曰比，三曰赋。文已尽而意有余，兴也；因物喻志，比也；直书其事，寓言写物，赋也。宏斯三义，酌而用之，干之以风力，润之以丹彩，使味之者无极，闻之者动心，是诗之至也。⑫

从读者的角度看，如果诗歌本身协调好了兴、比、赋三者的关系，并且有"风

图7-3 《〈诗品〉译注》，钟嵘著，周振甫译注，中华书局出版

---

① 钟嵘.诗品译注·诗品序[M]//周振甫，译注.北京：中华书局，1998：19
② 钟嵘.诗品译注·诗品序[M]//周振甫，译注.北京：中华书局，1998：19
③ 钟嵘.诗品译注·诗品序[M]//周振甫，译注.北京：中华书局，1998：19
④ 钟嵘.诗品译注·诗品序[M]//周振甫，译注.北京：中华书局，1998：19
⑤ 钟嵘.诗品译注·诗品序[M]//周振甫，译注.北京：中华书局，1998：15
⑥ 钟嵘.诗品译注·诗品序[M]//周振甫，译注.北京：中华书局，1998：21
⑦ 钟嵘.诗品译注·诗品序[M]//周振甫，译注.北京：中华书局，1998：24
⑧ 钟嵘.诗品译注·诗品序[M]//周振甫，译注.北京：中华书局，1998：17
⑨ 钟嵘.诗品译注·诗品序[M]//周振甫，译注.北京：中华书局，1998：47
⑩ 钟嵘.诗品译注·诗品序[M]//周振甫，译注.北京：中华书局，1998：37
⑪ 钟嵘.诗品译注·诗品序[M]//周振甫，译注.北京：中华书局，1998：47
⑫ 钟嵘.诗品译注·诗品序[M]//周振甫，译注.北京：中华书局，1998：19

力"和"丹彩"时，可以称之为"诗之至"，那么，读这样的诗歌，滋味是"无极"的，会让读者为之心灵感荡。

钟嵘在品评诗歌时，抓住一条线索，就是"滋味"说。首先是有无滋味。他认为五言诗有滋味。其次是怎样的诗有滋味。内涵美上讲"穷情"，形式美上讲"调采葱菁，音韵铿锵"。最后是品诗的境界高低。诗的最高境界即"诗之至"，对应的滋味是"无极"。由此，我们从读者阅读诗歌、品评诗歌的角度来看钟嵘的《诗品》及其《诗品序》，其书名中的"品"字本身就蕴含着品味滋味的意义，其"滋味"说可以说为读者提供了一种阅读诗歌的理论和方法。

三、颜之推等人的阅读功用论

魏晋南北朝时期，有一些名人从阅读的功能角度来谈论读书的意义，诸如孙权的读书"以自开益"说、陆机的读书"以颐情志"说、束皙的读书"藻练精神"说、颜之推的阅读功利说等，我们将这些观点统称为阅读功用论。孙权、颜之推主要从现实利益的角度来看阅读的功能，陆机和束皙主要是从精神的角度来看阅读的功能。

（一）孙权读书"以自开益"说

吕蒙是三国孙吴著名大将，曾被封为虎威将军。孙权爱惜其才，有一次就当面劝告吕蒙读书："卿今并当涂掌事，宜学问以自开益。"[1]虽然吕蒙开始以军务繁忙为由想推卸，但是在孙权动之以情、晓之以理的劝说下，吕蒙"始就学，笃志不倦"[2]，并进而有了后来"士别三日，即更刮目相待"[3]的自诩。从中，我们可以看到孙权对读书功能的一种态度，他认为像吕蒙这样的掌事者应该读书，以不断提高自己的修养和能力。

（二）陆机读书"以颐情志"说

陆机，西晋文学家，"少有异才，文章冠世"[4]，代表作有《文赋》《君子行》

---

[1] 陈寿.三国志·吴书·卷五十四·吕蒙传[M].裴松之，注.北京：中华书局，1959：1274
[2] 陈寿.三国志·吴书·卷五十四·吕蒙传[M].裴松之，注.北京：中华书局，1959：1275
[3] 陈寿.三国志·吴书·卷五十四·吕蒙传[M].裴松之，注.北京：中华书局，1959：1275
[4] 房玄龄.晋书·卷五十四·陆机传[M].北京：中华书局，1974：1467

等。刘勰《文心雕龙·才略》评其诗文曰："陆机才欲窥深,辞务索广,故思能入巧而不制繁。"①陆机《文赋》论曰："伫中区以玄览,颐情志于典坟。"②关于阅读的功能,陆机认为"颐情志于典坟",即阅读三坟五典,可以陶冶自己的情志。

(三)束皙读书"藻练精神"说

束皙,西晋学者、文学家,著有《五经通论》《发蒙记》《补亡诗》等。其赋文笔质朴,有《读书赋》《贫家赋》《近游赋》《劝农赋》《饼赋》等。其中,《读书赋》是关于阅读的,现摘录于此:

耽道先生,澹泊闲居。藻练精神,呼吸清虚;抗志云表,戢形陋庐。垂帷帐以隐几,被纨素而读书。抑扬嘈囋,或疾或徐;优游蕴藉,亦卷亦舒。颂《卷耳》则忠臣喜,咏《蓼莪》则孝子悲,称《硕鼠》则贪民去,唱《白驹》而贤士归。是故重华咏《诗》以终己,仲尼读《易》于身中,原宪潜吟而忘贱,颜回精勤以轻贫,倪宽口诵而芸耨,买臣行吟而负薪。贤圣其犹孳孳,况中才与小人?③

束皙在《读书赋》中塑造了一个好读书的耽道先生形象。他认为阅读有藻练精神、修身养性、劝善戒恶的功能,并举例说明:"颂《卷耳》则忠臣喜,咏《蓼莪》则孝子悲,称《硕鼠》则贪民去,唱《白驹》而贤士归。"

(四)颜之推阅读功利说

颜之推,生活在南北朝至隋朝期间,著有《颜氏家训》,在家庭教育发展史上有着重要的影响,后世称此书为"家教规范"。颜之推在《颜氏家训》中劝诫子弟读书时,阐述了他对于读书功能的认识(图7-4)。

第一,读书以增益德行,行道以利世。《颜氏家训·勉学》曰,读书"增益德行,敦厉风俗"④,"行道以利世","修身利行"。⑤

第二,读书以"开心明目,利于行耳"。《颜氏家训·勉学》曰:

夫所以读书学问,本欲开心明目,利于行耳。未知养亲者,欲其观古人之先意承颜,怡声下气,不惮劬劳,以致甘腝,惕然惭惧,起而行之也;未知事君

---

① 刘勰.文心雕龙·才略[M]//周振甫.文心雕龙今译.北京:中华书局,1986:423
② 陆机.文赋[M]//萧统.文选.李善,注.上海:上海古籍出版社,1986:762
③ 束皙.读书赋[M]//郁沅,张明高.魏晋南北朝文论选.北京:人民文学出版社,1996:143
④ 颜之推.颜氏家训·勉学第八[M]//王利器集解.北京:中华书局,1993:157
⑤ 颜之推.颜氏家训·勉学第八[M]//王利器集解.北京:中华书局,1993:171

者，欲其观古人之守职无侵，见危授命，不忘诚谏，以利社稷，恻然自念，思欲效之也；素骄奢者，欲其观古人之恭俭节用，卑以自牧，礼为教本，敬者身基，瞿然自失，敛容抑志也；素鄙吝者，欲其观古人之贵义轻财，少私寡欲，忌盈恶满，赒穷恤匮，赧然悔耻，积而能散也；素暴悍者，欲其观古人之小心黜己，齿弊舌存，含垢藏疾，尊贤容众，茶然沮丧，若不胜衣也；素怯懦者，欲其观古人之达生委命，强毅正直，立言必信，求福不回，勃然奋厉，不可恐慑也：历兹以往，百行皆然。纵不能淳，去泰去甚。学之所知，施无不达。①

图7-4 《〈颜氏家训〉集释》，颜之推著，王利器撰，中华书局出版

颜之推认为，读书可以使人增加知识，开阔眼界，有益于行为处事。除此之外，对于未知养亲者、未知事君者、骄奢者、鄙吝者、暴悍者、怯懦者等不同的人而言，可以通过阅读相应的图书，晓明人伦事理，并转变行为方式。因故，不能不说读书有"开心明目，利于行"的功能。

第三，读书，"犹为一艺，得以自资"。《颜氏家训·勉学》曰：

明《六经》之指，涉百家之书……犹为一艺，得以自资。父兄不可常依，乡国不可常保，一旦流离，无人庇荫，当自求诸身耳。谚曰："积财千万，不如薄伎在身。"伎之易习而可贵者，无过读书也。②

颜之推把读书当作一种谋生自保的手段，后世对这一点多有指责，因为过于功利化，把读书庸俗化。当然也有人支持颜之推的论述，例如吉川忠夫在《六朝精神史研究》中，针对颜之推的这一观点说道："尽管他把与农业紧密结合的庄园生活形态作为理想来描述，但是那始终只限于羡望。处在华北社会的他，只是一个'家无积财'，又没有强有力的血缘关系的流亡贵族。首先作为迫切的现实问题，当然是必须寻求生活的手段，这样一来，大概读书也就被他当作'伎''艺'

---

① 颜之推.颜氏家训·勉学第八［M］//王利器集解.北京：中华书局，1993：166
② 颜之推.颜氏家训·勉学第八［M］//王利器集解.北京：中华书局，1993：157

来认识了。"① 关于这一讨论，也许仍然是见仁见智的话题。

第四，读书当"施之世务"。《颜氏家训·勉学》曰：

> 学之兴废，随世轻重。汉时贤俊，皆以一经弘圣人之道，上明天时，下该人事，用此致卿相者多矣。末俗已来不复尔，空守章句，但诵师言，施之世务，殆无一可。②

颜之推认为，读书当"施之世务"，而不"空守章句，但诵师言"。最后他再次强调其观点，"当博览机要，以济功业"③。这些都是从阅读的功能方面，阐述阅读当以"施之世务"和"济功业"为目的。

四、金圣叹的阅读思想

金圣叹，明末清初著名的文学家、文学批评家。金圣叹在文学阅读理论上颇有建树，他的一些基本阅读思想，在中国古代阅读学史上别具特色，占有十分重要的地位④。金圣叹的阅读思想，主要包括读者主体意识、对读者阅读心理的描述和分析、对读者阅读行为和反应的重视、阐述读者阅读能力及提高的方法等。

（一）读者主体意识

在17世纪，金圣叹定位了文学批评中的读者立场，形成了以读者为中心的文学批评理论和阅读思想。金圣叹是一位伟大的文学批评家，他的伟大不仅在于他揭示了文学作品的诸多规律，而且在于他的文学批评给予读者重要地位⑤。金圣叹在文学批评、阅读实践和阅读指导中，树立了读者的主体地位，认为读者在阅读中要突出其主体意识。读者主体意识，是指在阅读的过程中，读者有对自身主体性地位、主体能动性、主体阅读行为和反应的自我意识。

金圣叹的读者主体阅读思想，来自他对当时人们"不会"看书的担忧，和他

---

① 吉川忠夫. 六朝精神史研究 [M]. 南京：江苏人民出版社，2010：224
② 颜之推. 颜氏家训·勉学第八 [M] // 王利器集解. 北京：中华书局，1993：176
③ 颜之推. 颜氏家训·勉学第八 [M] // 王利器集解. 北京：中华书局，1993：177
④ 曾祥芹. 阅读学新论 [M]. 北京：语文出版社，1999：537
⑤ 陈慧娟. 文学批评的读者立场——评金圣叹评点《水浒传》[J]. 江淮论坛，1997（6）：90—94

对"读者之精神不生"[①]的反思（图7-5）。他认为读者阅读时不能"混帐过去"。从金圣叹点评古文经典的阅读实践和经验中，我们总结发现，金圣叹阅读思想中的读者主体意识，主要体现在认识到读者主体的差异性，分析了读者与文本、作者的关系，以及对读者阅读心理的描述和分析。他对读者阅读行为和反应的高度重视，体现了读者主体意识在阅读中的重要性，下文将分别阐述。

图7-5 《贯华堂第五才子书〈水浒传〉》，金圣叹著，万卷出版公司出版

1. 读者主体的差异性

威尔赖特（P. Wheelwright）说："我们每一个人都是独特的，每个人都是具体的存在，有他的本质，和任何人不完全相同。每一个经验、每一个美感的或痛苦的一刹那，也都是独特的。"[②] 读者之间有个体差异，每一位读者都是独特的，每一位读者的阅读经验也都是独特的。读者如果自觉意识到自身的这种独特性和个体差异性，就意味着他对主体的差异性有一定认识，也意味着他有读者主体意识。

金圣叹意识到了读者的这种主体差异性。他说："《西厢记》断断不是淫书，断断是妙文。今后若有人说是妙文，有人说是淫书，圣叹都不与做理会，文者见之谓之文，淫者见之谓之淫耳。"[③] 金圣叹认为读者之所以对《西厢记》是否为淫书有不同的认识，主要原因在于不同读者的个体差异。读者主体不同，视角会不同，所见内容也不同。

金圣叹认为，读诗也有类似情况。读者的主体差异，会使其对同一首诗的感受和理解有不同。他说道："一诗也，有人读之而喜，有人读之而悲者，则以一诗通身写喜，而其中间乃于不意之处却悄然安得一字，又安得者是一虚字，而一时

---

① 金圣叹.贯华堂第五才子书《水浒传》·上 [M]. 沈阳：万卷出版公司，2009：25
② [美] 威尔赖特.燃烧的泉源 [M] // 中国社会科学院外国文学研究所外国文学研究资料丛刊编辑委员会.外国理论家、作家论形象思维.北京：中国社会科学出版社，1979：204—205
③ 金圣叹.贯华堂第六才子书《西厢记》[M].周锡山，编校.沈阳：万卷出版公司，2009：11

粗人读之，以不觉故，于是遂喜，细人读之，则恰恰注眼射见此字，因而遂更悲也。"①（图 7-6）

2. 读者与文本的关系

萨特（J.P. Sartre）说，文学作品需要阅读行为的参与，"除此之外，只剩下白纸上的黑字"②。文学作品也即是读者面对的文本，如果文本没有被读者阅读，其作品的文学价值和意义也就无法被发现和挖掘出来。读者在这一过程中的作用非常明显：读者的阅读活动，是对文本的解读和诠释，激活并延续了文本的生命。

金圣叹曾说道："夫世间之书，其力必能至于后世，而世至今犹未能以知之者，则必书中之《西厢记》也。夫世间之书，其力必能至于后世，而世至今犹未能以知之，而我适能尽智竭力，丝毫可以得当于其间者，则必我此日所批之《西厢记》也。"③他认为，一部佳作应该流传后世、被后人阅读和知晓，但是当时很多人似乎不了解《西厢记》，因此他要通过自己的努力，以读者和作者的双重身份，解读、诠释和评点《西厢记》，让后人重新了解并阅读《西厢记》，让《西厢记》的生命延续下去。

读者和文本的关系，还在于读者的主动接受和读者的主观能动性。姚斯（H. R. Jauss）曾说："作者、作品和大众的三角形之中，大众并不是被动的部分，并不仅仅作为一种反应，相反，它自身就是历史的一个能动的构成。一部文学作品的历史生命如果没有接受者的积极参与是不可思议的。因为只有通过读者的传递过程，作品才进入一种连续性变化的经验视野。在阅读过程中，永远不停地发生着

图 7-6 《金圣叹批唐才子诗〈杜诗解〉》，金圣叹选批，中华书局出版

---

① 金圣叹. 金圣叹批唐才子诗《杜诗解》[M]. 北京：中华书局，2010：13
② [法]萨特. 萨特文集 7·文论卷 [M]. 北京：人民文学出版社，2005：122
③ 金圣叹. 贯华堂第六才子书《西厢记》[M]. 沈阳：万卷出版公司，2009：8

从简单接受到批评性地理解，从被动接受到主动接受。"①金圣叹认为，在阅读过程中，读者要有主体意识，不能被书本牵制和控制，要充分发挥主观能动性。他说："读书随书读，定非读书人"②，"看书要有眼力，非可随文发放也"③，"读书须心知轻重，方名善读书人；不然者，不免有懵懂葫芦之诮也"④。

3. 读者与作者的关系

在西方文学批评理论中，读者中心论似乎是对文本中心论和作者中心论的挑战与冲击，将读者置于文本和作者的对立面。而在金圣叹的阅读思想中，读者与作者、文本并不是对立的，而是相互独立又紧密相连，是不同维度的三者并立的关系，三者最终形成一个整体。

金圣叹自身就是一位读者，他以读者和文学批评家的双重身份积极参与到对《水浒传》等书的阅读当中，表达一位读者阅读时的点滴感悟和思考，使所读书籍更加丰满、更加有立体感。作为读者的金圣叹，让一个一维的书面作品，通过评点，拉伸出第二个维度，即读者的维度。原书经过读者的阅读，形成与原文本不同的书，也就是金圣叹所评论的，既存在王实甫写的《西厢记》，也存在"圣叹批《西厢记》"。

金圣叹在《读第六才子书〈西厢记〉法》中说道："圣叹批《西厢记》，是圣叹文字，不是《西厢记》文字"，"天下万世锦绣才子读圣叹所批《西厢记》，是天下万世才子文字，不是圣叹文字"⑤。他也认为，天下其他读者读圣叹所批《西厢记》，又会形成其他不同读者心中的《西厢记》。读者、作者在阅读和诠释的过程中，会不断转换角色，所以读者和作者并不是对立的关系，而是相互独立又关联的辩证统一关系。金圣叹还认为："《西厢记》，不是姓王字实父此一人所造，但自平心敛气读之，便是我适来自造"⑥，进一步说明了读者对《西厢记》的解读和诠释，已经与原作者王实甫所写的《西厢记》不同，凸显了读者的主观能

---

① ［德］H.R.姚斯，［美］R.C.霍拉勃.接受美学与接受理论［M］.周宁，金元浦，译.沈阳：辽宁人民出版社，1987：24
② 金圣叹.贯华堂第五才子书《水浒传》·上［M］.沈阳：万卷出版公司，2009：234
③ 金圣叹.贯华堂第五才子书《水浒传》·上［M］.沈阳：万卷出版公司，2009：69
④ 金圣叹.贯华堂第五才子书《水浒传》·上［M］.沈阳：万卷出版公司，2009：312
⑤ 金圣叹.贯华堂第六才子书《西厢记》［M］.沈阳：万卷出版公司，2009：18
⑥ 金圣叹.贯华堂第六才子书《西厢记》［M］.沈阳：万卷出版公司，2009：18

动性和主体意识。

(二) 读者阅读心理描述和分析

金圣叹在评点所读书籍时，时常以读者的身份，站在读者的视角，写下不少描述读者阅读心理的文字。虽然这些阅读心理描述和分析还未达到科学研究的高度，但是都切合读者阅读实际，具体而微，在中国古代阅读史上占据这一领域的理论高地。

金圣叹认为，在阅读过程中，读者设身处地将自己移情到书中人物身上，体验和感知书中人物的喜怒哀乐，替人担忧，是读书的第一大乐趣。"吾尝言：读书之乐，第一莫乐于替人担忧。"①《水浒传》第三十九回描写宋江、戴宗入法场前的情境时，作者用笔墨颇多，金圣叹有一番批语：

> 写急事不得多用笔，盖多用笔则其事缓矣。独此书不然，写急事不肯少用笔，盖少用笔则其急亦遽解矣。如宋江、戴宗谋逆之人，决不待时。虽得黄孔目捱延五日，然至第六日已成水穷云尽之际，此时只须云"只等午时三刻，便要开刀"一句便过耳。乃此偏写出早晨先着地方打扫法场……又细细将贴犯由牌之芦席，亦都描画出来……次又写捆扎宋江、戴宗，各将胶水刷头发……次又写押到十字路口，用枪棒团团围住……次又写众人看出人，为未见监斩官来，便去细看两个犯由牌……使读者乃自陡然见有"第六日"三字便吃惊起，此后读一句吓一句，读一字吓一字，直至两三页后，只是一个惊吓。吾尝言："读书之乐，第一莫乐于替人担忧。然若此篇者，亦殊恐得乐太过也。"②

金圣叹认为，这里虽然事急笔缓，但是读者深得其乐，因为阅读时情不自禁为书中人物担忧。金圣叹在此处的夹批也是妙不可言，他将读者和作者放在同一情境里，就此段描写展开对话。作者有作者之乐，读者亦有读者之乐，读者、作者各自的内心都以担惊受怕为乐。这是读者阅读心理的一种现象，被金圣叹一语点破，有夹批曰："偏是急杀人事，偏要故意细细写出，以惊吓读者。盖读者惊吓，斯作者快活也。读者曰，'不然，我亦以惊吓为快活，不惊吓处，亦便不快活也'"③，

---

① 金圣叹. 贯华堂第五才子书《水浒传》·下 [M]. 沈阳：万卷出版公司，2009：563
② 金圣叹. 贯华堂第五才子书《水浒传》·下 [M]. 沈阳：万卷出版公司，2009：563
③ 金圣叹. 贯华堂第五才子书《水浒传》·下 [M]. 沈阳：万卷出版公司，2009：566

"偏要逼到险绝处，使读者受吓不少"①。可见，读者的确是越受惊吓越快活。

读者对小说情节的心理期待和强烈感受，往往不在平淡之处，而在惊险出奇之处。金圣叹对读者的这一阅读心理有自己的亲身体会和分析，他对《水浒传》第三十六回写宋江浔阳江连环遇险时有一段评语：

此篇节节生奇，层层追险。节节生奇，奇不尽不止；层层追险，险不绝必追。真令读者到此，心路都休，目光尽灭，有死之心，无生之望也……一篇真是脱一虎机，踏一虎机，令人一头读，一头吓，不惟读亦读不及，虽吓亦吓不及也。②

可想而知，读者在阅读这样既惊险又出奇的情节时，心理变化起伏多端，情绪体验紧张而兴奋。金圣叹禁不住发出读者的感叹："真令读者到此，心路都休，目光尽灭，有死之心，无生之望也"③，分析了七层追险，读者一路上又惊又吓，但是依然因这样的情节爱不释手。这体现了读者什么阅读心理呢？金圣叹在这一回故事的夹批中有所揭示："文情险怪之极，读之如逢奇鬼"④，"前跌犹轻，后跌至重。奇文险笔，使读者吃吓不尽"⑤，"上文险极，此句快极。不险则不快，险极则快极也"⑥。小说情节以惊险出奇制胜，读者因惊险出奇而入胜。

在情节变化中的停顿和闪烁处，读者的心理变化也很奇妙。金圣叹在《水浒传》第八回的批语中曰：

如洪教头要使棒，反是柴大官人说且吃酒，此一顿已是令人心痒之极，乃武师又于四五合时跳出圈子，忽然叫住，曰除枷也；乃柴进又于重提棒时，又忽然叫住。凡作三番跌顿，直使读者眼光一闪一闪，直极奇极恣之笔也。⑦

情节停顿、闪烁，极能锁定读者的目光。金圣叹用"令人心痒之极"，描述出读者此时的心理变化，相当精妙。金圣叹在夹批中直接说明这一现象在读者内心的反应："说使棒，反吃酒，极力摇曳，使读者心痒无挠处。"⑧

---

① 金圣叹.贯华堂第五才子书《水浒传》·下［M］.沈阳：万卷出版公司，2009：569
② 金圣叹.贯华堂第五才子书《水浒传》·下［M］.沈阳：万卷出版公司，2009：518
③ 金圣叹.贯华堂第五才子书《水浒传》·下［M］.沈阳：万卷出版公司，2009：517
④ 金圣叹.贯华堂第五才子书《水浒传》·下［M］.沈阳：万卷出版公司，2009：520
⑤ 金圣叹.贯华堂第五才子书《水浒传》·下［M］.沈阳：万卷出版公司，2009：521
⑥ 金圣叹.贯华堂第五才子书《水浒传》·下［M］.沈阳：万卷出版公司，2009：523
⑦ 金圣叹.贯华堂第五才子书《水浒传》·上［M］.沈阳：万卷出版公司，2009：136
⑧ 金圣叹.贯华堂第五才子书《水浒传》·上［M］.沈阳：万卷出版公司，2009：141

我们将原文和金圣叹的夹批一起引述于此，可体会金圣叹对读者心理活动和反应的描述之详细入微：

林冲拿着棒，使出山东大擂，打将入来。洪教头把棒就地下鞭了一棒，来抢林冲。两个教头在月明地上交手，使了四五合棒，只见林冲托地跳出圈子外来，叫一声"少歇"。（金夹批：奇文，令读者出于意外。此一回书，每每用忽然一闪法，闪落读者眼光，真是奇绝。）柴进道："教头如何不使本事？"林冲道："小人输了。"（金夹批：奇文，令读者出于意外。）①

（三）读者阅读行为和反应

文学作品的阅读，是通过读者的参与，完成了作品的创造和再创造，"没有读者方面这种持续不断的积极参与，就没有任何文学作品"②。读者的参与，主要体现在读者阅读时设身处地联想和想象书中的情境和画面，产生自己的体验和感受。

1. 读者的体验和感受

读者面对文学作品，感官体验最为直接。书中有悲欢离合的情节，读者有喜怒哀乐的感受。无论是眼到、耳到还是心到，读者一旦切入情境当中，最容易被调动起情感体验和情绪感受。这些体验和感受既是读者以往经验的反映，也是读者当下阅读的反应。金圣叹在点评中，时刻关切读者的这些反应，留下不少精彩评语。

《水浒传》第八回"柴进门招天下客　林冲棒打洪教头"的开篇，原文就很精彩，金圣叹的夹批更是精妙，直接引入读者的阅读体验和感官反应：

话说当时薛霸双手举起棍来，望林冲脑袋上便劈下来。说时迟，那时快，薛霸的棍恰举起来，只见松树背后雷鸣也似一声，那条铁禅杖飞将来，把这水火棍一隔，丢去九霄云外，跳出一个胖大和尚来。（金夹批："说时迟，那时快"六字，神变之笔。行文有雷轰电掣之势，令读者眼光霍霍。看他先飞出禅杖，次跳出和尚，恣意弄奇，妙绝怪绝。）③

---

① 金圣叹.贯华堂第五才子书《水浒传》·上 [M].沈阳：万卷出版公司，2009：141
② [英]伊格尔顿.20世纪西方文学理论 [M].伍晓明，译.西安：陕西师范大学出版社，1987：85
③ 金圣叹.贯华堂第五才子书《水浒传》·上 [M].沈阳：万卷出版公司，2009：137

原文的描写，动感十足，很有画面感；读者看得入神，自然会随情境变换而目光霍霍。

《水浒传》第十二回写到东郭争功处，金圣叹高度称赞：

古语有之，画咸阳宫殿易，画楚人一炬难；画舳舻千里易，画八月潮势难。今读《水浒》至东郭争功，其安得不谓之画火、画潮第一绝笔也！①

索超与杨志比武这段，金圣叹以读者身份描述了读到此处时的内心体验和感受。当两人刚披挂战马，还没有动一招一式，金圣叹点评道："读者心头眼底已自异样惊魂动魄，闪心摇胆。"一些场景描写后，两人刚要上台，他又点评道："读者至此，其心头眼底，胡得不又为之惊魂动魄，闪心摇胆？"②金圣叹在此不仅描述了读者的感受和反应，而且将读者反应和情节发展紧密连接起来，让读者和小说情节融为一体。从另外一个角度看，读者内心能发生如此强烈的反应，更加说明了金圣叹对这部分情节描写的喜爱和赞美之情。金圣叹有感而发，读如此绝笔佳文，当是天下第一乐事：

如此行文，真是画火画潮，天生绝笔，自有笔墨，未有此文，自有此文，未有此评。呜呼！天下之乐，第一莫若读书；读书之乐，第一莫若读《水浒》，即又何忍不公诸天下后世之酒边灯下之快人恨人也！③

金圣叹在评点杜甫的长篇叙事诗《北征》时，也禁不住为之动情，涕泪滂沱，毫不掩饰自己读诗的情绪反应：

《北征》，先生自行在奉诏还鄜州，迎看家室也。题是北归，通篇诗，全是忧劳朝廷，一片深心至计。虽十六解至二十三解，稍叙妻女，然纯心在朝廷，恍惚如梦语。读之悲感横生，涕泪交下。④

这样的情绪反应和体验，也说明读者在与诗文作者共情时，能深切体会到杜甫的家国情怀，但是又因杜甫当时的各种遭遇而心中酸楚、不觉流泪。

2. 读者的联想和想象

读者在阅读文学作品时，发挥主观能动性，设身处地进入书中情境，时常跟

---

① 金圣叹.贯华堂第五才子书《水浒传》·上［M］.沈阳：万卷出版公司，2009：181
② 金圣叹.贯华堂第五才子书《水浒传》·上［M］.沈阳：万卷出版公司，2009：181
③ 金圣叹.贯华堂第五才子书《水浒传》·上［M］.沈阳：万卷出版公司，2009：181
④ 金圣叹.唱经堂第四才子书《杜诗解》［M］.沈阳：万卷出版公司，2009：81

随情节发展,调动联想和想象,产生一个个形象的画面。金圣叹以细致入微的笔墨,描述出读者的这些联想和想象,让读者与作者共情于书中画面,几近融为一体。

《水浒传》第五回写到鲁智深火烧瓦官寺一段,金圣叹批曰:

耐庵忽然而写瓦官,千载之人读之,莫不尽见有瓦官也。耐庵忽然而写瓦官被烧,千载之人读之又莫不尽见瓦官被烧也。①

作者描写场景用的是书面文字,但是读者读出来的却是一幅画面。作者描写了一座瓦官寺,读者眼前就出现一座瓦官寺的样子;作者描写了火烧瓦官寺的情节,读者眼前就出现火烧瓦官寺的情景。金圣叹说:"摊书于几上,人凭几而读,其间面与书之相去,盖未能以一尺也。此未能一尺之间,又荡然其虚空,何据而忽然谓有瓦官,何据而忽然又谓烧尽,颠倒毕竟虚空,山河不又如梦耶?呜呼!以大雄氏之书,而与凡夫读之,则谓'香风菱花'之句,可入诗料。"②他认为,读者和正对的书卷之间,距离不过一尺,并且这一尺之间空无一物,但是展现在读者眼前的情景能如此形象,说明在从书面文字到画面的转换过程中,读者的联想和想象发挥了重要作用。读者的参与、读者的联想与想象,和作者一起完成了作品中的叙述和描写。金圣叹在此凸显了读者的主观能动性,描述了读者在阅读时的行为和反应,我们不得不信服金圣叹有着强烈的读者主体意识,不仅自己是一名读者,而且时刻将普通意义上的读者装在心里,描述读者在不同情节面前常有的反应。

《水浒传》第四十一回写宋江被士兵追赶,急忙躲入神厨中,金圣叹批曰:

前半篇两赵来捉,宋江躲过,俗笔只一句可了。今看他写得一起一落,又一起又一落,再一起再一落,遂令宋江自在厨中,读者本在书外,却不知何故,一时便若打并一片心魂,共受若干惊吓者。灯昏窗响,壁动鬼出,笔墨之事,能令依正一齐震动,真奇绝也。③

读者本在书外,但是读者想象书中情境,设身处地,也似乎有受到惊吓的反应。读者既然已经进入情境当中,想象也更加丰富,当士兵和赵能不知面前何物、叫喊"神圣救命"时,金圣叹夹批曰:

---

① 金圣叹.贯华堂第五才子书《水浒传》·上 [M].沈阳:万卷出版公司,2009:99.
② 金圣叹.贯华堂第五才子书《水浒传》·上 [M].沈阳:万卷出版公司,2009:99.
③ 金圣叹.贯华堂第五才子书《水浒传》·下 [M].沈阳:万卷出版公司,2009:591.

士兵叫"神圣救命",赵能又叫"神圣救命",令读者疑是玄女显化,定有鬼兵在后也。此皆作者特特为此鬼怪之笔,俗本乃作"我们都是死也",一何可笑。[①]

既然书中还没有交代是人是鬼,读者自然通过"神圣救命"的呐喊,想象有鬼神出没,这也是金圣叹点评的精细之处,无时无刻不关切读者可能有的反应。

五、颜李学派的阅读思想

颜元,清初思想家、教育家,颜李学派创始人。从阅读研究的角度看,颜李学派批驳了程朱理学特别是朱熹的读书观,在此基础上提出了他们关于读书的思想和主张。

(一)颜李学派批驳什么?

颜李学派从"实学"的角度,批驳了程朱理学为读书而读书的读书观,反对"半日静坐,半日读书"的读书学习观点(图7-7)。

颜元在《存学编》中对朱熹的观点提出质疑:"多识自不可废。博学乃只多读书乎?"[②]他不反对多读书和多学习,但是博学就只是多读书吗?他批驳朱熹道:

> 朱子论学只是论读书,但他处多入"理会道理""穷理致知"等字面,不肯如此分明说。试看此处直言之如此十分精彩,十分有味,盖由其得力全在此也。夫读书乃学中之一事,何为全副精神用在简策乎![③]

图7-7 《颜元集》,颜元著,中华书局出版

颜元指出,朱子论学习时只讲读书,即认为学习只是读书;颜元认为将读书等同于学习的观点是不对的,读书只是学习中的一部分,并非学习的全部,读书不能完全替代学习。但凡看到朱熹有关论读书的语词,颜元都竭力批评和反驳。

---

① 金圣叹.贯华堂第五才子书《水浒传》·下[M].沈阳:万卷出版公司,2009:597
② 颜元.颜元集·上[M].北京:中华书局,1987:96
③ 颜元.颜元集·上[M].北京:中华书局,1987:98

在颜元《朱子语类评》中，类似的评语不胜枚举。针对朱子所言"教人无宗旨，只是随分读书"的观点，颜元评论曰：

会读书者，曾见一人如帝臣、王佐否？以读书自误，兼误少年书生矣。此段且增"随分"二字，是自天子至庶人皆欲误之乎？《大学》何不言"壹是皆以读书为本"！①

颜元批驳朱子的教育只是读书说，针对朱子所言"学者做工夫，须如大火锻炼通红成汁方好。今学者虽费许多工夫看文字，下梢头都不得力、不济事者，只缘不熟耳"②，颜元评论曰：

朱子说诨半日，皆谓读书乎？读书愈多愈惑，审事机愈无识，办经济愈无力。试历观宋、明已事，可为痛哭。朱子胸中妙思，口里快道，直如许津津有味。试问立朝四旬，亲民九考，干得甚事？吾尝谓"读书欲办天下事，如缘木而求鱼也"；圣人复起，不易吾言矣。③

颜元批驳朱子将读书等同于学习、一切皆是读书之说；如果要处理天下事务，那么只读书就好比缘木求鱼，徒劳无益。

颜元在著述中频繁指出和批驳程朱理学的静坐读书之说，他认为：

"半日静坐"之半日固空矣，"半日读书"之半日亦空，也是空了岁月；"虚灵不昧"，空了此心；"主一无适"，亦空了此心也。说"六艺合当做，只自幼欠缺，今日补填是难"，是空了身上习行也④。

颜元从务实的习行之说，直击程朱理学"半日静坐，半日读书"之说的要害。李塨在《与枢天论读书》中也说道："读阅久则喜静恶烦，而心板滞迂腐矣。"⑤

单纯读书果真如此糟糕吗？如果不加分析，会以为颜李学派在批驳读书本身，其实"习斋反对读书，并非反对学问。他因为认定读书与学问截然两事，而且认读书妨碍学问，所以反对它。他（颜元）说：人之岁月精神有限，诵说中度一日，便习行中错一日；纸墨上多一分，便身世上少一分（《存学编》卷一）。恕谷（李

---

① 颜元.颜元集·上[M].北京：中华书局，1987：250
② 颜元.颜元集·上[M].北京：中华书局，1987：252
③ 颜元.颜元集·上[M].北京：中华书局，1987：252
④ 颜元.颜元集·上[M].北京：中华书局，1987：270—271
⑤ 李塨.恕谷后集[M].冯辰，校.北京：中华书局，1985：165

堞）亦说：纸上之阅历多，则世事之阅历少；笔墨之精神多，则经济之精神少。宋明之亡以此。（《恕谷年谱》）观此，可知他（颜元）反对读书，纯为积极的，而非消极的。他（颜元）只是叫人把读书的岁月精神腾出来去做学问"[1]。

颜元为什么批驳程朱的读书观呢？他在《存学编·明亲》中慷慨陈词：

一二聪明特杰者出，于道略有所见，粗有所行，遽自谓真孔、孟矣，一时共尊为孔、孟焉，嗣起者以为我苟得如先儒足矣。是以或学训解纂集，或学静坐读书，或学直捷顿悟，至所见所为，能仿佛于前人而不大殊，则将就冒认，人已皆以为大儒矣，可以承先启后矣。或独见歧异，恍惚道体，则辄称发先儒所未发，得孔、颜乐处矣。又孰知其非《大学》之道乎！此所以皆未之言也。天下人未之言，数百年以来之人未之言，吾独于程、朱、陆、王之外别有大学之道焉，岂不犯天下之恶，而受天下僇乎？然吾之所惧，有甚于此者，以为真学不明，则生民将永被毒祸，而终此天地不得被吾道之泽；异端永为鼎峙，而终此天地不能还三代之旧。是以冒死言之，望有志继开者之一转也。[2]

颜元首先是不怕挑战和冒犯天下已成之论，其次是担心真的学问不能公开被人接受，导致读程朱注经者继续深受其害，再者是担心不能传承和彰显三代之原本学问。因此，颜元以批驳程朱理学之读书观为突破口，对程朱理学之弊端进行激烈批判。

（二）颜元是如何进行批驳的？

颜元对程朱理学之读书观的批驳，可谓直击要害，主要集中在读书等同于学习和学问的读书观，以及"半日静坐，半日读书"的读书观等方面。

1. 颜元批驳程朱理学将读书等同于学习和学问的读书观

颜元称："朱子则必欲人读天下许多书，是将道全看在书上，将学全看在读上。"[3]颜元在《四书正误》中反对宋儒朱熹的读书观："宋人务读取三百遍，期一字不差。朱子尤欲读尽天下书，耗有用心气于纸墨，何为也？率古今之文字，食天下之神智，扫天下之人才，乱古圣之本学，愚哉妄哉！斯世何不幸，而罹兹

---

[1] 梁启超.中国近三百年学术史[M].北京：中国社会科学出版社，2008：117
[2] 颜元.颜元集·上[M].北京：中华书局，1987：42—43
[3] 颜元.颜元集·上[M].北京：中华书局，1987：62

大祸也。悲夫！"①他认为如宋儒朱子这样的读书观，对社会和人才都是不幸的。他正本清源道："盖古人读书，惟取施行，固不沾沾其章句。"②古人读书旨在习行，而不拘泥于书中的文字。

《颜习斋先生言行录》中记载了颜元和李命侯的一段对话。颜元说："古今旋乾转坤，开务成物，由皇帝王霸以至秦、汉、唐、宋、明，皆非书生也。读书著书，能损人神智气力，不能益人才德。其间或有一二书生济时救难者，是其天资高，若不读书，其事功亦伟，然为书损耗，非受益也。"他认为读书对人神智气力消耗很大。李命侯问道："书可废乎？"颜元回答："否。学之字句皆益人，读著万卷倍为累。如《弟子入则孝》一章，士夫一阅，终身做不尽；《能行五者于天下》一章，帝王一观，百年用不了，何用读著许多！千年大患，只为忘了孔门'学而时习之'一句也。"③颜元并不是反对读书，而是反对把读书当作学习本身。学习不仅仅是读书，更重要的是习得，在运用所学知识的过程中习得。

颜元并不否定朱熹对儒学发展的贡献，也肯定了朱熹"昭明书旨，备劳心力"的贡献，但是反对朱熹只以读书为主旨，未能"得吾身之道"。"先生（朱熹）蒐辑先儒之说而断以己意，汇别区分，文从字顺，妙得圣人之本旨，昭示斯道之标的。又使学者先读《大学》以立其规模，次及《语》《孟》以尽其蕴奥，而后会其归于《中庸》。尺度权衡之既定，由是以穷诸经，订群史以及百氏之书，则将无理之不可精，无事之不可处矣。先生昭明书旨，备劳心力，然所明只是书旨，未可谓得吾身之道也。"④

颜元反对朱熹以读经史书籍为穷理求道本身的观点。他论述道："盖四书、诸经、群史、百氏之书所载者，原是穷理之文，处事之道。然但以读经史、订群书为穷理处事以求道之功，则相隔千里；以读经史、订群书为即穷理处事，曰道在是焉，则相隔万里矣。"⑤

颜元以学琴为例，类推读书不等于学习和求道：

---

① 颜元.颜元集·上［M］.北京：中华书局，1987：229
② 颜元.颜元集·上［M］.北京：中华书局，1987：229
③ 颜元.颜元集·下［M］.北京：中华书局，1987：674
④ 颜元.颜元集·上［M］.北京：中华书局，1987：78
⑤ 颜元.颜元集·上［M］.北京：中华书局，1987：78

譬之学琴然：诗书犹琴谱也。烂熟琴谱，讲解分明，可谓学琴乎？故曰以讲读为求道之功，相隔千里也。更有一妄人指琴谱曰，是即琴也，辨音律，协声韵，理性情，通神明，此物此事也。谱果琴乎？故曰以书为道，相隔万里也。千里万里，何言之远也！①

他继续以学琴为例，区分了学琴、习琴和能琴的不同之处，认为如果把只读琴谱当作学琴，就好比只望江水而不渡江；如果把琴谱当作琴本身，就好比南辕北辙。颜元以此类推，学习不等于只读书，二者相差千万里：

亦譬之学琴然：歌得其调，抚娴其指，弦求中音，徽求中节，声求协律，是谓之学琴矣，未为习琴也。手随心，音随手，清浊、疾徐有常规，鼓有常功，奏有常乐，是之谓习琴矣，未为能琴也。弦器可手制也，音律可耳审也，诗歌惟其所欲也，心与手忘，手与弦忘，私欲不作于心，太和常在于室，感应阴阳，化物达天，于是乎命之曰能琴。今手不弹，心不会，但以讲读琴谱为学琴，是渡河而望江也，故曰千里也。今目不睹，耳不闻，但以谱为琴，是指蓟北而谈云南也，故曰万里也。②

颜元以学医为比喻，指出读医书不等于懂医术和治病救人，类推出只读书不等于学习：

《黄帝素问》《金匮》《玉函》，所以明医理也，而疗疾救世，则必诊脉、制药、针灸、摩砭为之力也。今有妄人者，止务览医书千百卷，熟读详说，以为予国手矣，视诊脉、制药、针灸、摩砭以为术家之粗，不足学也。书日博，识日精，一人倡之，举世效之，岐、黄盈天下，而天下之人病相枕、死相接也，可谓明医乎？愚以为从事方脉、药饵、针灸、摩砭，疗疾救世者，所以为医也，读书取以明此也。若读尽医书而鄙视方脉、药饵、针灸、摩砭，妄人也。不惟非岐、黄，并非医也，尚不如习一科、验一方者之为医也。③

颜元以走路为比喻，说读"路程本"不等于行路，类推出只读书之谬：

宋儒如得一路程本，观一处又观一处，自喜为通天下路程人，人亦以晓路称

---

① 颜元.颜元集·上[M].北京：中华书局，1987：78.
② 颜元.颜元集·上[M].北京：中华书局，1987：78—79.
③ 颜元.颜元集·上[M].北京：中华书局，1987：50.

之。其实一步未行,一处未到,周行榛芜矣。①

2. 颜元批驳程朱理学"半日静坐,半日读书"的读书观

颜元认为,静坐读书对读书人是有损伤的,"坐读之病苦":

书之病天下久矣,使生民被读书者之祸,读书者自受其祸。而世之名为大儒者,方且要'读尽天下书',方且要'每篇读三万遍,以为天下倡',历代君相方且以爵禄诱天下于章句浮文之中,此局非得大圣贤、大豪杰,不能破矣。②

颜元分析了静坐读书对读书人身心的损伤,"及其壮衰,已养成娇脆之体矣,乌能劳筋骨,费气力,作六艺事哉!吾尝目击而身尝之,知其为害之钜也"③。颜元以其友张石卿身体衰竭之情形说明静坐读书之危害:

吾友张石卿,博极群书,自谓秦、汉以降二千年书史,殆无遗览。为诸少年发书义,至力竭偃息床上,喘息久之,复起讲,力竭复偃息,可谓劳之甚矣。④

颜元又举刁蒙吉静坐读书的例子:

祁阳刁蒙吉,致力于静坐读书之学,昼诵夜思,著书百卷,遗精痰嗽无虚日,将卒之三月前,已出言无声。⑤

颜元列举了多个案例,并总结静坐读书之害,曰:"况今天下兀坐书斋人,无一不脆弱,为武士、农夫所笑者,此岂男子态乎!"⑥他痛言:"'半日静坐半日读书'之言,岂不令饥寒者立死,露处与疾病者立毙乎。"⑦他批驳朱熹曰:"朱子更愚,全副力量用在读书,每章'读取三百遍',又要'读尽天下书',又言'不读一书,不知一书之理'……但到三十上下,耗气劳心书房中,萎惰人精神,使筋骨皆疲软,天下无不弱之书生,无不病之书生,一事不能做。"⑧

颜元认为静坐读书不切实用。颜元批评朱熹道:"朱子'半日静坐',是半日达也;'半日读书',是半日汉儒也。"⑨

---

① 颜元. 颜元集·下[M]. 北京:中华书局,1987:783
② 颜元. 颜元集·下[M]. 北京:中华书局,1987:655
③ 颜元. 颜元集·上[M]. 北京:中华书局,1987:73
④ 颜元. 颜元集·上[M]. 北京:中华书局,1987:73
⑤ 颜元. 颜元集·上[M]. 北京:中华书局,1987:73
⑥ 颜元. 颜元集·上[M]. 北京:中华书局,1987:73
⑦ 颜元. 颜元集·下[M]. 北京:中华书局,1987:490
⑧ 颜元. 颜元集·上[M]. 北京:中华书局,1987:272
⑨ 颜元. 颜元集·上[M]. 北京:中华书局,1987:278

颜元又批道：

朱门一派口里道是"即物穷理"，心里见得，日间做得，却只是读书讲论。他处穷事理之理说教好看，令人非之无举，此处现出本色，其实莫道不曾穷理，并物亦不能即。"半日静坐，半日读书"，那会去格物？莫道天下事物，只礼乐为斯须不可去身之物，亦不会即而格之。①

颜元认为，"半日静坐，半日读书"，与朱熹所说的"即物穷理"之说背道而驰，所用之功，不切实用，周氏坦曰："观先生在罗浮山静坐三年，所以穷天地万物之理，切实若此。"颜元评论曰：

原来是用此功，岂不令孔子哀之乎！但凡从静坐读书中讨来识见议论，便如望梅画饼，靠之饥食渴饮不得。②

（三）颜李学派的读书观

从阅读的角度看，颜李学派认为，只读书不等于学习；读书是学习的手段和过程，读书本身不是目的；读书的目的是明理、习行和致用。

据康熙时期郭金城在《存学编》序中记载，李塨曾对他讲了一番话，使他如醉而醒、如梦而觉：

子知读书，未知为学。夫读书，非学也。今之读书者，止以明虚理、记空言为尚，精神因之而亏耗，岁月因之以消磨，至持身涉世则盲然。曾古圣之学而若此！古人之学，礼、乐、兵、农，可以修身，可以致用，经世济民，皆在于斯，是所谓学也。书，取以考究乎此而已，专以诵读为务者，非学也，且以害学。③

李塨所讲内容源自颜元的学说，主旨思想来自颜元的《存学编》。李塨的这段话，批驳了程朱理学的读书观，阐明了颜李学派的读书观，即读书不等于学习和学问本身。颜李学派认为，古圣之学习的要旨在于经世致用，只读书而不切实用，不是真的学习。

颜元在《存学编·学辨二》中记录了他和友人王养粹的对话，其中关于读书的辩论，可以让我们更加清楚地理解颜李学派的读书观。颜元并不是反对读书，而是

---

① 颜元.颜元集·下［M］.北京：中华书局，1987：493
② 颜元.颜元集·上［M］.北京：中华书局，1987：66
③ 郭金城.存学编·序［M］//颜元.颜元集·上.北京：中华书局，1987：37

分清楚什么是读书、什么是学习。读书不等同于学习，不能把多读书作为目的来代替博学。读书是学习的一种手段和方法，读书本身不是目的：

王子（王养粹）曰："博学乃古人第一义。《易》云'多识前言往行以畜德'，子路曰'何必读书然后为学！'可见古人读书,诵读亦何可全废？"予（颜元）曰："周公之法，春秋教以礼乐，冬夏教以诗书。岂可全不读书！但古人是读之以为学，如读琴谱以学琴，读《礼经》以学礼。博学之，是学六府、六德、六行、六艺之事也。只以多读书为博学，是第一义已误，又何暇计问、思、辨、行也？"王子行。①

颜元又曾说过："读书乃致知中之一事，专为之则浮学"②，指出读书只是学习致知的路径之一，并非全部。

李塨在和宋瑾的对答中，继续阐明颜李学派学习不专指读书的读书观：

宋豫庵（名瑾），自湖州来桐乡视予（李塨），曰："闻颜习斋先生言'先儒静坐之功近禅'有之乎？"曰："有之。"豫庵曰："借静坐以收放心，乃可为学，非专事此也，何为近禅？"（李塨）曰："先生所谓学者，专指读书乎？"豫庵曰："学为圣贤，岂专在读书？"（李塨）曰："若如此，请问'半日静坐，半日读书'，所谓乃可为学之功，是在何时？"③

颜元主张读书的目的之一在于明理，曾曰："读书以明理，是借书以明吾心之理，非必记其书也。今日一种书之理开吾心，明日一种书之理开吾心，久之，吾心之明自见，自能烛照万理。"④但是明理的路径不只读书一条，不能专以读书代替学习本身。

李塨和徐秉义曾经有一段讨论读书的对话：

徐秉义曰："读书以明理，不读书，理何由明？"李塨曰："非教人废读书也，但专以读书为学，则不可耳。且明理非尽由读书也，即如人日读书传，亦知射曰，'志正体直'，而与之决拾，颠倒错互，遂可谓晓知射之理乎？亦知乐曰，'以和为主'，而宫商音律，入耳茫然，遂可谓晓知乐之理乎？故古人明理之功，以实事不以空

---

① 颜元.颜元集·上［M］.北京：中华书局，1987：54
② 颜元.颜元集·下［M］.北京：中华书局，1987：730
③ 李塨.论学［M］//李塨文集·上.石家庄：河北人民出版社，2011：76
④ 颜元.颜元集·下［M］.北京：中华书局，1987：648

文，曰，'致知在格物'。"[1]

颜元认为，读书人应知道明理和学习不只在读书，要注重实学、实习，要亲身体悟和习行，否则是无用的学问。他曾曰："大旨明道不在《诗》《书》章句，学不在颖悟诵读，而期如孔门博文、约礼、身实学之，身实习之，终身不懈者。"[2]颜元曰："吾人要为君子，凡读书须向自己身上打照，若只作文字读，便妄读矣"，[3]又曰，"心中醒，口中说，纸上作，不从身上习过，皆无用也"[4]，"读得书来口会说，笔会做，都不济事，须是身上行出，方算学问"[5]，"学求实得，要性情自慊，则心逸而日休；学求名美，便打点他人，则心劳而日拙。此关不透，虽自负读书穷理，用功数十年，其实谓之一步未进"[6]，"开聪明，长才见，固资读书。若化质养性，必在行上得之。不然，虽读书万卷，所知似几于贤圣，其性情气量仍毫无异于乡人也[7]"。

"颜元并不完全排斥读书，他在许多方面也承认读书的必要性。'勿多读书'的言论，精神实质乃在于强调'习行。'"[8]朱熹称，"上蔡直指穷理居敬为入德之门，最得明道教人纲领。"颜元认为，"穷理居敬"是程朱理学家自欺而自误者也。"'穷理居敬'四字，以文观之甚美，以实考之，则以读书为穷理功力……但观之孔门，则以读书为致知中之一事。且书亦非徒占毕读之也，曰'为《周南召南》'，曰'学《诗》''学《礼》'，曰'学《易》''执《礼》'，是读之而即行之也。"[9]读书是学习致知中的一项内容，而非全部，读书之后关键在于行动和致用。颜元认为，"读书无他道，只须在'行'字着力。如读'学而时习'便要勉力时习，读'其为人孝弟'便要勉力孝弟，如此而已"[10]，强调读书和习行的关系，二者紧密相连。

颜元《存学编》主张，读书为学注重习行。"惟愿主盟儒坛者，远溯孔、孟

---

[1] 李塨.论学[M]//李塨文集·上.石家庄：河北人民出版社，2011：87
[2] 颜元.颜元集·上[M].北京：中华书局，1987：48
[3] 颜元.颜元集·下[M].北京：中华书局，1987：689
[4] 颜元.颜元集·上[M].北京：中华书局，1987：56
[5] 颜元.颜元集·下[M].北京：中华书局，1987：466
[6] 颜元.颜元集·下[M].北京：中华书局，1987：633
[7] 颜元.颜元集·下[M].北京：中华书局，1987：625
[8] 张岂之.中国思想学说史·明清卷·上[M].桂林：广西师范大学出版社，2007：369
[9] 颜元.颜元集·上[M].北京：中华书局，1987：59
[10] 颜元.颜元集·下[M].北京：中华书局，1987：623

之功如彼，近察诸儒之效如此，而垂意于习之一字；使为学为教，用力于讲读者一二，加功于习行者八九，则生民幸甚，吾道幸甚！仆受诸儒生成覆载之恩，非敢入室操戈也。但以人之岁月精神有限，诵说中度一日，便习行中错一日；纸墨上多一分，便身世上少一分。"①颜元又曰，"夫子乃乡里道路朝庙之夫子也，其道乃乡里道路朝庙之道，学乃乡里道路朝庙之学也。如谓读书便足处天下事，而不必习行，是率天下而汉儒也；如谓一室主静敬，便足明天下理，而不必历练，是率天下而禅也。"②颜元主张读书要习行，要致用。

综上所述，颜李学派以批驳程朱理学的读书观为突破口，反对以读书本身作为学习和治学的目的，批判静坐读书对读书人身心造成的损害；主张读书只是学习和致知当中的一个环节，区分读书与学习的差异，注重读书在明理、致用和习行中的意义。从近代学术发展史的角度看，颜李学派以"实学"直击程朱理学之要害；从阅读研究的角度看，颜李学派的阅读观在中国阅读思想史上最具批判性。认清读书的本质，对近代以来的读书观和重塑读书致用理念有着深远的影响和意义。

图7-8 《幽梦影》，张潮著，中华书局出版

六、张潮的阅读思想

张潮，清初著名学者。张潮的阅读思想和论述主要见于其专著《幽梦影》（图7-8）和文章《书本草》中。

第一，张潮认为读书很重要。"昔人欲以十年读书、十年游山、十年检藏。予谓检藏尽可不必十年，只二三载足矣。若读书与游山，虽或相倍蓰，恐亦不足以偿所愿也。必也，如黄九烟前辈之所云，人生必三百年而后可乎？"③意思是说，以前的人愿用十年时间读书，用十年时间游山水，用十年时间整理藏书和作品，

---
① 颜元.颜元集·上[M].北京：中华书局，1987：41—42
② 颜元.颜元集·下[M].北京：中华书局，1987：688
③ 张潮.幽梦影[M].南京：江苏古籍出版社，2001：181

张潮主张将人生的主要时间和精力用在读万卷书、行万里路上，可见读书在其心中的重要地位。"凡事不宜刻，若读书则不可不刻；凡事不宜贪，若买书则不可不贪；凡事不宜痴，若行善则不可不痴。"[1]张潮认为，凡事只有读书要刻意认真，只有买书读书可以贪多，强调读书在人生诸事中的重要意义。

第二，张潮以读书为乐事，阐释了他的快乐读书理念。"读书最乐，若读史书，则喜少怒多；究之怒处，亦乐处也。"[2]张潮认为读书是最快乐的事，即使读史书时有不少让人恼怒之处，但是读书人也能从中寻觅乐趣，转怒为乐。"春雨宜读书，夏雨宜弈棋，秋雨宜检藏，冬雨宜饮酒。"[3]张潮认为不同季节的雨天有不同的乐事，但是春雨天读书最乐。"多情者，不以生死易心；好饮者，不以寒暑改量；喜读书者，不以忙闲作辍。"[4]张潮认为喜好读书的人，无论忙闲，只要读书，就不改其乐。"天下无书则已，有则必当读；无酒则已，有则必当饮；无名山则已，有则必当游；无花月则已，有则必当赏玩；无才子佳人则已，有则必当爱慕怜惜。"[5]张潮认为有书必读，因为读书堪比饮酒作乐、游山赏花之乐。从张潮的阅读心态来看，读书是件快乐的事，这对惯常所说的"苦读"是一种颠覆，让读书人转变视角和心态，重新认识读书，发现读书之乐。

第三，张潮阐述了读书与时间的关系。张潮认为，不同的书适宜不同的时间和季节阅读，人生不同时间段读书的情形和状态有差异。"读经宜冬，其神专也；读史宜夏，其时久也；读诸子宜秋，其致别也；读诸集宜春，其机畅也。"[6]张潮认为经、史、子、集各类书分别适宜在冬、夏、秋、春阅读，并说明了理由。虽然是一家之言，但是其中不无道理。比如冬天人的心神更专注，适宜读经书；夏天昼长夜短，适宜读史书；诸子百家各有差异，适宜在秋天分别阅读；春天人的气机通畅，适宜读诗文集。张潮不仅将一年四季赋予读书的意义，而且描绘了人生不同年龄段读书的状态："少年读书，如隙中窥月；中年读书，如庭中望月；

---

[1] 张潮.幽梦影[M].南京：江苏古籍出版社，2001：127
[2] 张潮.幽梦影[M].南京：江苏古籍出版社，2001：109
[3] 张潮.幽梦影[M].南京：江苏古籍出版社，2001：93
[4] 张潮.幽梦影[M].南京：江苏古籍出版社，2001：159
[5] 张潮.幽梦影[M].南京：江苏古籍出版社，2001：169
[6] 张潮.幽梦影[M].南京：江苏古籍出版社，2001：1

老年读书，如台上玩月。皆以阅历之浅深为所得之浅深耳。"①人生不同时期阅历的变化，对读书的深浅状态也有一定内在影响；从少年到中年，再到老年，以观月的变化比喻读书深浅的变化，通俗明了，颇有意趣。

第四，张潮认为，人要会读书、善于读书、知道如何读书。张潮先谈了如何读经史书籍："经传宜独坐读，史鉴宜与友共读。"②张潮主张，儒家经传，适宜独自阅读，理解其中思想内涵；史书，适宜与朋友边读边交流。"先读经，后读史，则论事不谬于圣贤；既读史，复读经，则观书不徒为章句。"③意思是说，先读经书，再读史书，看待历史问题和论事就不会与圣贤之论偏差太大；读过史书，再读经书，就不会只看到章句的教条，而是更有体会。"高语山林者，辄不善谈市朝事。审若此，则当并废《史》《汉》诸书而不读矣。盖诸书所载者，皆古之市朝也。"④张潮认为，读书人要重视读史书，知世论事不可不读史书。"创新庵不若修古庙，读生书不若温旧业。"⑤张潮以盖新庙不如修古庙做比喻，认为读生书从字词开始，不如多温习已读过的书，收获和成效更为显著。"善读书者，无之而非书：山水亦书也，棋酒亦书也，花月亦书也；善游山水者，无之而非山水：书史亦山水也，诗酒亦山水也，花月亦山水也。"⑥张潮认为，读书人若会读书、善于读书，会发现处处是可读之书，处处留心皆学问。"能读无字之书，方可得惊人妙句；能会难通之解，方可参最上禅机。"⑦读书关键在于有所悟，才不是读死书、死读书。张潮以自己读书的体悟为例，认为"《水浒传》是一部怒书，《西游记》是一部悟书，《金瓶梅》是一部哀书"⑧，他对这三本书的理解，高屋建瓴。读书读到一定境界，就是能见常人所未见之处，就在于会读书、能读懂书，而不是不知所云或人云亦云。

第五，张潮论读书的功效。张潮论读书，最有趣味之处就在于此。书本无

---

① 张潮.幽梦影［M］.南京：江苏古籍出版社，2001：39
② 张潮.幽梦影［M］.南京：江苏古籍出版社，2001：2
③ 张潮.幽梦影［M］.南京：江苏古籍出版社，2001：208
④ 张潮.幽梦影［M］.南京：江苏古籍出版社，2001：61
⑤ 张潮.幽梦影［M］.南京：江苏古籍出版社，2001：132
⑥ 张潮.幽梦影［M］.南京：江苏古籍出版社，2001：153
⑦ 张潮.幽梦影［M］.南京：江苏古籍出版社，2001：188
⑧ 张潮.幽梦影［M］.南京：江苏古籍出版社，2001：107

性无味、不寒不热，但是张潮借中药性味寒热之说，阐发他对读不同书籍的理解和体悟，让无性无味、不寒不热的书籍，经人阅读而产生了"药性"和"功效"。其中意味到底如何？我们一起来分享张潮的《书本草》：

〖四书〗有四种，曰《大学》，曰《中庸》，曰《论语》，曰《孟子》。俱性平，味甘，无毒，服之清心益智，寡嗜欲。久服令人睟面盎背，心宽体胖。

〖五经〗有五种，曰《易》，曰《诗》，曰《书》，曰《春秋》，曰《礼记》。俱性平，味甘，无毒，服之与"四书"同功。

〖诸史〗种类不一，其性大抵相同。内惟《史记》《汉书》二种，味甘，余俱带苦。服之增长见识，有时令人怒不可解，或泣下不止，当暂停，复缓缓服之。但此药价昂，无力之家往往不能得。即服，亦不易，须先服四书、五经，再服此药方妙。必穷年累月方可服尽，非旦夕所能奏功也。官料为上，野者多伪，不堪用。服时得酒为佳。

〖诸子〗性寒，带燥，味有甘者、辛者、淡者。有大毒，服之令人狂易。

〖诸集〗性味不一，有微毒，服之助气，亦能增长见识，须择其佳者方可用，否且杀人。

〖释藏、道藏〗性大寒，味淡，有毒，不可服，服之令人身心俱冷。惟热衷者宜用，胸有磊块者服之，亦能消导，忌酒，与茶相宜。

〖小说、传奇〗味甘，性燥，有大毒，不可服，服之令人狂易。惟暑月神气疲倦，或饱闷后，风雨作恶，及有外感者服之，能解烦消郁，释滞宽胸，然不宜久服也。

费此度日，药亦顾所用何如耳，用之而当，虽蛇蝎亦足以奏功。韩信之背水阵，岳飞之不学古兵法是也。用之而不当，即茯苓亦足以殒命，赵括之徒读父书，王安石之信用周礼是也，此又用药者所当知。[1]

---

[1] 王晫，张潮. 檀几丛书[M]. 上海：上海古籍出版社，1992：459

第二节　中国古代阅读方法

在阅读方法方面，中国古代先贤有很好的经验总结和提炼。这些阅读方法对于当时和后来的读书人有重要的帮助。就当今而言，一些阅读方法依然可以为读者所采用，并进而帮助读者提高阅读的效率和增强阅读的效果。古代有不少读书人，不仅爱读书，而且善于读书和会读书。他们在读书过程中，对读书之法不乏思考，有的是一般意义上较为抽象的读书方法，有的是较为具体的读书方法。读者了解、掌握这些读书方法后，有助于提高自己的阅读能力和欣赏水平。

一、抽象的读书方法

（一）读书要掌握读书之法

明末清初的文学家胡承诺认为，读书要掌握门径，得读书之法：

读书之法，舒缓详尽；读书之仪，端庄敛肃。书有途径，直者为是；书有门庭，通者为是。不求诸直捷通达，而求诸偏曲窒塞，如适越而望闽也。凡书中之义，有即本书得之者，有旁观他书得之者，有文词，有指意，有义理，有体裁。[1]

胡承诺按读书的不同心态，将读者划分为两类："宽博详缓者"和"富丽精华者"。他对这两类读者的阅读行为和阅读心理进行了较为详细的分析：

宽博详缓者，所以优游学者之心志，使潜心味索，不以迫亟致浅尝也。富丽精华者，所以充足学者之嗜好，使悦豫奔趋，不以淡泊生厌弃也。开卷之时，止可得其梗概，其中曲折肯綮，更在掩卷后平心静气紬绎寻思。有开卷之功无掩卷之功者，所得亦恍惚也。所以勇往前进，不如退转玩味。信己见以直前，不如勒回己见以徐观。一段一篇既讫，宜将此心稍息，使神气不疲，然后与义理浃洽。此际甚微，亦不能言其所以然之。故若读前段毕，气尚未平，便读后段，或前句未了，意在后句，前段未了，意在后段，则此心躁急，心随躁动，必无浃洽之妙。粗疏毕事，虚悻有余，而实际不足矣。每见士大夫读书阅文，皆匆匆尔，未尝有徘徊顾恋之意，则所云紬绎寻思者，更在何时用功？朱子每教人理会，教人体认。门人问其用功之法，只是

---

[1] 胡承诺. 诵记 [M] // 读书说·附年谱·1. 北京：中华书局，1985：10

从心上轮回数四，自然浃洽。浃洽则坚固，既洽且固，触物取诸逢原。若但眼底收揽，胸次庋藏，既不详悉，又鲜次第，便无毫发之用。且读之浅率，自有差错，不知其浅，即不知其错也。只择意之所好，率尔赏爱，所不好者，一览而遂置焉。重复温习，则断章节取，以便诵记。一篇之中，头绪全未接续，脉理全未分明，胸中襞积猥塞，不能融液成片，以此应事接物，至当不易之理。既从平日所谓浅近中鄙夷而忽之，而平日所云深且广者，又无当于尔时之用，既不可强之使合，胸中又无可依傍，不能不向情欲智巧一途，以草草结局，而失之千里矣。①

从胡承诺的分析中，我们可以看出他褒扬"宽博详缓者"的读书心态。这类读者读书时平心静气，不急不躁，神气不疲，善于思考，能够与书中义理契合。他还指出，"富丽精华者"读书时心态有问题，导致读书的效果不佳。

（二）读书要精于选择

清人汪辉祖认为，读书要有所选择：

作文宜慎，读文先不可不择。尝见塾师授业，好选前人悲感恣肆之作，令子弟诵习，谓可开拓心胸，引伸议论。读之者不能得其神髓，而仅学其皮毛，所误不小。吾友江西新城鲁洁非，素书往还，论文相契。别有唐宋八家选本，凡伤时感事之语，细加评节，具有苦心。②

所选文章如果不恰当，不仅不能使读者明白其中的精神实质，而且有可能产生误导，因此读书要精于选择。

（三）读书当先明义例

金圣叹对读《周易》也有一番研究，他针对如何读《周易》，提出当"先明义例"。具体而言，金圣叹在《通宗易论·义例》中讲道：

读书当先明义例，义例明，虽五千四十八卷，如指掌耳。大《易》为改过而作，是必有义。有义因以起例。例之所在，义之所在也。羲、文例在《乾》《坤》二画，周公例在用九、用六。孔子学《易》，韦编三绝，铁擿三折，漆书三灭，遂自立为例，曰阴阳、刚柔、仁义。③

---

① 胡承诺.诵记［M］//读书说·附年谱·1.北京：中华书局，1985：11
② 汪辉祖.双节堂庸训［M］.王宗志等，注释.天津：天津古籍出版社，1995：162
③ 金圣叹.小题才子书［M］.沈阳：万卷出版公司，2009：197

大体是说，读书先明白义例，再多的类似书籍也能了如指掌、读得懂。他简述了伏羲、周文王、周公和孔子所言"例"的差异和内在联系，分析了"义"和"例"的关系，认为读懂"义"和"例"，就能读懂《周易》。

（四）读书要开目明理

金圣叹认为，读书要"开目"，即要有眼光、有洞察力，要透过现象看本质，这才是善读书的人。读者若想读懂作品、会欣赏作品，需要目光敏锐、有洞察力，需要善于用心体会和思考，需要善于表达自己的体验和感受。金圣叹在《水浒传》第二十一回中，感叹读古人书之难，因此试图通过评点和解读《水浒传》，帮助读者打开心目，即"开尔明月之目，运尔珠玉之心，展尔粲花之舌"[①]。读者打开心扉、拓宽视野，也就意味着读者基本具备欣赏文学作品的意识和能力。金圣叹在《水浒传》第二十一回中的夹批也表明此意："读书须心知轻重，方名善读书人。不然者，不免有懵懂葫芦之诮也。"[②] 善于读书的人，是要有识别和判断能力的。

读者拓宽视野后，还需要练就阅读的洞察力。金圣叹曰："看书要有眼力，非可随文发放也。"金圣叹以鲁达遇见金老后转而要去五台山寺为例，说明故事前后的线索要靠读者自己去梳理发现，才能读懂情节发展的内在逻辑。当然，这种洞察力还在于对书中人物的认识，诸如金圣叹在《水浒传》第三十回中评曰：

一部书中，写一百七人最易，写宋江最难；故读此一部书者，亦读一百七人传最易，读宋江传最难也。[③]

虽然读懂宋江最难，但是有洞察力，也不是不能读懂，他评曰：

骤读之而全好，再读之而好劣相半，又再读之而好不胜劣，又卒读之而全劣无好矣。夫读宋江一传，而至于再，而至于又再，而至于又卒，而诚有以知其全劣无好，可不谓之善读书人哉！然吾又谓由全好之宋江，而读至于全劣也犹易，由全劣之宋江，而写至于全好也实难。乃今读其传，迹其言行，抑何寸寸而求之，莫不宛然忠信笃敬君子也？篇则无累于篇耳，节则无累于节耳，句则无累于句耳，

[①] 金圣叹. 贯华堂第五才子书《水浒传》·上 [M]. 沈阳：万卷出版公司，2009：311
[②] 金圣叹. 贯华堂第五才子书《水浒传》·上 [M]. 沈阳：万卷出版公司，2009：312
[③] 金圣叹. 贯华堂第五才子书《水浒传》·下 [M]. 沈阳：万卷出版公司，2009：503

第七讲 古代阅读理论与方法

字则无累于字耳。虽然，诚如是者，岂将以宋江真遂为仁人孝子之徒哉？[1]

可见金圣叹读宋江是专下了一番功夫，也终于拨开云雾，对宋江的形象有了别样的认识。他说，要洞察这些，靠的是笔墨之外的功夫。这笔墨之外的功夫想必就是读者的洞察力吧。

金圣叹认为，读书要拓宽视野，眼光要长远，有时甚至要从整体的视角去把握。他在《读第五才子书法》中说道：

凡人读一部书，须要把眼光放得长。如《水浒传》七十回，只用一目俱下，便知其二千余纸，只是一篇文字。中间许多事体，便是文字起承转合之法，若是拖长看去，却都不见。[2]

读者要有宏观的视野，将作者交代的各种线索连接起来，才能理解情节发展的逻辑合理性。当然，这也就需要读者不拘泥于未解的线索和悬念，要能从书中跳得出来，才能读得进去；反之，金圣叹认为，"读书随书读，定非读书人"[3]。

读书也是读者和作者的一种交流。读者需要读懂书中的内容，也需要读懂作者内心的想法。金圣叹在《读第五才子书法》中说道："大凡读书，先要晓得作书之人是何心胸。"[4]他以《史记》和《水浒传》为例进行说明：

施耐庵本无一肚皮宿怨要发挥出来，只是饱暖无事，又值心闲，不免伸纸弄笔，寻个题目，写出自家许多锦心绣口，故其是非皆不谬于圣人。后来人不知，却于《水浒》上加"忠义"字，遂并比于史分发愤著书一例，正是使不得。[5]

金圣叹的这一评断，与常人大为不同，我们可以将之理解为：金圣叹读懂了他心目中的施耐庵，金圣叹的洞察力使他能透过现象看本质。

读书不仅要开目，要有洞察力，而且要善于读懂书中义理，读书明理是关键。金圣叹在《贯华堂第五才子书〈水浒传〉》序一中讲道："读者贵乎神而明之，而不得枘比字句，以为从事于经学也。"[6]意思是说，读书以明理为要，不能拘泥于

---

[1] 金圣叹.贯华堂第五才子书《水浒传》·下 [M].沈阳：万卷出版公司，2009：503
[2] 金圣叹.贯华堂第五才子书《水浒传》·上 [M].沈阳：万卷出版公司，2009：15
[3] 金圣叹.贯华堂第五才子书《水浒传》·上 [M].沈阳：万卷出版公司，2009：234
[4] 金圣叹.贯华堂第五才子书《水浒传》·上 [M].沈阳：万卷出版公司，2009：15
[5] 金圣叹.贯华堂第五才子书《水浒传》·上 [M].沈阳：万卷出版公司，2009：15
[6] 金圣叹.贯华堂第五才子书《水浒传》·上 [M].沈阳：万卷出版公司，2009：3

章句。金圣叹在《水浒传》第二十二回的夹批中也说道:"读书固必以神理为主。"①金圣叹在处理形迹和神理的关系时,态度明确:"略其形迹,伸其神理"。《贯华堂第五才子书〈水浒传〉》序三有言曰:

《水浒》所叙,叙一百八人,其人不出绿林,其事不出劫杀,失教丧心,诚不可训。然而吾独欲略其形迹,伸其神理者……而举其神理,正如《论语》之一节两节,浏然以清,湛然以明,轩然以轻,濯然以新……如必欲苛其形迹,则夫十五《国风》,淫污居半;《春秋》所书,弑夺十九。②

二、具体的读书方法

(一)精读经典之法

胡承诺在其所著的《读书说》中论述了精读之法:"其始也专精一书,一书之指既为吾有,所得虽少,皆有实际,以此更历诸书,亦皆实际矣。"③胡承诺认为,读书次第开始,适宜专门钻研和精读一本书,《大学》可以当作入门之书:"《大学》一书,既有义理,又有次第,如人之居宅,朝夕出入其中。《论》《孟》如人之田畴衣食所从出,然而不在一处,有经年不一至者。所以《大学》最为门户,其余未尽之理,散在诸书中者,缘此求之,即能深入其奥。"④

无独有偶,金圣叹在《贯华堂第五才子书〈水浒传〉》序三中称,读《水浒传》即得读一切书之法。他认为,"施耐庵《水浒传》真为文章之总持"⑤,"夫固以为《水浒》之文精严,读之即得读一切书之法也。汝真能善得此法,而明年经业既毕,便以之遍读天下之书,其易果如破竹也者"⑥。金圣叹从小喜读《水浒传》,一生对《水浒传》情有独钟,并且深得此书形迹和神理。他以一己之见,力推读《水浒传》之法,并且给出了理由,认为"盖天下之书,诚欲藏之名山,传之后人,即

---

① 金圣叹.贯华堂第五才子书《水浒传》·上[M].沈阳:万卷出版公司,2009:325
② 金圣叹.贯华堂第五才子书《水浒传》·上[M].沈阳:万卷出版公司,2009:8
③ 胡承诺.行习[M]//读书说·附年谱·1.北京:中华书局,1985:5
④ 胡承诺.行习[M]//读书说·附年谱·1.北京:中华书局,1985:5
⑤ 金圣叹.贯华堂第五才子书《水浒传》·上[M].沈阳:万卷出版公司,2009:8
⑥ 金圣叹.贯华堂第五才子书《水浒传》·上[M].沈阳:万卷出版公司,2009:8

无有不精严者"①。《水浒传》"字有字法,句有句法,章有章法,部有部法"②,可谓精严之作,当为读书的首选。他说:"非吾有读《水浒》之法,若《水浒》固自为读一切书之法矣。"③

金圣叹在《读第六才子书〈西厢记〉法》中提到,读书要有手眼。这手眼可以理解为一种读书的方法。金圣叹说:

圣叹本有"才子书"六部,《西厢记》乃是其一。然其实六部书,圣叹只是用一副手眼读得。如读《西厢记》,实是用读《庄子》《史记》手眼读得;便读《庄子》《史记》,亦只用读《西厢记》手眼读得。如信仆此语时,便可将《西厢记》与子弟作《庄子》《史记》读。④

他说的用一副手眼读得六部"才子书",作为一种读书方法,即"彻底读懂、读通一部经典,就会学到读书的方法,掌握了读书的方法,就可读各种经典著作,无往而不利"⑤。这种读书的手法,非一般读者所能理解和掌握,但是金圣叹认为,掌握了这种方法之后,再读其他奇书、难读之书,就很容易了。他说道:

子弟读得此本《西厢记》后,必能自放异样手眼,另去读出别部奇书。遥计一二百年之后,天地间书,无有一本不似十日并出,此时则彼一切不必读、不足读、不耐读等书亦既废尽矣,真一大快事也!然实是此《西厢记》为始。⑥

由此可见,金圣叹认为,读书的方法可以举一反三。精读一部经典,如《水浒传》《西厢记》,深得读经典著作的方法,可以推而广之,运用到读其他书的过程中。

(二)读经史书籍的方法

胡承诺认为,读六经,关键在于致用。"今人辄为六经立说,又穿凿六经,以征己说,欲天下之人,皆舍日月而就荧烛。曾不思天地之道,人人可以同得,圣贤之经,人人之所共读,苟求共知共行者以为准则,而自矢必知必行以为志趣,

---

① 金圣叹.贯华堂第五才子书《水浒传》·上[M].沈阳:万卷出版公司,2009:8
② 金圣叹.贯华堂第五才子书《水浒传》·上[M].沈阳:万卷出版公司,2009:8
③ 金圣叹.贯华堂第五才子书《水浒传》·上[M].沈阳:万卷出版公司,2009:8
④ 金圣叹.贯华堂第六才子书《西厢记》[M].沈阳:万卷出版公司,2009:12
⑤ 金圣叹.贯华堂第六才子书《西厢记》[M].沈阳:万卷出版公司,2009:20
⑥ 金圣叹.贯华堂第六才子书《西厢记》[M].沈阳:万卷出版公司,2009:12—13

则亦何所不至？又何必别求异开异见，矜前人所未获，崇虚文而不适用也？非病其说之多端也，至于莫可致用，则朽木粪墙矣。"①胡承诺认为，读史籍，读者首先要识别史书中有过其实者，要守常通变：

且读史之法，亦不可不讲也，夫载事之书，容有过其实者，读者当识其意而已。凡大体之得失，所以昭劝戒于来世，他若制度原委，处事方略，财赋盈缩，用兵胜败，有守正可久者，有行权应变者。守其常而通其变，则经权皆能尽善；逐于变而弃其常，则成败皆必有损，是皆益人才智者也。更有智数险诈之事，亦一时风气所为，又有虽无名位，而其人亦能间大事成败，造祸福端倪，有世道之责者，或驾驭之，或防闲之，不使逸于检柙，以害吾成，亦不可遗漏也。②

其次，读史者必须明白如何客观判断治乱得失，要善于分清是非正邪，要能去除成见和偏见：

故读史者必深识三才去就之理，以决治乱得失，当知治乱因乎得失，而治乱之源流，不尽在得失中。有小事无失，而所坏乃在大事者，不可不知也。又当知是非决于邪正，而人品之邪正，亦不尽在是非中，惟当以邪正定人品，不可以是非定邪正也。不当抽出书中一事一句，正其是非，议其疏密，遂欲翻前人之案，而自处鲍瓜之系。又不当辄徇己见，偶值吾之所憎，因而憎及前人；偶值吾之所善，因而善及前人。不思吾所是非，未能尽符五经之指，即不能契合圣贤之心，虽意在劝戒，而大指已乖，劝戒皆谬也。③

胡承诺还通过分析不同史学家撰写史书的长短之处，指导读者如何阅读和理解这些史书：

总之阅一史毕，然后更读一史，此许鲁斋之法。秦人罢侯置守，而史亦废，此程子之论唐时。事事覆车，代代冰鉴，此朱子之说。管读史关键也。班氏汉书小序，是非纯正，去取分明，每章不过数言，而治乱之形，贤否之迹，若布棋局而指白黑，常诵述及此，亦可知为政之大纲，立身之先务。左氏一书，隐桓之际，传闻多略，而臧氏、展氏，颇载其事。盖臧有文仲，展有柳季，其家必各有纪载，

---

① 胡承诺.六经[M]//读书说·附年谱·1.北京：中华书局，1985：12
② 胡承诺.史籍[M]//读书说·附年谱·1.北京：中华书局，1985：16
③ 胡承诺.史籍[M]//读书说·附年谱·1.北京：中华书局，1985：16

故左氏有所据以立传，此家乘之益也。野史之作，非夫人而作之也，必身在朝列，可以得政事之详，又藏书甚多，参考古今立言之准，又读书有法，不以偏霸小术闲厕正道，然后可以补金匮石室之遗，此野史法也。太史公不好儒卫，故传董仲舒甚略。班氏美其尊孔子，黜百家，故录其著作甚详，此二家学术之别也。公孙弘、卜式皆见诋于司马，而班氏犹为之表章，盖事久论定兴。并时而生者，爱憎自不同，孔子作春秋，定哀之际其辞微，犹书其事也。王通作元经，褒贬不及仁寿，则不敢笔削本朝之事矣。此又先后事势之别也。①

（三）精读和泛读的读书法

萧绎将读书之法区分为精读、泛读。萧绎，南朝梁元帝，自号金楼子，《梁书·元帝本记》称他："好学，博综群书，下笔成章，出言为论，才辩敏速，冠绝一时。"②有文才，著有《金楼子》一书存世。他在《金楼子·戒子篇五》中提出，读书要区分精读和泛读：

凡读书必以五经为本，所谓非圣人之书勿读。读之百遍，其义自见。此外众书，自可泛观耳。正史既见得失成败，此经国之所急。五经之外，宜以正史为先。谱牒，所以别贵贱明是非，尤宜留意。或复中表亲疏，或复通塞升降，百世衣冠，不可不悉。③

首先，萧绎认为，五经是必读书，非圣人之书不要读；其次，要区分精读和泛读。对于必读的五经，要"读之百遍"，即精读；对于"此外众书"，则可泛读。

金圣叹提出泛览和精读相结合的读书法。金圣叹在《读第六才子书〈西厢记〉法》中提出，读书应当总览整体、了解概貌，这是要泛览、快读；读书也应当精切细读。具体而言，金圣叹以读《西厢记》为例说道："《西厢记》，必须尽一日一夜之力，一气读之。一气读之者，总揽其起尽也"④，"《西厢记》必须展半月一月之功，精切读之。精切读之者，细寻其肤寸也"⑤。其实，泛览、快读和精读、

---

① 胡承诺．史籍[M]//读书说·附年谱·1.北京：中华书局，1985：16—17
② 姚思廉．梁书·卷五·梁元帝纪[M].北京：中华书局，1973：135
③ 萧绎．金楼子·戒子篇五[M]//王云五．丛书集成初编．上海：商务印书馆，1939：31
④ 金圣叹．贯华堂第六才子书《西厢记》[M].沈阳：万卷出版公司，2009：18
⑤ 金圣叹．贯华堂第六才子书《西厢记》[M].沈阳：万卷出版公司，2009：18

慢读并不矛盾，善于读书的人，自然理解将两者结合起来的读书效果更佳。

（四）诵读法

魏晋南北朝时期，有很多读书人运用诵读法来读书。诸如《太平御览·吴书》曰："阚泽字德润。好学，居贫，常为人佣书，所写既毕，诵读亦遍。"《太平御览·魏书》曰："贾逵最好《春秋》，课日读一遍。"《晋书》曰："殷仲堪能清言，善属文，每云三日不读《道德论》便觉舌本间强。其谈理与韩康伯齐名，士咸爱慕之。"《晋书》又曰："恭性抗直，深存节义。读《左传》至'奉王命讨不庭'，每辍卷而叹。"《晋书》曰："刘敏元字道光，北海人也。厉己修学，不以险难改心。好星历阴阳术数，潜心《易》《太玄》，不好读史。常谓同志曰，'诵书当味义根，何为费功于浮辞之文？《易》者，义之源；《太玄》，理之门，能明此者，即吾师也'。"《宋书》曰："沈演之家世为将，至演之折节好学，读《老子》百遍，以达义理上知名。"《陈书》曰："始兴王叔陵修饰虚名，每入朝，常于车中马上执卷读书，高声长诵，阳阳自若。朝坐斋中，或自执斧斤为沐猴百戏"①，陆倕，"少勤学，善属文。于宅内起两间茅屋，杜绝往来，昼夜读书，如此者数载。所读一遍，必诵于口。尝借人《汉书》，失《五行志》四卷，乃暗写还之，略无遗脱。"②这里记载，陆倕读书时采用了诵读法，边读边诵记。有一次，他借了别人的《汉书》，但是把其中的《五行志》四卷弄丢了，他就凭借自己的诵记之功，将其背写下来，才得以完整归还。

（五）听读法

魏晋南北朝时期，有些人虽不识字，但是仍然可以读书学习，因为他们采用了听读法来获取知识。如三国时蜀汉后期大将王平，即采用听读法读书。《三国志·王平传》曰：

> 王平，生长戎旅，手不能书，其所识不过十字，而口授作书，皆有意理。使人读《史》《汉》诸纪传，听之，备知其大义，往往论说不失其指。③

王平不识字，他让人读书，自己听之，这就是所谓的听读法。后赵明帝石勒，后赵建立者，不识字，但是好学，所以常让人为他读书，他听读之。《晋书·石

---

① 李昉等.太平御览·卷六百一十六·学部十[M].北京：中华书局，1966：2767—2768
② 姚思廉.梁书·卷二十七·陆倕传[M].北京：中华书局，1973：401
③ 陈寿.三国志·蜀书·卷四十三·王平传[M].裴松之，注.北京：中华书局，1959：1050

勒载记下》曰：

　　勒雅好文学，虽在军旅，常令儒生读史书而听之，每以其意论古帝王善恶，朝贤儒士听者莫不归美焉。尝使人读《汉书》，闻郦食其劝立六国后，大惊曰"此法当失，何得遂成天下！"至留侯谏，乃曰"赖有此耳"。其天资英达如此。①

　　杨大眼，北魏名将，识字不多，常常让人为其读书，自己坐在一旁听读，并且均能记下来。据《魏书·杨大眼传》记载：

　　大眼虽不学，恒遣人读书，坐而听之，悉皆记识。令作露布，皆口授之，而竟不多识字也。有三子，长甑生，次领军，次征南，皆潘氏所生，气干咸有父风。②

　　上述王平、石勒、杨大眼等人，采用听读的方法，虽然不同于常人，但是因为听人诵读而加强记忆，这也是读书学习之法。并且，这种读书方法，对于不识字或识字不多的人而言，未尝不是特殊情况下的便宜之策。

（六）"不求甚解"法

　　《三国志·诸葛亮传》注引《魏略》曰："亮在荆州，以建安初与颍川石广元、徐元直、汝南孟公威等俱游学，三人务于精熟，而亮独观其大略。"③诸葛亮读书独观其大略。从对内容把握的深浅程度而言，相对于"务于精熟"，我们可以将独观大略法归入"不求甚解"的范畴。"务于精熟"，即今日所言精读；"独观大略"，可以说类似于今日的泛读和略读。

　　魏晋时"竹林七贤"阮咸之子阮瞻，"性清虚寡欲，自得于怀。读书不甚研求，而默识其要，遇理而辩，辞不足而旨有余"。有一次，阮瞻见司徒王戎，王戎问他说："圣人贵名教，老庄明自然，其旨同异？"阮瞻曰："将无同。""戎咨嗟良久，即命辟之。时人谓之'三语掾'。"④首先，我们可以看到，阮瞻读书"不甚研求，而默识其要"，即采用了不求甚解的方法。其次，"将无同"在思想史上，常被引证来说明在魏晋名教与自然之争中发现的"第三条道路"。同时，我们也可以看到，"将无同"思想也是他读书默识其要的体现，因而他能高屋建瓴，在名教与自然之争中另辟蹊径，思想新颖，为后人所称道。

---

① 房玄龄.晋书·卷一百五·石勒载记·下[M].北京：中华书局，1974：2741
② 魏收.魏书·卷七十三·杨大眼传[M].北京：中华书局，1974：1636
③ 陈寿.三国志·蜀书·卷三十五·诸葛亮传[M].裴松之，注.北京：中华书局，1959：911
④ 房玄龄.晋书·卷四十九·阮瞻传[M].北京：中华书局，1974：1363

《宋书·陶潜传》称，陶渊明"好读书，不求甚解，每有会意，欣然忘食"[1]。陶渊明读书不求甚解之论，常常被后世议论，褒贬不一。我们将上述诸葛亮的"独观大略"、阮瞻的"不甚研求，而默识其要"、陶渊明的"不求甚解"放在一起来看，他们更强调读书的一种观念而不是具体方法。因为一旦讲具体方法，"不求甚解"就会落入攻其鄙的陷阱。所以，我们应将"独观大略""不求甚解"看作读书的观念，要根据具体情况灵活变通，这样才能真正理解他们读书方法之精妙处所在。正如元代李冶曾为此正言："盖不求甚解者，谓得意忘言，不若老生腐儒为章句细碎耳。"[2]也就是说，读书不要拘泥于细碎的文字，要能在"不求甚解"中默识其要。

（七）"三余"读书法

董遇，三国魏时儒宗。据《三国志·王肃传》注引《魏略》曰：

遇字季直，性质讷而好学。兴平中，关中扰乱，与兄季中依将军段煨。采稆负贩，而常挟持经书，投间习读。其兄笑之而遇不改。[3]

董遇在与其兄外出营生的时候，也常常携带经书。他一有空就读书学习，是惜时读书的体现。《魏略》又记载：

遇善治《老子》，为《老子》作训注。又善《左氏传》，更为作朱墨别异。人有从学者，遇不肯教，而云"必当先读百遍"，言"读书百遍而义自见"。从学者云："苦渴无日。"遇言："当以三余。"或问三余之意，遇言："冬者岁之余，夜者日之余，阴雨者时之余也。"[4]

其中"读书百遍而义自见"是一种读书法。"三余"读书法，与上述"投间习读"类似，注重对阅读时间的管理，惜时读书是其方法的精髓。

思考题

1. 请简要阐述中国传统阅读理论的当代意义。
2. 请简要分析当今读者应如何借鉴传统阅读方法。

---

① 沈约.宋书·卷九十三·陶潜传［M］.北京：中华书局，1974：2286
② 李冶.敬斋古今黈［M］.刘德权，点校.北京：中华书局，1995：173
③ 陈寿.三国志·魏书·卷十三·董遇传［M］.裴松之，注.北京：中华书局，1959：420
④ 陈寿.三国志·魏书·卷十三·董遇传［M］.裴松之，注.北京：中华书局，1959：420

第八讲

阅读史研究与阅读推广工作

在前面几讲中,我们从理论上梳理了中国古代阅读发展的历史脉络以及取得的主要成就,总结了中国古代的阅读精神和传统。中国是一个拥有悠久阅读传统的文明古国,古代阅读精神和阅读理论,是先辈留给我们的宝贵财富。但是,一切历史研究的落脚点都应与现实相关联。今天,我们谈论阅读史研究的种种话题,并不仅仅满足于对历史文献的梳理和总结,更重要的是,希望通过系统研究,揭示中国古代阅读的优良传统,在吸收与继承的基础上,更好地服务于现代社会。具体来说,就是要让中国古代阅读史的研究成果,更好地体现在阅读推广活动中。近年来,全民阅读推广与书香社会建设,日益得到国家政策层面的重视,而社会各界开展的各类阅读推广活动,历时亦有十数年之久,一场全民参与的阅读浪潮方兴未艾。在这其中,"重拾阅读精神"[1] "重建阅读传统"[2] 的呼吁不绝于耳,由此可见,中国古代阅读精神与传统在现代社会中仍有强大的生命力。那么,阅读精神与阅读传统,在"倡导全民阅读、建设书香社会"过程中究竟能够发挥哪些作用?我们又应该如何在阅读推广活动中体现中国古代阅读传统与精神的独特魅力呢?这是本讲所关注和讨论的问题。

---

[1] 包蓓蓓.重拾阅读精神[N].人民日报,2009-4-23
[2] 王子今.如何重建阅读传统[N].北京晨报,2015-5-28

第一节　阅读史研究与书香社会建设

2015年，李克强总理在《政府工作报告》中提出"倡导全民阅读，建设书香社会"，这是"书香社会"第一次出现在政府报告中。同时，这也是继2012年党的十八大报告、2014年政府工作报告后，全民阅读在国家战略层面的再次亮相。将全民阅读推广、书香社会建设上升到国家战略的高度，这充分说明了倡导全民阅读、建设学习型社会在当前社会环境下的必要性和紧迫性，是提高国民素质、实现中华民族伟大复兴的重要一环。事实上，虽然"全民阅读""书香社会"二词近几年才进入公众视野，但相关活动早已开展得如火如荼，国家层面的全民阅读战略也已经历十年以上的发展历程。可以说，将"全民阅读"和"书香社会"写入党和政府的报告，是对此前全民阅读政策和方针的总结，是对当前社会重拾中华民族阅读传统、构建学习型社会呼声的积极回应，是阅读普及和推广工作的现实需要。因此，在对当下的政策进行分析之前，首先应该梳理全民阅读战略实施和发展的背景及过程。

一、"倡导全民阅读、建设书香社会"政策实施背景

（一）从"知识工程"到"全民阅读"

自20世纪80年代初期开始，伴随着改革开放和思想解放的浪潮，一股读书热悄然兴起。为了适应各阶层民众对知识、阅读的需求，全国各地都涌现出大量与促进阅读相关的活动，最有名的，如1982年上海市总工会等机构组织策划的"振兴中华"读书会[①]，这也被部分学者认为拉开了我国全民阅读事业的序幕[②]。

"振兴中华"职工读书活动是20世纪80年代持续时间最长、社会影响最大、参加人数最多的一次群众性读书活动[③]。但是由于其活动对象主要针对职工群

[①] "振兴中华"读书活动是由上海市总工会、解放日报社、团市委、市出版局于1982年3月共同策划的一项面对上海市工人群体的阅读促进活动，在上海"振兴中华"读书指导委员会领导下开展工作。项目实施后，由于效果良好，由中华全国总工会主导，将相关经验推广至全国，形成了长达五年的以"振兴中华"为主旨的全国性读书活动。参见：徐雁，王余光. 中国读书大辞典［M］. 江苏：南京大学出版社，1993：733
[②] 许琳瑶. 从"振兴中华"读书活动到全民阅读推广工作：1982—2012［D］. 南京：南京大学，2013：1
[③] 徐雁、陈亮. 全民阅读参考读本［M］. 深圳：海天出版社，2011：69

体，故而人们更为普遍地认为，我国的全民阅读活动始于1997年开始的"知识工程"。

"知识工程"是1997年由文化部发起，中共中央宣传部、文化部、教育部、科技部、广播电影电视总局、新闻出版总署等九部委联合主办，面向全国，以创建学习型社会为目标的一项精神文明建设工程。依照工程规划，自1997年开始，2010年结束[①]。根据中共中央宣传部等部委联合发布的通知，"知识工程"以发展图书馆事业为手段，以倡导读书、传播知识、推动社会文明与进步为目的[②]。"知识工程"的实施，标志着民众阅读工作上升到国家文化政策的层面；同时，也充分体现了图书馆，特别是公共图书馆在阅读推广工作中的主体地位，为各级各类图书馆积极开展阅读推广活动提供了政策支持。"知识工程"实施后，举办了一系列的全民阅读活动，如1999年的读书征文活动，2000年组织各系统图书馆开展的以"传播科学知识、宣传科学思想、倡导科学办法、弘扬科学精神"为主题的阅读活动等，对社会阅读氛围的营造产生了积极的影响。

在"知识工程"开展的系列活动中，尤其值得注意的是"知识工程推荐书目"和"全民阅读月"。自1997年活动通知发布之日起，实施方案中就明确规定：每年颁布"知识工程"推荐书目，并做好推荐图书的宣传、出版、发行和组织阅读、书评工作。但该活动的正式实施，则要晚到2004年，全称为"知识工程——中华全民读书书目推荐活动"，由全国"知识工程"领导小组批准，委托中国文化报社和中国图书馆学会共同承办[③]。之后的几年，经过严格评选，该活动连续发布《知识工程推荐书目》，入选图书数千种，为普通民众和图书馆购书提供了指导。"全民阅读月"是"知识工程"主导的另一个重大项目。2000年12月，"知识工程"领导小组将每年的12月定为"全民阅读月"，以此为契机，在全国范围内开展全民读书活动。首届"全民阅读月"开展了丰富多彩的各类活动，包括评选"读者喜爱的图书馆""全国优秀读书家庭""科技读书示范户"等等，并以图书馆、出版社、新华书店为主要场所举办了书展、读书报告会、朗诵会等一

---

① "知识工程"简介[J].全国新书目，2006（24）
② 关于在全国组织实施"知识工程"的通知[J].当代图书，1997（2）：60—62
③ 我国全民读书活动蔚然成风——"知识工程推荐书目活动"综述[J].全国新书目，2005（21）：15—16

系列读书活动，可以说是我国首次全民性质的阅读推广实践[1]。"全民阅读月"举办三届后，于 2003 年 12 月开展第四届活动时，正式交由中国图书馆学会组织实施[2]，进一步明确了公共图书馆在全民阅读活动中的主导地位。2004 年初，中国图书馆学会在策划第五届"全民阅读月"活动时，为了"进一步激发全民读书的热情，推动学习型社会、学习型组织、学习型家庭的建设"，同时响应联合国教科文组织"世界读书日"的号召，将"全民阅读月"的时间调整为每年 4 月，从 2004 年起，在 4 月 23 日前后举办一系列相关宣传活动[3]。至此，中国的阅读推广活动与世界接轨，"世界读书日"在中国流行开来，并对我国的全民阅读事业产生了深远的影响。

在全国开展的各类阅读推广活动中，值得一提的还有由中国新闻出版研究院组织实施的全国国民阅读调查。该调查自 1999 年起，起初每两年公布一次，2007 年以后改为每年公布一次，截至 2016 年，已发布了十三次全国国民阅读调查报告。调查数据表明，近二十年来，我国成年国民的图书阅读率呈现 U 字形曲线，1999 年出现峰值，其后逐年下降，2005 年跌至谷底。2006 年，十一部委联合发出开展全民阅读活动的倡议后，阅读率逐年回升，但仍低于 1999 年的数据[4]。除了阅读率曲线外，数字化阅读率持续上升是我国国民阅读的一个突出特征。据 2016 年的数据，2015 年有 51.3% 的成年国民进行过网络在线阅读，60.0% 的成年国民进行过手机阅读[5]。这些数据为我国的阅读推广活动提供了重要的理论依据。

经过十余年的宣传推广，全民阅读的理念日益深入民心，人们对阅读活动在继承和发扬中华优秀传统文化、构建学习型社会、提升中华民族软实力等方面的价值的认识，也越发深刻。2006 年，中共中央宣传部、国家新闻出版总署会同

---

[1] 许琳瑶. 从"振兴中华"读书活动到全民阅读推广工作：1982—2012 [D]. 南京：南京大学，2013：23—24
[2] 中国图书馆学会. 关于开展 2003 年"全民读书月"活动的通知 [EB/OL]. [2016-8-3]. http://www.chinalibs.net/Zhaiyao.aspx?id=18192
[3] 四月是全民读书月 [EB/OL]. [2016-8-3]. http://www.gmw.cn/03pindao/shuping/2004-04/21/content_15791.htm
[4] 统计数据中的全民阅读 [N]. 光明日报，2016-4-23
[5] 第十三次全国国民阅读调查结果公布 [EB/OL]. [2016-9-3]. http://news.xinhuanet.com/politics/2016-04/19/c_128907616.htm

十余家相关单位组织发起开展全民阅读活动的倡议,至 2016 年,上述部委连年发布关于开展全民阅读活动的通知(具体情况参见表 8-1),以政策引导的形式领导开展各项阅读推广活动,全民阅读活动受到了前所未有的重视。

表 8-1　中共中央宣传部等十一部委关于开展全民阅读活动的通知

时间	名称
2006 年	关于开展全民阅读活动的倡议书
2007 年	关于开展以"共享知识,共建和谐"为主题的全民阅读活动的通知
2008 年	关于认真做好 2008 年全民阅读活动的通知
2009 年	关于进一步做好推进全民阅读活动的通知
2010 年	2010 年全民阅读活动行动计划
2011 年	关于深入开展 2011 年全民阅读活动的通知
2012 年	关于深入开展全民阅读活动、努力建设"书香中国"的通知
2014 年	关于开展 2014 年全民阅读活动的通知
2015 年	关于开展 2015 年全民阅读活动的通知
2016 年	关于开展 2016 年全民阅读工作的通知

有学者对上述政策文件进行分析后指出,十年来,政府部门主导的全民阅读活动体现出活动主导者由多头联动到主辅分明、活动内容由单一到多元、活动时间由短期到长期等特点[①]。

随着全民阅读活动的蓬勃开展,2011 年 10 月,党的十七届六中全会通过《中共中央关于深化文化体制改革、推动社会主义文化大发展大繁荣若干重大问题的决定》,首次提出"深入开展全民阅读",将其作为发展公益性文化事业、保障人民基本文化权益的重要举措。2012 年 11 月,党的十八大报告历史性地写入"开展全民阅读活动",将其作为推进社会主义文化强国建设的途径。2014 年至 2016 年,"倡导全民阅读"连续第三年写入政府工作报告,体现了其在保障民生、加强文化事业建设、推进文化改革方面的重要价值。2016 年 3 月 17 日,"十三五"规划纲要全文发布,首提"推动全民阅读"。从"倡导"到"推动",全民阅读第一次进入了国家整体规划。

---

① 刘长迪,陶金刚. 全民阅读政策解读[J]. 河北科技图苑,2016(3):40—43

（二）图书馆界在全民阅读活动中的作用

以上我们回顾了全民阅读从宣传推广到上升为国家文化战略的过程，在这个过程中，我国图书馆界做出了突出的贡献。前述许多重要的全民阅读活动，均是由图书馆具体负责实施的。甚至在政府部门关注到全民阅读之前，我国各级图书馆已经开始了大量自发的阅读推广活动，以下择要述之。

2004年，中国图书馆学会受"知识工程"领导小组委托，开始承办"全民阅读月"。从2004年至2016年，中国图书馆学会按照一年一个主题来策划组织全国范围内的全民阅读活动，历年主题包括："关注青少年阅读，开创精彩人生""阅读丰富人生，共建和谐社会""图书馆：公众的权益和选择""图书馆：阅读社会的家园""图书馆：公民讲堂""让我们在阅读中一起成长""保障阅读权利，享受阅读快乐""读书，给人智慧，使人勇敢，让人温暖""播撒阅读种子，构建公共文化""知识给人力量，阅读引领未来""阅读，请到图书馆""阅读的力量""阅读，从图书馆出发"。围绕上述主题，全国各级图书馆均开展了丰富多彩的阅读推广活动，让阅读真正走进了公民的生活。

为了适应广泛开展阅读推广活动的需求，特别是把加强阅读理论研究与阅读推广活动相结合，2005年，中国图书馆学会成立了科普与阅读指导委员会，2009年该委员会更名为阅读推广委员会。2016年4月，第三届中国图书馆学会阅读推广委员会在东莞成立，下设的专门工作委员会也由第一届时的五个，发展到第二届时的十五个，再增至本届的二十一个[①]。阅读推广委员会成立的十一年来，在促进全国图书馆的阅读推广工作、培养阅读推广人才、培育社会阅读环境，以及阅读理论研究等方面均取得了突出的成绩，举办的"全民阅读论坛""全国阅读推广高峰论坛"等，均已形成品牌效应，对我国的阅读推广工作产生了积极的影响。

二、阅读传统与精神在书香社会建设中的作用

（一）"倡导全民阅读、建设书香社会"的价值

通过回顾我国二十余年来全民阅读工作的历史进程，可以看到，全民阅读已

[①] 吴晞．十年种木长风烟——纪念中国图书馆学会阅读推广委员会成立十周年［J］．高校图书馆工作，2016（1）：5—6

经从最初的涓涓细流汇集成宽广的江河湖泊。人们对事物的认识需要一个逐渐深化的过程，我们对建设阅读社会价值的理解也是如此。今天，当全民阅读推广与书香社会建设已经进入国家文化战略的层面时，我们对其价值和意义的理解也应该达到新的高度。

首先，有助于提升中华民族的文化素养和社会文明程度。这也是推进全民阅读的基本目标。倡导全民阅读，基础在于保障所有公民阅读的权利，使得每个公民都享有平等、自由的阅读环境。政策实施过程中，这一点主要是通过完善国家公共文化基础设施建设，加强图书馆、文化馆等文化机构建设来实现的。国家重视全民阅读，不断加大对文化基础设施的投入，使阅读量和阅读率逐年提升，这是社会进步、文明程度提高的标志。

其次，有助于提高国家软实力，树立中华民族的文化自信。2015年，中国人均GDP已经接近八千美元，成为仅次于美国的世界第二大经济体。新一届政府强调提升我国软实力，增强中国人民的自信心，是基于目前国际国内形势所做出的准确判断。如何提高国家软实力？这有赖于对中华民族优秀传统文化的继承和发扬，有赖于对三十余年来中国建设成就的真实客观反映。而阅读是我们了解过去、展望未来最直接和有效的手段。

再次，有助于维持中国经济长期持续平稳发展。经过三十余年的快速发展，中国经济目前已经进入了平稳增长的历史时期。改革开放以来，我们在经济建设上取得了惊人的成就，进入平稳期后，尤其需要注意引导国民心态从对外在物质的关注，转向对内在精神世界的追求。这是保证中国未来继续平稳发展的关键所在。而在重塑中国人精神世界的工程上，阅读的作用无可替代。

（二）阅读史研究在书香社会建设中的作用

上文我们分析了"倡导全民阅读、建设书香社会"的重要价值，那么，阅读史研究在其中能起到什么作用呢？在分析这个问题之前，我们首先需要对书香社会的由来略做探源。有学者认为，"书香社会"一词的提出，是对联合国教科文组织20世纪70年代确立的"阅读社会"目标的中国化改造[①]。1972年，联合国教科文组织为了实现"人人有书读，人人能读书"的美好愿景，向世界发出了

---

① 曾祥芹.汉文阅读学导论［M］.北京：中央文献出版社，2004：120

"走向阅读社会"的号召[①]。建设"阅读社会"的呼吁传到中国后，很自然地与我国人文传统中向往"书香门第"的观念相结合，于是和中国文化更加吻合的"书香社会"适时地被提了出来。可见，书香社会天然便与中国传统文化密不可分。我国是一个拥有几千年阅读史的文明古国，中国古代与阅读有关的感人故事层出不穷，积累了丰富的阅读理论和阅读方法，这是我们"倡导全民阅读、建设书香社会"的宝贵财富。具体说来，阅读传统和阅读精神对书香社会建设具有以下几个方面的意义：

首先，我们对阅读历史和传统的研究，有助于为今天的人们提供阅读方面的指导和建议。古人在阅读活动中，留下了大量与阅读相关的体悟，它们通过书目、读书笔记、家训等形式流传至今。通过对其进行总结研究，提炼其中符合现代社会需要的部分，我们今天的阅读活动就可以少走弯路。

其次，中国人的阅读传统和阅读精神，是在一代又一代读书人的传承中形成的。从文字诞生至今，中国的阅读传统从未断绝，但是阅读的精神却在20世纪后期逐渐没落了。随着时代的发展，我们越来越认识到，一个民族、一个国家的发展是不能与它的传统相割裂的，今天我们强调阅读史的研究，强调对古代优秀阅读传统和精神的继承，实际上是重新拾起中华民族文化传承的脉络。这不仅有助于书香社会建设目标的实现，更是重建中国文化自信、提升国家软实力的重要一环。

再次，传统经典是我们重建价值观的思想源泉。中国古代阅读史上最感人的篇章，是一代代读书人对经典的阐释和坚守。通过学习经典，中国人建立起了与世界上其他民族都不相同的世界观、价值观。过去的三十余年，为了迅速摆脱中国贫穷落后的局面，我们在经济建设上投入了很大力量，相对忽略了文化建设和价值观的养成。今天，中国人面临的物质条件得到了很大改善，但是精神世界却相对贫乏。对物质的过分追求影响了人们对高尚精神世界的探寻，社会上普遍存在着焦虑、浮躁的情绪，我们可以将阅读作为治愈这一病症的良药。而古代阅读传统和精神传递给我们的中华传统文化的精髓，将是我们重建价值观的基础。

---

① 徐雁. 坦然面对"渐行渐远渐无书"的当代阅读社会新常态——写在联合国教科文组织设立"4·23"世界读书日二十周年之际 [J]. 山东图书馆学刊，2015（2）：103—105

第二节 "国家阅读节"设立之争

随着全民阅读成为国家基本文化战略之一，阅读热日益升温。自 2004 年中国图书馆学会在"全民阅读月"活动中引入"世界读书日"以来，读书节一直是全民阅读活动的重要标签，在书香社会建设中发挥了重要的作用。可以说，通过设立阅读节的形式宣传阅读，已经得到了人们的广泛认可，每年 4 月也成为阅读推广活动最密集的时间段。对此，有学者提出，虽然利用 4 月 23 日"世界读书日"举办各种阅读推广活动取得了良好的效果，但这毕竟是从西方传入的节日，与中国传统文化有天然的隔膜。特别是中国这样一个拥有悠久阅读传统的文明古国，没有自己国家的阅读节，而要借助"世界读书日"来进行宣传推广，这无疑是不合适的。因此，一批学者通过各种方式积极呼吁建立中国的"国家阅读节"，其中最为坚定的，就是这一倡议的直接发起人朱永新教授。2003 年至 2016 年，朱永新教授连续十四次在全国"两会"上提交设立"国家阅读节"的提案，引起了很大的反响，在社会各界形成了一场关于是否需要设立"国家阅读节"的讨论。这场讨论的焦点，在于人们对中国阅读传统和精神的现实价值的不同认识。对这场争论加以梳理，有助于我们更加深刻地理解中国古代阅读精神的精髓，并对其在当今书香社会建设中所能起到的作用有更清晰的认识。

一、"世界读书日"的设立和传入

"世界图书与版权日"（World Book and Copyright Day），是联合国教科文组织在第二十八届大会上正式确立的。1995 年，国际出版商协会在第二十五届全球大会上提出设立"世界图书日"的构想，并由西班牙政府将提案提交给联合国教科文组织。随后，俄罗斯方面认为，应在其中增加版权的概念。经过多方讨论，1995 年 11 月 15 日，联合国教科文组织在巴黎召开的第二十八届大会上通过了每年 4 月 23 日为"世界图书与版权日"的提案，并向世界各国宣传推广。在联合国决议中，是这样解释"世界图书与版权日"的设立背景的：

大会考虑到书籍在历史上曾是传播知识的最有影响的因素，也是保存知识的最有效手段，因此认为所有促进书籍传播的行动不仅对启发参加这些行动的所有人们，而且对全面扩大人们对世界文化传统的共同认识和鼓励采取理解、宽容和对话的态度将大有助益；认为正如教科文组织一些会员国的经验所表明的那样，促进和传播图书的可能最有效的方法之一是设立一项"图书日"活动，并在这一天相应地组织图书展销会；注意到在国际上还没有采纳过此类方式，采纳这个意见，并宣布每年的4月23日为"世界图书与版权日"，这个日期正好与塞万提斯、莎士比亚和加尔西拉索·德·拉·维加三人在1616年的逝世之日相吻合。①

为什么选择4月23日？上面的引文也做了说明，主要是为了纪念三位伟大的作家对世界文学的贡献。除此之外，由于"世界读书日"的建议是由西班牙政府提出的，西班牙早就有在4月23日——塞万提斯忌日时庆祝"西班牙自由节"的传统，同时这一天也是加泰罗尼亚地区的"圣乔治节"，具有强烈的象征意义。可见，将4月23日定为"世界读书日"，是基于西方历史传统文化做出的选择。

2004年以前，"知识工程"领导小组组织策划的"全民阅读月"是将每年12月定为阅读月的。2004年后，由中图图书馆学会负责"全民阅读月"活动的组织。鉴于"世界图书与版权日"已经在世界范围内产生了巨大影响，为了与世界接轨，才将我国的读书月调整为4月，并引入了4月23日"世界读书日"的概念。

中国引进的"世界读书日"，与联合国教科文组织倡导的"世界图书与版权日"相比，二者在内涵上是存在着较大差异的。首先，中国的"世界读书日"舍弃了"版权"的概念，更强调阅读，而"世界图书与版权日"则更注重出版、翻译，强调人们公平获取读物的权利。其次，中国的"世界读书日"及相关活动，更重视阅读推广，特别是内容的推送和经典选读，而"世界图书与版权日"在阅读外还重视写作②。

二、关于是否设立中国的"国家阅读节"的争论

从上面的介绍中可以看到，由联合国教科文组织推广的"世界图书与版权日"，其设立是基于西方文化背景，且引入中国后，二者在内涵上并不完全一致。

---

① 教科文组织大会第二十八届会议决议：宣布4月23日为"世界图书与版权日"[EB/OL]．[2016-8-4]．http://www.un.org/zh/events/bookday/resolution.shtml
② 陈欣．"世界读书日"在中国：2004—2014年[D]．南京：南京大学，2014：12—13

因此就有学者提出，应当设立更加符合中国国情、反映中国阅读传统的"国家阅读节"。此议一出，论者纷纭，下面就对此事件发生的背景及正反双方的主要观点做一梳理。

（一）事件起因

全国政协委员朱永新教授是倡导设立中国"国家阅读节"的发起人。从2003年起，他连年向两会提交设立"国家阅读节"的提案，但是早期提案并未引起广泛关注。2007年3月"两会"期间，在赵丽宏、王安忆、张抗抗、梁晓声、王余光等多位知名学者的支持下，朱永新在全国政协十届五次大会上做了《让阅读成为中国人的日常习惯》的发言，并向大会提交联署提案，呼吁设立"国家阅读节"。发言和提案被公布后，迅速引起社会各界的关注。不久，文化学者余秋雨发表博文，明确反对设立"国家阅读节"。余秋雨的文章引起极大的社会反响。针对其观点，朱永新连续撰写了数篇文章进行回应。

朱、余二人之间关于设立"国家阅读节"的争论，通过媒体的发酵，很快演变为一个热点话题，支持者和反对者均为数甚众，双方展开了激烈的辩论。支持设立"国家阅读节"的人认为，通过设立我们自己的阅读节，可以"呼吁人们重视阅读，提高阅读能力和阅读效果"，同时"对消退国民的浮躁心态，提高中华民族的整体素质"大有帮助[1]。而据新浪网2007年3月的调查显示，近七成的网友表示赞成设立"国家阅读节"，超过半数的人认为该节有助于推动国民阅读[2]，表明普通民众也对设立阅读节的提议表示欢迎。反对设立"国家阅读节"的也不少，如童大焕《我为什么反对"国家阅读日"》[3]，陈蓉霞《设立阅读节犹如乱树典型》[4]等，纷纷忧虑日后可能出现的弊端，进而反对设立"国家阅读节"。

大多数学者并未片面支持或者反对"国家阅读节"的设立，而是就阅读节设立可能带来的利弊进行正反两方面的分析，如周泽雄《掂量一下"国家阅读节"》[5]，

---

[1] 卞广春.设阅读节，把阅读进行到底［N］.中国新闻出版报，2007-3-6
[2] 付敏.设立"国家阅读节"刍议［J］.图书馆，2014（3）：59—60
[3] 童大焕.我为什么反对"国家阅读日"［N］.中国青年报，2007-4-3
[4] 陈蓉霞.设立阅读节犹如乱树典型［N］.东方早报，2007-4-5
[5] 周泽雄.掂量一下"国家阅读节"［N］.文汇读书周报，2007-3-30

韩石山《也说设立"国家阅读节"》[1]等，对朱、余二人的观点均提出了批评，指出重拾我国自古以来的阅读传统，才是促进全民阅读的首要问题。

（二）关于"国家阅读节"的两种观点

在是否设立"国家阅读节"的论战中，正反双方都发出了自己的声音。通过对其主要观点进行梳理，我们可以更加清晰地看到现阶段人们对阅读传统、阅读文化在促进全民阅读方面所能起到的作用，在认识上有极大的差异，进而引发今天对如何继承中华民族优秀阅读传统的思考。

以朱永新先生为代表的、支持设立"国家阅读节"的学者认为，阅读对于个人的精神发育史、民族的精神境界，以及学校教育和城市发展，均具有决定性作用。通过设立"国家阅读节"，可以唤醒全社会对读书的重视；在仪式中培育全民阅读文化，实现公民文化权利；推动阅读社会的形成，促进社会和谐[2]。

以余秋雨先生为代表的"反对派"也提出了三点理由，不赞成设立"国家阅读节"。首先，现在已经有4月23日"世界读书日"，再设立中国自己的阅读节实无必要。其次，我们正身处信息爆炸的时代，人们的阅读量不是少了，而是太多。再次，对文化识见来说，更重要的是考察、游历、体验、创造，阅读不是一件重要的事[3]。此外，人们还对设立"国家阅读节"表达了如下忧虑：认为阅读属于个人体验，以设立节日的形式推广阅读有"以某种形式的国家意识形态取代个体的经验性阅读"之弊，更为甚者，会转嫁本应由政府承担的社会责任[4]。亦有学者认为，阅读属于公民的私人领域，不应通过政府治理的手段来规范。政府的介入，可能会使阅读节流于形式，变成不必要的表面文章[5]。

也有学者避开了是否设立"国家阅读节"事件本身，而是转而探讨影响中国国民阅读量较低的原因。如周泽雄就认为，造成中国国民阅读率不高的原

---

[1] 韩石山.也说设立"国家阅读节"[NB/OL].[2016-7-3].http://blog.sina.com.cn/s/blog_473d7d8501000 9dt.html

[2] 朱永新.中国人需要自己的"国家阅读节"[M]//朱永新.我的阅读观.北京：中国人民大学出版社，2011：94

[3] 余秋雨.对四个重大问题的紧急回答：关于"阅读日"[M]//朱永新.我的阅读观.北京：中国人民大学出版社，2011：114—115

[4] 童大焕.我为什么反对"国家阅读日"[N].中国青年报，2007-4-3

[5] 陈蓉霞.设立阅读节犹如乱树典型[N].东方早报，2007-4-5

因，并非是阅读节或者阅读活动的缺乏，而是传统文化中读书求知的功利主义倾向。韩石山也认为，造成当前中国社会阅读氛围不浓厚的根本原因，在于阅读传统的缺失。但韩石山并不认同周泽雄中国古代阅读功利主义浓厚的判断，认为我国古代一直有良好的读书传统和读书风气，近年来浮躁的社会环境才是导致阅读传统中断、阅读率走低的根本原因。

在分析了影响我国国民阅读率不高的诸多因素后，学者们也提出了相应的解决方法和途径。比如有学者就认为，阅读成本高、阅读机会少，是造成我国国民阅读率不高的客观原因。因此，与其设立阅读节，不如切实提高公共图书馆的服务水平[1]。俞小杰在文章中也提出了类似的看法，并就这些问题给出了一些提高图书馆阅读保障率的建议[2]。

（三）观点分析

在介绍了社会各界关于"国家阅读节"设立与否的争论后，我们可以就其主要观点进行一些简单的分析。

首先，目前对于是否设立"国家阅读节"，实际上是有三种声音的。除了支持方和反对方外，不少学者持的是相对中立的态度，既不否认设立"国家阅读节"在培育民众阅读习惯、建设书香社会方面的作用，又担心设立节日后，各级主管部门做"节日文章"，让活动流于表面形式，不利于长期阅读氛围的形成。而不论是支持方还是反对方，都不否定阅读对当今中国文化建设的作用。支持者认为，从国家层面设立阅读节，是全民阅读能持续开展的制度保障，同时也可吸引更多的资源支持。反对者则忧心政府介入后，阅读推广活动会成为政绩工程，不能真正地改善民众的阅读环境，反而让人们的阅读活动披上一层浮躁的外衣。

其次，进一步分析，正反双方争论的实质在于设立"国家阅读节"是否能够真正推动国民阅读的健康发展。持反对意见者，并不是否定阅读的作用，只是担心通过法定节日的形式来推广阅读，会将阅读这一本应成为人们生活方式的行为形式化。事实上，这种担心也并不完全是多余的。从阅读的本质来看，阅读本来就具有私人化、个性化的特征，阅读带给人们的帮助更多是心灵的成长。从这

---

[1] 吴江."阅读节"别成"植树节"[N].中华读书报，2007-2-28
[2] 俞小杰.从余秋雨先生反对设立"中国阅读节"的三条理由说起[J].新世纪图书馆，2008（1）

个意义上说，每一天都应该是阅读日。但是，任何事物的发展都不能脱离它所处的社会环境。虽然历史上我国拥有悠久的阅读传统和丰富的阅读文化，但是进入20世纪以后，这种传统实际上是有断裂的，今天我们面临的是重建中国人阅读传统的历史重任。在这样的背景下，推广阅读是无法离开政府的支持的，这也是符合中国国情和现阶段阅读活动发展阶段的必然选择。呼吁设立"国家阅读节"，有助于提高政府对全民阅读的重视程度，有利于集合各种资源在更为广阔的范围内进行阅读宣传和推广活动。

再次，设立"国家阅读节"的根本目标，应当是国民阅读传统的重建。正如我们一再强调的那样，中国拥有世界上任何一个国家都无法比拟的阅读传统，前人关于阅读的感悟、总结的经验方法，都是今天建设书香社会的宝贵财富。设立"国家阅读节"只是形式，我们希望通过这种带有仪式性和象征性的手段，重新唤起中国人内心对于阅读、知识的渴望，重新建立起对书籍的热爱，将阅读内化为每个中国人的生活方式，这才是倡议设立"国家阅读节"的终极目标。

三、设立"国家阅读节"的价值和意义

为什么需要设立"国家阅读节"？上文我们对支持和反对者的意见进行分析时已经做了说明。究其根本，设立"国家阅读节"就是希望通过法定节日的形式，从仪式上和实际行动上接续中华民族的阅读传统，丰富中国人的精神世界，达到物质与精神的双重富足。具体来说，设立"国家阅读节"的价值和意义表现在以下三个方面：

第一，继承我国阅读传统，弘扬中华读书文化。中国自古以来就是一个爱书、好读书的国家，在历史的沉淀中形成了丰富的图书文化。我国古代享誉世界的四大发明，其中两项都与书籍制作相关。对于书籍的尊重和热爱，自然而然地形成了各种关于阅读的美好记忆。我国历史上与阅读相关的动人故事层出不穷，教子读书成为中国古代传统家庭教育的必修课。所以，对中国人来说，阅读本来就深藏于民族血液之中。设立"国家阅读节"，就是搭建起一座沟通过去与现在的桥梁，重新唤起社会大众对于阅读的美好记忆，重拾中华文化中关于阅读的优良传统。

第二，设立中国的"国家阅读节"，有利于体现中国阅读的特色，提高民众对阅读活动的认同感。前面已经介绍了，4月23日"世界读书日"是基于西方传统文化设立的节日。虽然近年来随着宣传力度的加大，四五月作为阅读节，集中举办了很多阅读推广活动，取得了良好的效果，但这个舶来的"洋节日"，从文化心理上来说，与中国人仍存有先天的隔膜，同时也无法反映中国的阅读传统和中国阅读文化的特殊性。同样的原因，依照各国的历史和传统，设立每个国家自己的"国家阅读日/节"也是一种惯例，如英国将每年3月的第一个星期四定为"国家读书日"，法国的"国家读书节"则在每年的10月至11月之间[1]。这也是不少学者建议将每年9月28日孔子诞辰日作为"国家阅读节"的原因所在[2]。可见，设立我们自己的"国家阅读日"，不仅可以接续我国古代的阅读传统，增强民众对于阅读节的认同感，同时也是对民族文化、民族特色的彰显。此外，中国又是一个特别注重仪式和传承的国家，设立"国家阅读节"，通过仪式的神圣感，可以不断内化读书在民众心目中的地位和价值，让书房再次成为中国人心中的"圣地"。

第三，通过设立"国家阅读节"，可以让阅读得到更多的关注，推动阅读立法、阅读推广活动的广泛展开。目前，全民阅读已经成为我国的文化战略，"国家阅读节"的设立，是对这一战略的强化。通过阅读节搭建的平台，可以最大限度地集中资源推广阅读，重建阅读文化，进而推动阅读立法的顺利进行，保证学习型社会的长期、持续发展。

四、结语

2013年，习近平同志在出席全国宣传思想工作会议时指出，"宣传阐释中国特色……要讲清楚中华优秀传统文化是中华民族的突出优势，是我们最深厚的文化软实力"。而阅读文化就是中华优秀传统文化的重要组成部分，是构成中华民族软实力的基础之一。今天的阅读推广工作，不论从历史还是现实的角度来说，

---

[1] 王余光.图书馆阅读推广研究[M].北京：朝华出版社，2015：95
[2] 朱永新.中国人需要自己的"国家阅读节"[M]//朱永新.我的阅读观.北京：中国人民大学出版社，2011：92—97

都绕不开对中国古代优秀阅读传统和精神的继承与发扬。

诚然，在中华民族悠久的阅读史上，保留下来的并不都是值得继承的优良传统，比如不少学者都提到中国古人读书的功利主义[1]。不可否认，古今中外，通过读书改变命运、追求物质条件的改善，都是客观存在的事实。这也是部分学者反对设立"国家阅读节"的论据。但是，在古代社会内部，已经有学者对此提出了严厉的批评。宋代著名政治家、文学家司马光说：

士之读书者，岂专为禄利而已哉？求得位而行其道，以利斯民也。国家所以求士者，岂徒用印绶粟帛富宠其人耶？亦欲得其道以利民也。故上之所以求下，下之所以求上，皆非顾其私，主于民而已矣。近世为士者颇谬于古，往往以读书为资身之货耳，彼又恶知所谓利民者耶？[2]

可见，经过数千年的积淀，中国传统阅读文化已经成为一个自成体系、充满正能量的系统，激励一代又一代中国人从中获取力量，完成心灵的成长。今天，我们"倡导全民阅读、建设书香社会"，就是希望借助阅读的力量，重新树立属于中华儿女的民族自信，丰富人们的精神世界，从而真正实现中华民族伟大复兴的历史目标。

思考题

1. 结合目前阅读推广工作开展的实际情况，请谈谈设立中国"国家阅读节"的必要性和可行性。
2. 请谈谈中国阅读史研究在建设书香社会中的作用。

---

[1] 许欢.中国古代传统阅读模式研究［J］.图书与情报，2010（5）：33—36
[2] 司马光.与薛子立秀才书［M］//司马温公集编年笺注·第4册.成都：巴蜀书社，2009：491—492

后 记

"忠厚传家远,诗书继世长",中国自古就是一个阅读文化发达的文明古国。书籍,滋养着中国人的灵魂,培育了我们的民族性格。一代又一代的读书人,留下了一段段关于阅读的动人故事,其中体现的阅读思想和阅读理论,不仅是中华民族的宝贵财富,更是世界的文化遗产。

近年来,随着社会财富的积累,越来越多的人认识到,在保持经济高速发展之余,如何让中国人的精神世界也丰富起来,才是为中华民族崛起提供持续发展动力之关键所在。于是,从中国古代的历史经验中寻找答案,在古代经典中汲取养分,日益成为社会共识,这也是近年来"国学热"兴起的内在原因。因此,自2012年起,党和国家的重要报告先后将"全民阅读""书香社会"建设提到国家战略的高度。而倡导全民阅读、建设学习型社会,首先就应该深入研究我国古代的阅读思想和阅读文化,承继中华民族的阅读传统。

有鉴于此,本套丛书的总主编王余光师力主在"阅读推广人系列教材"中列入《中国阅读的历史与传统》,并多次组织本书的两位作者讨论大纲,厘定撰写体例,书中的诸多重要观点也直接引述自余光师的相关论述。可以说,本书的结构脉络体现了以余光师为首的科研团队在阅读文化、阅读史研究领域的集体智慧。

写作大纲确定后,本书的两位作者分别负责其中的四讲,完成了相关章节的撰写任务,具体分工如下:第一讲《概述》、第二讲《中外阅读史研究进展》、第五讲《中国古代阅读的传统和精神》、第七讲《古代阅读理论与方法》由西南大学图书馆的何官峰博士撰写;第三讲《中国古代阅读史的研究资料》、第四讲《中国古代阅读的历史》、第六讲《古代家庭教育中的阅读传统》、第八讲《阅读史研究与阅读推广工作》由上海大学图书情报档案系的熊静博士撰写。

阅读推广人系列教材(第二辑) 中国阅读的历史与传统

在第一讲、第二讲中，我们首先回顾了中外学界关于阅读史研究的最新进展，并对阅读史研究的对象和主要内容进行了界定。研究资料是一门学科建立的基础，第三讲主要讨论了阅读史研究资料的范围和类型，并分类列举了阅读史研究的主要资料和前人的整理成果。第四讲按照时间脉络探索了中国古代阅读活动的发展历程，以文本变迁为节点，讨论了每一时期阅读活动的主要特征。第五讲从宏观角度总结了中国古代阅读活动的整体面貌和精神特质。家庭是古代社会的基本因子，中国自古就重视家教，家庭教育中的阅读传统对今天的家庭教育、儿童阅读仍有借鉴价值。第六讲以此为话题，总结了古代家庭教育中的阅读思想和阅读方法。家庭教育之外，中国古人留下了大量关于阅读的论述和著作，体现了古代读书人独特的精神追求。第七讲从阅读理论和阅读方法两个角度，条分缕析地将其总结为一些具有操作性的条目，以求对阅读推广工作有实际帮助。历史研究的最终目标是关照现实，因此，最后一讲重点讨论了古代阅读史和阅读文化研究与今天的阅读推广工作之间的关系，希望能够启发读者思考如何主动有效地将古代阅读史研究的相关成果应用到阅读推广工作中去。

中国古代阅读的历史和传统，是一个内涵十分丰富的研究领域，本书所涉及的，只是与今天的阅读推广工作联系较为紧密的一部分。囿于学力，疏漏错误之处在所难免。我们不揣鄙陋推出本书，求教于诸位方家，诚盼读者就其中的问题提出批评，并热切地期待通过这本书的出版，能够吸引更多关心古代阅读史研究、热心阅读推广事业的人的关注，并就阅读史研究中的诸多问题与我们展开广泛深入的讨论，将中国阅读史和阅读文化的研究，以及相关阅读推广工作的实践推上新的高度。

在编写过程中，除了丛书总主编王余光师一直关心本书的进展外，北京大学的李世娟博士、国家图书馆的邓咏秋博士、朝华出版社的张汉东先生，本书责编吕哲先生等，均为我们提供了很多帮助，在此一并致以谢忱。是为记。

熊静　何官峰

2016.12.13